立法制度与立法技术研究

LIFA ZHIDU YU
LIFA JISHU YANJIU

李鹏飞 著

人民日报出版社

图书在版编目（ＣＩＰ）数据

立法制度与立法技术研究 / 李鹏飞著. -- 北京：
人民日报出版社，2020.8
ISBN 978-7-5115-6492-4

Ⅰ．①立… Ⅱ．①李… Ⅲ．①立法－研究－中国
Ⅳ．①D920.0

中国版本图书馆CIP数据核字(2020)第145326号

书　　名：立法制度与立法技术研究
　　　　　Lifazhidu Yu Lifajishu Yanjiu
作　　者：李鹏飞
出 版 人：刘华新
责任编辑：万方正
封面设计：河北冀图
出版发行：人民日报出版社
社　　址：北京金台西路2号
邮政编码：100733
发行热线：（010）65369509　65369512　65363531　65363528
邮购热线：（010）65369530　65363527
编辑热线：（010）65369533
网　　址：www.peopledailypress.com
经　　销：新华书店
印　　刷：天津印艺通制版印刷股份有限公司
开　　本：850mm×1168mm　　1/32
字　　数：250千字
印　　张：10.125
印　　次：2020年8月第1版　　2022年3月第2次印刷
书　　号：ISBN 978-7-5115-6492-4
定　　价：49.00元

前　言

随着中国特色社会主义进入新时代，立法在国家治理现代化中的引领和推动作用越来越明显，公众对立法的关注和期望也越来越多。这些因素都对立法研究提出了更高的标准、更严的要求。本书的写作也是在这一大背景之下展开的。本书主要有以下特点。

第一，突出时代性，把握一个"新"字。党的十八大以来，习近平总书记对立法工作提出了一系列新要求，立法工作取得新突破。本书注意吸收这些新要求，并将党的十八大、十八届三中、四中全会和党的十九大取得的一系列理论成果中有关立法的内容融汇于书中。

第二，提高准确性，坚持一个"真"字。运用计算机软件，将全部现行法律和全部吉林省现行地方性法规进行汇总，形成了共计291万字的数据库。在此基础上对所有法律法规的条文数量、章节分布、措辞习惯等多项主要指标做了大量的统计分析工作（由于篇幅所限，很多次要指标的统计最后没有体现在书中），支撑起本书立法技术部分的写作，用数据说话，这在国内有关立法的著作中应属首例。

第三，发挥实用性，务求一个"实"字。本书对常见常用的内容做了深入探讨，对不常用到的内容只做简单介绍。有的资料写道：一部法中章的数量不宜过多，也不宜过少。那么"过多"或者"过少"的标准是什么？本书在写作过程中始终避免这种看似周全稳妥、实则模棱两可的表述，尽最大可能提供明确的结论。

第四，注重易读性，体现一个"例"字。始终遵循据事言理的方法，善于用举例的方式阐明观点，增强说服力，使表达的意思更加明确，使读者更加容易理解和掌握。

第五，避免烦冗性，抓住一个"简"字。一是对一些概念、定义的探讨，虽然学术界形成了很多观点，但在立法实务中或者已经约定俗成，或者与实际工作联系不大，本书注意控制这些内容的数量。二是对常见的法律法规名称和机构名称，在不失严肃性的前提下，也多采用简称。

当然，由于水平所限，本书仍然有很多缺点和不足。有些问题只提出了自己的主张和建议；有些问题还停留在初步探讨的层面；有些理论分析和研究结论，也可能存在疏漏之处。对这些缺点和不足，希望能得到立法工作同人和专家学者的批评指正。

目　录

第一章 导 论

第一节 立法的概念和特征

一、立法的概念

立，具有从无到有、建立、制定的含义；法，指法律、法令等行为规则。由此可见，"立""法"二字组合而成的这一词，最基本的意思，即制定法律。

改革开放四十多年来，我国法学研究日益繁荣，法治建设迅速发展。新时期的法学基础理论、宪法学以及立法学等各个领域的众多学术专著中，几乎都对"立法"一词的概念做了阐述，形成了两种主要观点：第一种观点认为立法就是指立法活动，通常也叫法的创制或者法的制定。有的书中对立法的解释是："国家机关依照其职权范围通过一定程序制定法律规范的活动。"[1]沈宗灵教授认为，立法是"一定的国家机关依照法定职权和法定程序制定、修改和废止法律和其他规范性文件的一种专门性活动"[2]。第二种观点则认为立法是立法活动和立法结果的统一。如《牛津法律大辞典》对立法的解释是：制定或修改法律的程序，该术语也用指立法过程的产物，即由此所制定的法律。[3]孙国华教授也认为："立法有时指成文的法律，有时指国家创制法律规范的活动，即

---

1 中国大百科全书总编辑委员会：《中国大百科全书·法学》，中国大百科全书出版社1984年版，第88页。
2 沈宗灵主编：《法理学》，北京大学出版社1994年版，第273页。
3 〔英〕戴维·M·沃克著，李双元等译：《牛津法律大辞典》，法律出版社2003年版，第689页。

立法活动。"[1]可见，立法既可以指制定法律的活动，也可以指通过这种活动制定出来的法律。本书所探讨的"立法"就是从第二种含义上来理解、认识和研究的。

二、立法的特征

（一）立法是专门的国家机关即立法主体，将统治阶级的意志上升为国家意志的活动

马克思主义法律观认为，立法以私有制、阶级和国家的产生为基础。没有这些前提，立法活动就失去了存在的条件。中国立法的悠久历史和演进过程，也为这一观点提供了有力的证明。国家是阶级矛盾不可调和的产物和表现，任何国家都是在阶级对立中占了统治地位的统治阶级掌控权力。统治阶级为了维护其统治地位，不仅要依靠军队、警察、监狱、法庭等暴力工具来实现专政的目的，还必须使自己的意志上升为国家意志，从而取得全社会一致遵行的效力。立法就是统治阶级将自己意志上升为国家意志的活动。

统治阶级的意志是多方面的，如政治的、经济的、道德的、宗教的等。并不是所有的统治阶级的意志都上升为国家意志而成为某种法的形式，只有涉及统治阶级的根本利益的意志，关系统治阶级的统治是否稳固、社会秩序是否稳定的那一部分意志，才能上升为国家意志，从而成为立法的对象。

当然，通过立法所确认的统治阶级意志，是指统治阶级的共同意志、整体意志，而绝不是指统治阶级中少数或个别人的意志，更谈不上对任何被统治阶级意志的体现或反映。至于统治阶级中的众多的阶层或集团，虽然也是统治阶级的组成部分，但他们的意志只有在与统治阶级的整体意志相吻合时，才能在立法中得到

---

1 孙国华主编：《法理学教程》，中国人民大学出版社 1994 年版，第 330 页。

反映。立法过程在一定意义上就是将统治阶级的成员、阶层、集团的个别意志抽象和概括为统治阶级整体意志的过程。

统治阶级将其整体意志上升为国家意志的立法活动是一种国家活动，即是只能由国家机关进行的一种活动。任何普通公民个人、政党或社会团体，都无权进行这种活动。不可否认，无论是古代还是现代，都存在个人作为立法主体或立法机关的组成部分的情况。[1]另外，在奴隶制和封建制国家中，君主说的话就是法律，立法权是掌握在君主手中的。在现代国家中，也存在着法律只有经国王(君主立宪国)或总统等认可才能生效的情况。正由于此，学术界也存在个人可以成为立法主体的观点。谁也不能否认君主或总统是一个特定的人，但君主或总统在行使立法权时，则不是一个普通公民，而是以国家元首的身份和名义进行的。一个国家的国家元首，既是特定的人，但同时又是国家机构中特别重要的组成部分，是一个重要的国家机关。[2]

但是，也不能把立法理解为是任何国家机关都有权进行的一种活动。只有那些具备立法主体资格，经宪法或其他基本法律授权，有着法律法规或其他规范性法律文件创制权的国家机关才有权进行立法活动。至于能成为立法主体的国家机关的范围，不同的国家规定各异，但必须由宪法或基本法律授权这一点，则是各国共同的方面。

---

1 如古代罗马帝国，某些法学家的著作就具有法的效力，但不能说这些法学家著书立说的活动就是立法活动。只是因为当时的最高统治者授予了这些法学家以解释法律的特权，随即又颁布了《学说引用法》，才使这种解释成为罗马法的重要组成部分。由此可见，古罗马法学家的著作只在得到国家的承认后才具有了法的效力，而并不是这些法学家本人天然就具有立法职权。
2 在我国，国家主席既是特定的个人，又是中央国家机构的组成部分，这一点由现行《中华人民共和国宪法》第三章明确规定。该章是有关国家机构的专章规定，分为八节，规定了八类国家机关。其中第二节的名称即为"中华人民共和国主席"。这也表明，立法是只有国家机关才能进行的活动。

（二）立法是立法主体依据特定程序和运用一定技术所进行的一种专门活动

立法主体有创制法律规范的权力，但它们不能任意或随意进行立法活动，必须遵循一定的程序。当然，这种程序有繁简之分，在科学性上也有差异，不同时代、不同国家也千差万别，但任意立法都是统治阶级所不允许的。即使在君主专制的奴隶制、封建制国家中，对成文法典的制定和编纂，也大都在君主发出指令之后，才组织若干人去具体地制定和编纂，最后再由君主审定与公布。

人类社会发展到近代、现代之后，各国立法程序日趋严密。虽然各国的民主发展程度存在差异，立法程序的完善程度也各有不同，但沿着立法程序制度化、法律化的轨道发展却是共同的趋势。因为立法作为一种国家活动，是不可能一蹴而就的，任何一部法律都必须经过若干人在若干阶段的共同努力，才能通过实施。这就决定了任何法律的产生都经过了由各个必不可少的阶段所组成的全过程，这就是立法必须具有的程序性。同时，只有严格按照一定的程序立法，才能保证立法真正体现统治阶级的共同意志，以实现真正维护有利于统治阶级的社会关系和社会秩序的目的。

在任何国家中，统治阶级立法的目的都在于使自己创制的法律规范能在社会上真正有效地发挥作用。这就要求立法必须重视立法技术。立法是一门科学，必须运用一定的技术规则来进行。从一定意义上讲，立法技术水平直接制约着法律规范的科学性程度，进而对法律规范能否在社会实践中准确、有效地实施产生着极大影响。因而立法技术规则的准确运用，是避免由于人的主观意志而导致立法目的偏移进而降低立法效能的重要方面。[1]在自然科学和社会科学高度发展的今天，立法技术方面比过去有着更高

---

1 从人类社会出现立法以来，立法者在立法过程中都要运用一定的立法方法和技能。

的要求。现在的法律比过去的法律应具有更合理的内部结构，更为精确的立法语言，规范性文件的系统化程度也应达到前所未有的水平，立法预测、立法规划的科学性也应达到相应的高度。只有实现这些基本的方面，才能使立法充分发挥应有的作用。

(三) 立法是立法主体创制法律规范，即制定、修改、补充、认可和废止法律规范的活动

在阐述立法的第一个基本特征时，把立法看作专门国家机关即立法主体的特有活动，需要注意的是，并不是立法主体的所有活动都是立法活动。立法主体具有广泛的职权，它所进行的活动也很多。只有立法主体创制法律规范的活动才属于立法，而创制法律规范的活动是通过对法律规范的制定、修改、补充、废止等途径实现的。通过这些途径，提供具有普遍性、明确性的行为规则。[1]

第二节　立法的历史

一、立法的历史概述

从目前发现的史料看，至迟到春秋战国时，就有了"立法"一词。《商子》中就有"伏羲神农教而不诛，黄帝尧舜诛而不怒，及至文武，各当时而立法，因事而制礼"的记载。这里的"立法"就是制定法律的意思。当然，中国的法律创制活动，并不是从西周才开始的。"在社会发展的某个很早的阶段，产生了这样的一种需要，把每天重复的生产、分配和交换产品的行为用一个共同规则概括起来，设法使个人服从生产和交换的一般条件。这个规则

---

1 张善恭主编：《立法学原理》，上海社会科学院出版社 1991 年版，第 63 页。

首先表现为习惯，后来便成了法律。"[1]应该说，早在奴隶制国家产生之初，法律产生之时，立法活动也就开始了，并且逐渐形成了制度。"有了国家，就必然有立法。立法是与国家同时产生的。"[2]同中国社会的发展过程相适应，中国立法制度也分为不同的发展阶段，并由初创走向完善。立法一词源远流长，在古代典籍中出现的频率较高。例如：

"立法以典民则祥，离法而治则不祥"（（春秋）管仲：《管子·任法》）。

"今也立法而行私，是私与法争，其乱也甚于无法"（（春秋）邓析：《邓析子·转辞》）。

"立法施令，莫不顺比"（（战国）荀况：《荀子·议兵》）。

"王者，制事立法"（（西汉）司马迁：《史记·律书》）。

"圣人不以独见立法，则更请命，秘藏不见"（（东汉）王充：《论衡·知实》）。

"其功足以立法成治"（（曹魏）刘劭：《人物志·利害》）。

"圣人救世立法之意，其切如此"（（南宋）朱熹：《孟子集注·滕文公章句下》）。

"天下之事，不难于立法，而难于法之必行"（（明）张居正：《请稽查章奏随事考成以修实政疏》）。

"小弟为朝廷立法：人生须四十无子，方许娶一妾；此妾如不生子，便遣别嫁"（（清）吴敬梓：《儒林外史》）。

从这些历史记述可以看出古代立法的一些特点：（1）立法权的行使具有极其严格的限制，始终由统治阶级中的最高层——"圣人""王者"等掌控，而不是统治阶级中的普通一员所能决定。[3]（2）立法是一项重要的国家活动，具有一定神圣性，达到了与"救世"

---

[1] 中共中央编译局编：《马克思恩格斯选集》（第二卷），人民出版社1972年版，第538-539页。

[2] 张根大、方德明、祁九如：《立法学总论》，法律出版社1991年版，第53页。

[3] 邓析就因私自制定"竹刑"而被杀，"杀邓析，而用其《竹刑》"。

"成治"并列的高度。(3)对立法含义的表述，虽然角度有所区别，但基本内涵大致相同。有的指出立法是统治阶级为了治理国家而进行的重大活动；有的指出立法的目的在于使以"圣人"为代表的统治阶级的统治更加顺畅、有序。(4)德国著名学者卡尔·西奥多·雅斯贝尔斯在 20 世纪提出了"轴心时代"理论。他认为，距今 2800 年到 2200 年之间的这 600 年，尤其是距今 2600 年到 2300 年之间的这 300 年期间，是人类实现自我突破的伟大时代，世界各地都出现了许多大师级的人物，思想激扬碰撞，精彩纷呈。古代中国立法也在一定程度上印证了这一理论：通过古代典籍可以看出，春秋战国时代，无论是立法活动，还是对立法一词本身的探讨，都非常活跃，为后世奠定了研究的基础。[1](5)立法一词能够在文学作品，尤其在小说中出现，可见该词在当时已经达到相当高的普及程度。

二、中国古代立法

中国古代社会，虽然经历多个朝代，但由于它们同属剥削制度的社会，其立法制度有很多共同的特点。总的来看，这些共同点主要体现在三个方面。

（一）诸法合体，刑律为主

所谓"诸法合体"，主要是指法典没有对不同的法律进行具体的、可区分的分类，法典包含了有关刑法、民法、诉讼法以及行政法等各个方面的内容。所谓"刑律为主"，是指中国古代的法律体系，虽然表现出诸法合体的外在形式，但刑法自始至终都占据了主要的内容和位置，在调整各种法律关系中起到至关重要的作用。这是中国古代立法制度上的一个明显特征。奴隶制时代，立法形式不完备，大型的综合性法典尚未出现，但在已有的成文法

---

[1] 通过对《中国哲学书电子化计划》(https://ctext.org/zhs) 收录的典籍统计，春秋战国时期，"立法"一词出现达 67 次，远超其他时期的典籍。

中，这种特征已有体现。例如，《吕刑》是西周的刑事法律，但其中也有行政法律的内容，甚至还就对待诉讼的态度和审理案件的方法作了规定。出现这种特征的原因，有法律初创、立法技术尚不完善等因素。在"礼"的规定中，同时也包含国家制度、调整社会关系以及生活的多种规范，使"礼"纳入法的范畴，礼、法交融，共起加强统治之功用。

战国时期，李悝制定《法经》，这是中国历史上第一部比较系统、完整的封建成文法典，在中国封建立法史上具有重要的历史地位。[1]《法经》的结构和条文，成为以后各个朝代成文法竞相模仿的对象。就结构而言，《法经》六篇为秦、汉直接继承，成为秦、汉律的主要篇目，魏、晋以后在此基础上又进一步发展，最终形成了以《名例》为统率，以各篇为分则的完善的法典体例。在内容上，《法经》各篇的主要内容也大都为后世法典所继承与发展。

中国历来以农耕为本，视工商为末，儒家礼治思想也提倡"重义轻利"，这些因素使原本封闭的小农经济者在观念上更加闭锁，商品经济始终得不到充分发展，表现在法律上，就是民事法律不发达。经济、诉讼、婚姻、继承等均未形成独立的体系，而是都纳入一部大法典之中。且不论何类犯罪，都以刑法手段制裁，体现了古代法律诸法合体，刑律为主的显著特点。

虽然在唐朝开始制定《唐六典》以后，各封建朝代多有法典的编纂，可以视为独立的行政法体系从统一的法典中分离出来；但从整体看，中国古代法律体系仍是以诸法合体为主。直到清末，引进西方立法原则与立法技术后，封建法律体系才开始解体，各部门法律也才成为独立的体系，开始了自己的发展。

（二）立法机关和立法程序具有明显的随意性

奴隶制时代，王权至高无上，国王就是最高的立法者，对立

---

1 《法经》的《盗》《贼》《囚》《捕》《杂》《具》六篇中，既有刑事法律内容，也有诉讼法律内容，还有婚姻、伦理、道德等内容的规定。

法起到决定性作用，立法往往伴随着较强的临时性、随意性，不组建专门立法机关，也不按照严格的立法程序。[1]朝中大臣也可在国王的指令下立法。例如，西周初年，在周公旦的主持下，制定了西周法律重要形式之一的"礼"。西周穆王时，曾命司寇甫侯制定《吕刑》。这些都是应形势的需要，因时而立的，没有专门的立法机关，不经过一定的立法程序，只要国王认可了即告生效。封建制时代仍是如此。虽然各个朝代著名的律法如《武德律》《永徽律》《宋刑统》《大明律》等，都是由皇帝指派多位官员分工协作的成果，但这些官员都是临时负责起草法律，并不组成固定的立法机关，具体工作也只是大体按照"皇帝指定工作班子起草→遇有重大问题奏请皇帝裁决定夺→修改、成稿→皇帝批准施行"的模式进行，但这并不属于严格的立法程序。

（三）立法权始终由最高统治者掌控

"溥天之下，莫非王土；率土之滨，莫非王臣。"中国古代社会，帝王是国家政治、经济的最高统治者。他的命令是当然的法律，他所发出的一切指示、动员，都具有最高的法律效力，任何诸侯和臣下的命令都不得与之相抵触。在夏、商、西周时期，法律最主要的形式是诰和誓。诰，是国王对臣民进行训诫勉励、发布政令的文告。例如，《大诰》是周公姬旦所做的战前动员文告，既透彻生动，又质朴无华，有很强的说服力，字里行间无不浸透着周公那诚挚、深厚的满腔赤诚，闪耀着实事求是的古朴光芒。《酒诰》则是中国最早的禁酒令，通过对饮酒危害的分析，制定惩罚性规定，从而告诫周王朝的统治者不能沾染恶习，重蹈前朝覆辙。誓，是国王出兵征战时对全军将士所发布的动员令。例如，《甘誓》，大禹死后，他的儿子夏启继承帝位，遭到了有扈氏的反对，启便发动了讨伐有扈氏的战争。《甘誓》就是这次战争前启告

---

[1] 除国王外，地方诸侯也可以在各自诸侯国中立法，同样是由诸侯独享立法权。

诚将士的言辞，也是中国历史上的第一篇檄文。《泰誓》则是公元前1048年武王伐纣时，在盟津大会诸侯，武王对友邦诸侯和治事大臣的告诫。

战国以后，专制主义中央集权进一步加强，君主立法逐渐扩展为制、诏、令、敕、例、格、谕旨等多种形式。自秦朝起，皇帝的诏令就是国家法律的最基本的渊源。汉朝正式确定为令，具有国家强制性，享有至高无上的权威。宋代称其为敕，明代发展为例。无论名称和形式怎样变化，其享有的最高权威性是不变的，且具有灵活性和随意性的特点。[1]国王或皇帝可以随时补充、修改，甚至废弃法律，也可以对特定的案件作出裁决而置法律于不顾。因此，在中国古代社会，君主享有最高立法权是立法制度上最重要的特征之一。

总的来看，中国古代立法制度的发展是巨大的，在法典编纂和立法技术上的成就也是斐然的，几乎每个朝代都有过重大的立法活动，有的朝代还多次对法律进行了修订、编纂，特别是封建制中期，立法水平达到高峰，法典体系之庞大，体例之严谨，文字之精当，内容之完备，在世界封建立法史上亦属罕见，是中国立法史上的宝贵遗产。

三、中国近代立法

中国近代立法，主要由清政府的立法、中华民国的立法和中国共产党领导的解放区的立法三个部分组成。

（一）清政府的立法

鸦片战争以后，中国古代立法走向终结。19世纪末，以康有为、梁启超为代表的资产阶级改良派，反对君主专制政体，主张君主立宪，短暂登上历史舞台，留下了振奋人心的惊鸿一瞥。在

---

1 也许听上去，古代皇帝下达的一份谕旨与我们现在施行的民法总则、刑法等法律遥不可及，但跨越时代的巨变，从本质上看，它们都可归为立法。

此之前，中国虽有唐、宋、元、明、清这样的朝代变换，但君主专制的政体却一脉相承，始终不改。到了 19 世纪末，以康有为为代表的一批有识之士开始对君主专制政体进行反思。他们认为君主权威无限"大背几何公理"，主张"立一议院以行政，并民主亦不立"。认为"君臣一伦，亦全从人立之法而出，有人立之法，然后有君臣。今此立法权归于众，所谓以平等之意用人立之法者也，最有益于人道矣"。主张实行君主拥有最高权力前提下的三权分立，"以国会立法，以法官司法，以政府行政，而人主总之"。光绪皇帝接受了这些主张，开启了戊戌变法的序幕，但此时资产阶级维新派力量太过弱小，而以慈禧为首的封建顽固势力仍很强大。两者悬殊的力量对比，注定了这场资产阶级改良运动仅短暂维持103 天，即告失败。

迫于内外交困的不利形势，清政府自 1905 年开始采取"预备立宪"的骗局。1908 年，清政府颁布《钦定宪法大纲》，确定以九年为预备立宪期限。《钦定宪法大纲》共 23 条，内容分为两部分，一是规定了君主具有的权力，二是规定了治下臣民具有的权利义务。其中规定君主权力的"君上大权"部分有 14 条，如"大清皇帝统治大清帝国，万世一系，永永尊戴""设官制禄及黜陟百司之权。用人之权，操之君上，而大臣辅弼之，议院不得干预""爵赏及恩赦之权。恩出自君上，非臣下所得擅专"等，而规定"臣民权利义务"的 9 条则列举了臣民的纳税、服役等义务，却没有任何实际意义的权利。

1911 年 11 月，清政府为了挽救因为辛亥革命造成的时局动乱，在 3 天之内仓促制定了中国第一部成文宪法——《宪法重大信条十九条》。[1]宣布实行责任内阁制，皇族不得为总理大臣，皇室经费听由国会决议，皇帝权限和皇室大典由宪法规定，但仍规

1　《宪法重大信条十九条》在形式上被迫缩小了皇帝的权力，相对扩大了议会和总理的权力，但仍强调皇权至上，对人民的权利却只字未提。

定皇位世袭，不受侵犯。皇帝有权任命总理和国务大臣，海陆军直接由皇帝统率。这些规定只是维护清政府统治的救命稻草，终究无法阻挡历史发展的潮流。1912 年 1 月，中华民国宣告成立。2 月，宣统帝退位，立宪骗局最终破产了。

（二）中华民国的立法

1911 年辛亥革命胜利后，由各省都督府代表联合会于 1911 年 12 月 3 日议决通过《中华民国临时政府组织大纲》，规定了中华民国临时政府组织方法、临时大总统之权力等，它以法律的形式宣告了中华民国资产阶级共和政体的诞生和清朝封建专制统治的灭亡。也正是根据它的规定，选举孙中山为中华民国临时大总统。1912 年 1 月 1 日，孙中山在南京就职，正式宣告中华民国的成立，从而开创了中国历史的新纪元。《中华民国临时政府组织大纲》在中国的宪政史上书写了浓墨重彩的一笔。

1912 年，孙中山颁布了《中华民国临时约法》，规定参议院为立法机关，由各地方选派的参议员组成。参议院有权议决一切法律案，临时大总统公布法律。临时大总统在提出法律案、公布法律及发布命令时，必须有国务总理及各部总长的副署。它通过立法程序，确立了资产阶级共和国的国家政治制度和政权的组织形式以及人民的民主权利。其实践意义在于使中国开创了以法治国的先河。

孙中山想通过《中华民国临时约法》的规定，保卫辛亥革命的成果，限制袁世凯的权力。但是，袁世凯上台后，组建了"中央政治会议"，取代了国会，开始行使本应属于国会的立法权。"中央政治会议"均由袁世凯信得过的属下组成，因此袁世凯对其具有绝对的掌控力。根据袁世凯的授意，"中央政治会议"于 1914 年 5 月 1 日颁布了《中华民国约法》（又称"新约法"或"袁记约法"）。它规定国家元首是大总统，大总统具有极大的权力，一是在行政方面，内政、外交等事项都可以自行作出决定，不需要事先经过国会的讨论和同意；二是在立法方面，大总统可以发布紧急命令，紧急命令的效力与法律相同；三是在司法方面，大总统掌控了司法权力，规定"司法以大总统任命之法官组织法院行之"。这些规定使袁世凯拥有了和专制皇帝一样的权力，并为袁世凯进一步实现称帝的野心做了制度上的修饰和铺垫。1916 年，袁世凯宣布实行帝制，遭到各方强烈反对，引发护国运动，最终袁世凯不得不在做了 83 天皇帝之后宣布取消帝制。

袁世凯之后，北洋军阀互相争夺权力。1923 年，曹锟通过贿选就任总统，并炮制了《中华民国宪法》。其特点是在民主的伪装下实行军阀独裁。它虽然规定由参议院和众议院组成国会行使立法权，但是总统不仅有权停止众议院或参议院的会议，而且有权解散众议院，实际上总统的权力凌驾于国会之上。由于全国人民反对，不到一年，曹锟就被赶下历史舞台。在北洋军阀的反动统治土崩瓦解的时候，国民党伺机夺取了政权。1931 年，制定了《中华民国训政时期约法》，它完成了由国民党管理国家的法律确认，为其一党专政做了"合法"的"装扮"。因为当时国民党已由蒋介石掌握了权力，所以这部约法也就间接维护了蒋介石的独裁统治。虽然在表面上规定了人民享有多种权利和自由，看似民主，但同时又规定了人民享有权利时的很多限制，使得这些权利实际上根本无法享有。所以，《中华民国训政时期约法》实质上是一部与民主背道而驰、处处维护国民党反动统治的宪法性文件。

1947 年，国民党政权公布《中华民国宪法》，它以自由平等为标榜，坚持维护国民党的一党专制。它表面上规定中华民国是"民有、民治、民享"的"民主共和国"，但实际上根本无法实现标榜的"民有、民治、民享"，充分暴露出国民党的专制和独裁。它表面上规定立法院由选举产生，为国家最高立法机关，代表人民行使立法权，然而由于国民党在立法院中占据绝对多数的席位，而且总统的权力不受任何约束，又不向任何机关负责，甚至还有发布紧急命令的特权，这就使总统拥有高于一切的专制独裁的权力。它表面上规定"平均地权"，但实际上却是要维护剥削的土地制度。表面上规定"节制资本"，但实际上却是要保障官僚资本对经济的决定掌控。这些反动规定激起了全国人民的坚决反对，加速了国民党政权的灭亡。

（三）中国共产党领导的解放区的立法

中国共产党在领导新民主主义革命的过程中，各个根据地内旧的统治机器被打破，人民民主政权建立起来，也相应建立起了新的立法制度。它的最大发展是：由革命人民行使立法权，制定体现劳动人民意志的法律文件。

在第一次国内革命战争时期，湖南等地建立的农民协会，是由革命人民直接行使权力的组织形式，它包括乡、区、县、省、全国等五级农会，实行民主集中制，乡会员大会及区以上会员代表大会是各该级农会的权力机关，体现了人民行使权力的精神，为以后革命根据地的政权建设和法制建设提供了初步的经验。

第二次国内革命战争期间，随着革命根据地的创建和各级政权机关的建立，各根据地普遍通过民主选举产生代表，参加中华苏维埃第一次全国代表大会。大会通过了《中华苏维埃共和国宪法大纲》，它规定了中华苏维埃共和国宪法的任务是维护工农兵政权，实现政权在全国范围内的胜利；规定了苏维埃政权的一切权力属于人民，对于那些落后和反动的诸如反动军阀、官僚、地主和资本家势力，没有参加政权的自由；规定了中华苏维埃共和国之最高政权是"全国工农兵苏维埃代表大会"；规定了工农劳苦民众享有的各项权利和自由。这是中国历史上第一部劳动人民自己制定的根本大法，也就确保了其中规定的各项权利和自由都可以实现，而不是一纸空文。

抗日战争期间，政权组织形式上采取参议会制度，由人民选举产生同级政府委员会，政府委员会必须执行同级参议会的决议，实行"三三制原则"[1]，以广泛团结各种抗日力量，实现民主政治。

第三次国内革命战争时期，政权组织形式又改为人民代表会议。实行普遍、直接、平等无记名选举各级代表，各级代表会选举产生政府，政府对代表会负责。还规定少数民族地区组织民族自治政权，并制定自治法规。

在革命战争的各个时期，根据地实行了民主的立法制度，制定了不少代表人民意志和符合革命利益的法规。虽然这些立法在形式上还比较简单，而且大都带有地方性和局限性，但它体现了人民民主，保障和促进了革命事业的发展。

由此可见，虽然立法的"制定法律"这一表面含义是横跨古今、一以贯之的；但在数千年历史的沉淀发展中，不同朝代的快速变迁这一大背景之下，加之国家的性质也发生了根本的改变，立法也不断加入了新的内容。当前我们提及的立法，与几千年、几百年、一百多年之前的立法相比，虽然这两个汉字并没有改变，"制定法律"的表面含义也基本一致，但其内容、性质、过程，已经截然不同了。

---

1 "三三制原则"是指，在政权机构和民意机关的人员名额分配上，代表工人阶级和贫农的共产党员、代表和联系广大小资产阶级的非党"左"派进步分子、代表中等资产阶级、开明绅士的中间分子各占三分之一。

制度篇

制度篇主要讨论了立法的指导思想和基本原则、立法体制、立法机构、立法程序、宪法的制定和修改、中央立法、一般地方立法、民族自治地方立法、特别行政区立法、授权立法等内容。

第二章　立法的指导思想和基本原则

第一节　立法的指导思想和基本原则概述

一、立法的指导思想和基本原则的关系

立法的指导思想是对立法价值倾向的确定。它主要反映一部法律或整个法律体系的基本内核和思想倾向，一般不直接体现为实体或程序上的具体规定。立法的基本原则是指在立法过程中所要遵循的基本准则，它体现法律的基本出发点。

立法的指导思想和基本原则是立法中十分重要的问题。学术界对此问题有不同的理解。对我国立法的基本原则存在着多种提法，如四项基本原则、民主原则、原则性和灵活性原则等。对指导思想和基本原则的相互关系，有的学者认为立法的基本原则就是立法工作中必须遵守的指导思想，因而立法的指导思想和基本原则应属同一概念，只是区分不同场合使用而已。也有的学者认为，立法的指导思想和立法的基本原则虽然有共同点，即都对立法工作起指导作用，但它们属于不同性质的范畴，不能等同。还有的学者认为，立法的指导思想实际上就是法理学中所研究的我国立法的具体原则。从这些不同观点中，可以看出：

1. 立法的指导思想和基本原则确实具有相同点，即都属于上层建筑，都对立法起到指导作用；但是对于立法工作而言，立法的指导思想和立法的基本原则应当作为两个概念。指导思想是指总的工作准则和政治准则，它对立法工作起根本性、全局性、方向性的指导作用，而立法的基本原则是指立法工作中的操作性要求。

2.立法的基本原则与立法工作中各个环节上具体的工作原则是不相同的。例如，立法预测的原则、立法规划的原则、立法议案的审议原则等都属于立法工作的具体原则，立法的基本原则虽然也具有操作性，但它高于上述这些具体原则，它是这些立法具体原则之上的总原则。

3.立法的原则与各个部门法的原则是不相同的。部门法的原则是指该法所调整的社会关系的不同性质所决定的原则。例如，刑法规定的罪刑法定、罪责刑相适应原则；民法规定的诚实信用、等价有偿原则；诉讼法规定的以事实为根据、以法律为准绳原则等。这些具体原则是该法本身坚持或体现的原则，而立法的基本原则是进行各项立法活动中必须遵循的操作性原则。

总之，我国立法的指导思想和立法的基本原则是紧密联系的，但又各有其不同的含义，正确认识二者之间的区别和联系，对于立法工作具有重要的意义。

二、立法的指导思想的概念

立法的指导思想，是指反映统治阶级的根本利益及其在不同历史阶段的基本要求，反映立法的根本方向、目标，决定立法工作的路线、方针和政策的理论基础。任何一个国家进行立法活动，都必须遵循一定的指导思想。一国立法的指导思想并不以少数人或某个人的主观意志为依据，它是由本国的国情，特别是国家的根本任务来确定的。立法的指导思想对立法工作的重要意义主要体现为以下几点。

1.立法的指导思想能够使立法工作站位高、格局大、视野宽。没有指导思想，立法工作就失去了前进的方向，更失去了谈立法的高度、深度、广度的可能。

2.立法的指导思想能够使立法紧扣中心工作展开。没有指导思想，立法只能是一盘散沙，无法突出重点、难点。

3. 立法的指导思想能够使立法工作自觉地为统治阶级的利益和要求服务。立法是统治阶级利用自己掌握的国家政权所进行的把自己的意志转变为法律的政治行为，而不是单纯的技术性工作。它是一种把经济关系、政治关系、统治阶级的意志"翻译"为法律的工作。这些工作必须符合统治阶级的基本思想路线和政治路线。我国社会主义立法的指导思想指引我们通过具体的立法工作更好地为工人阶级和广大人民群众的利益服务。

三、立法的基本原则的概念

立法的基本原则，是整个立法活动必须遵循的行为准则，它是立法指导思想在立法实际工作中的具体体现。立法的基本原则具有以下特征。

1. 立法的基本原则以立法指导思想为指引，它必须体现指导思想，而绝不能离开指导思想。立法中要贯彻从实际出发的原则，就是要求立法必须从我国现阶段国情出发，而不能脱离或超越这个实际。

2. 立法的基本原则不是凭空设想的，也不是人们臆造的，更不是生搬照抄域外的，而是来源于本国的立法实践。民主革命时期，革命根据地人民在中国共产党的领导下创建了一系列革命的法规，在立法工作方面积累了丰富的经验，而这些经验正是今天我们社会主义立法基本原则的依据。新的历史时期，我国社会主义立法工作必须总结我国革命和建设的实践经验，使立法工作坚持走中国特色的道路。当然，立法要立足于本国历史和现实的经验，并不是要排斥借鉴和吸收域外先进的立法经验，拒绝优秀的法律思想和原则。

3. 立法原则是操作性的基本原则。这一点说明立法基本原则的性质不同于立法指导思想中所体现的比较抽象的思想原则、政治原则，而是更加侧重于实用性、操作性。

第二节　立法的指导思想

《中华人民共和国宪法》序言第七自然段规定："国家的根本任务是，沿着中国特色社会主义道路，集中力量进行社会主义现代化建设。"要实现这个根本任务，就要"继续在中国共产党领导下，在马克思列宁主义、毛泽东思想、邓小平理论、'三个代表'重要思想、科学发展观、习近平新时代中国特色社会主义思想指引下，坚持人民民主专政，坚持社会主义道路，坚持改革开放……实现中华民族伟大复兴"。由于立法属于国家的一项极为重要的职能活动，必须为国家的根本任务和工作重心服务，所以这些内容也属于我国立法的指导思想。

《立法法》第三条也对立法的指导思想进行了明确规定："立法应当遵循宪法的基本原则，以经济建设为中心，坚持社会主义道路、坚持人民民主专政、坚持中国共产党的领导、坚持马克思列宁主义毛泽东思想邓小平理论，坚持改革开放。"

结合《中华人民共和国宪法》和《立法法》的规定，我国现阶段立法的指导思想可以归纳为：（1）以经济建设为中心；（2）坚持四项基本原则；（3）以马克思列宁主义、毛泽东思想、邓小平理论、"三个代表"重要思想、科学发展观、习近平新时代中国特色社会主义思想为指引；（4）坚持改革开放。

一、以经济建设为中心

立法要以经济建设为中心，主要表现在两个方面：一是整个立法工作中，要对经济立法充分重视，及时制定调整新的经济关系的法律法规和保障进一步深化改革的法律法规。二是其他立法也都要围绕经济建设这个中心来进行，即以经济建设为中心，完善其他领域的立法。这就需要重视教育、科学、文化领域的立法，重视保障公民在政治、经济、文化和社会生活方面民主权利的立法，加强同严重破坏社会治安的犯罪分子以及严重的经济犯罪分子做斗争方面的立法，以完善经济领域的法律调整，通过制定一大批符合实际且行之有效的法律法规，最终达到经济稳健发展和社会繁荣稳定的目的。

二、坚持四项基本原则

立法要坚持四项基本原则，即坚持中国共产党的领导，坚持马列主义、毛泽东思想，坚持人民民主专政，坚持社会主义道路。四项基本原则是全国各族人民团结前进的共同政治基础，是社会主义现代化建设顺利进行的根本保证，是我国的立国之本。四项基本原则是我国立法工作的根本遵循。在立法工作中坚持四项基本原则，就是要通过宪法和法律，体现四项基本原则精神，确立中国共产党作为全国各族人民、全国各项事业领导核心的地位，巩固人民民主专政的国家政权，保障国家沿着社会主义道路前进。

立法要坚持党的领导，表现在以下几个方面：（1）法律法规的内容必须体现和符合党的路线、方针、政策。（2）坚决贯彻党中央的重大决策部署。保证党中央的各项重大改革决策通过法定程序成为国家意志。例如，深化国家监察体制改革是党中央作出的一项重大决策，是事关全局的重大政治体制改革。全国人大常委会认真贯彻落实党中央决策部署，作出关于在部分省市开展国家监察体制改革试点工作的决定，为深化改革提供了先行的法治保障。（3）建立重大立法事项请示报告制度。法律中的重要事项和重大问题，由全国人大常委会党组及时向党中央请示报告。地方立法中的重要事项和重大问题，由地方人大常委会党组及时向同级党委请示报告。（4）重要法律法规的制定、修改或废止，在党中央提出建议时，立法机关要通过正式的立法程序加以贯彻执行。

立法要坚持马列主义、毛泽东思想，既包括在规范性法律文件中通过文字明确地加以表述，还包括在立法过程的各个环节上、完整的立法体系上以及规范性法律文件的全部条文中，都要体现马列主义、毛泽东思想的立场、观点和方法。

立法要坚持人民民主专政，首先要通过立法保障人民当家作主，享有管理国家事务的最高权力，享有管理一切社会事务的权力以及在政治经济、文化和社会生活各个领域的权利；其次要通过立法保障对敌对分子实行专政；还要通过立法创制和完善各级人民代表大会的各项制度，如立法工作制度、法律监督和工作监督制度、选举制度等。

立法要坚持社会主义道路，首先要求通过立法维护以社会主义公有制为主体的多种经济成分并存的所有制结构。通过立法积极发展社会主义市场经济，通过立法确认和保障实现以按劳分配为主体、其他分配方式为补充的分配制度，以利于全体人民和各个地区逐步实现共同富裕。其次，通过立法加强社会主义精神文明建设，以提高中华民族的道德素质和科学文化素质。

三、以马克思列宁主义、毛泽东思想、邓小平理论、"三个代表"重要思想、科学发展观、习近平新时代中国特色社会主义思想为指导

马列主义、毛泽东思想是四项基本原则的一部分，在前面已经进行了阐述。邓小平理论、"三个代表"重要思想、科学发展观是在大规模战争年代已经一去不复返、人类愈加崇尚和平、渴望发展的环境之下，在不断深化改革、不断扩大开放的背景之下，在深刻总结经验教训的反复摸索中，逐步形成和发展起来的马列主义基本原理同中国实际相结合的产物，也是我国立法的指导思想。

党的十八大以来，面对国际风云变幻和国内经济文化发展的

形势，我们在社会主义现代化建设中不得不直面一个根本性的任务，这就是在新时代需要坚持和发展的中国特色社会主义是什么样的，如何坚持和发展中国特色社会主义。围绕这个任务，中国共产党进行了艰辛而富有成效的探索，对共产党如何执政、社会主义如何建设和人类社会如何发展等一系列问题深入研究，最终形成了习近平新时代中国特色社会主义思想。这是中国特色社会主义理论体系的重要组成部分，具有重大历史价值，是我国现阶段立法的重要指导思想。

四、坚持改革开放

在立法工作中秉承坚持改革开放的总方针，要做到：（1）通过立法贯彻改革开放的总方针，及时把有关改革开放的方针、政策法律化，指引进一步深化改革、扩大开放。（2）充分发挥立法的引领和推动作用，始终做到各项重大改革于法有据。过去的立法模式，通常是先试点，总结经验之后再制定法律，立法是为了总结和巩固改革经验。现在，党中央有了政治决策之后，要做到先立法后推行，确保一切改革举措都在法治轨道上进行，不允许再存在法治轨道之外的改革试点。（3）及时废止或修改不适应改革要求的法律法规。

第三节　立法的基本原则

根据《中华人民共和国宪法》和《立法法》等有关法律的内容，我国立法的基本原则主要有合宪性原则、法制统一原则、民主原则、从实际出发的原则、稳定性和适应性相结合的原则等。

一、合宪性原则

《立法法》第三条规定："立法应当遵循宪法的基本原则。"

这是合宪性原则的具体体现。宪法是国家的根本大法，在国家生活中具有极其重要的作用，是具有最大权威和最高效力的法，是全国人民的根本活动准则，当然也是我国社会主义立法活动的根本准则，这就决定了合宪性原则是我国立法的重要基本原则。

立法的合宪性原则，主要表现在以下几个方面。

1. 立法的合宪性原则表现在立法活动所创制的一切法律法规和其他规范性文件要合乎宪法的规定，不得与宪法相抵触。宪法的修改，也必须同宪法的基本精神、基本原则相一致。

2. 立法的合宪性原则表现在各种立法主体要依照宪法规定的权限和条件进行立法活动。立法活动作为国家生活中的重要内容，世界各国大都在宪法中对立法主体及其立法权限以及行使条件作出了明示式的规定。这就决定了非法定立法主体不得从事立法活动，即使是立法主体，也不得超越其法定权限进行立法活动，不得违犯宪法的限制性规定。

3. 立法的合宪性原则表现在任何立法，其目的都在于保证宪法在社会生活中真正、完全地得到执行。宪法是国家的总章程，宪法所规定的是有关国家制度、社会制度的基本原则。这些原则要在社会生活中实现，只靠宪法是远远不够的，还必须依靠作为这些基本原则的具体化的法律、行政法规、地方性法规来实现，宪法不是穷尽立法，而是为立法设定前提和基础。宪法的许多条文，都出现了"依法"或"依照法律规定"等字样，这就以宪法的形式对具体立法提出了要求。即使没有上述字样的宪法规范，实践中需要以具体立法予以保证实施的，也要创制相应的法律。

二、法制统一原则

《立法法》第四条规定："立法应当依照法定的权限和程序，从国家整体利益出发，维护社会主义法制的统一和尊严。"这是法制统一原则的具体体现。

在实行多级立法体制的国家中，由于不同层次的规范性法律文件是由不同的国家机关在不同时间和不同条件下制定的，因此，维护法制统一，防止不同文件之间的矛盾就成为立法过程中必须遵循的基本原则之一。法制统一是指一个国家的全部规范性法律文件之间的相互一致和相互协调。法制统一作为立法的一项基本原则，有以下几点要求。

1. 一切法律法规和其他规范性法律文件的制定都必须以宪法为根据，不得违背宪法。宪法是国家的根本大法，具有最高的法律效力。能否保持法制的统一，在很大程度上取决于法律法规和其他规范性法律文件是否符合宪法的规定。这一点同时也是合宪性原则的要求。

2. 应避免不同类别的规范性法律文件之间的矛盾(如行政法规不能与法律相抵触，地方性法规不能与法律、行政法规相抵触等)；应避免同一类别的规范性法律文件之间的矛盾或同一规范性法律文件内部具体内容之间的矛盾。这就要求在立法过程中，注意对拟定的规范性法律文件与其他规范性法律文件进行比较，以避免可能产生的矛盾。"法律的每个条款，必须在准确而富有远见地洞察到它对所有其他条款的效果的情况下制定，凡制定的法律必须能和以前存在的法律构成首尾一贯的整体。"[1]

3. 注意法律部门之间的相互补充和相互配合，同时避免不必要的重复。

三、民主原则

《立法法》第五条规定："立法应当体现人民的意志，发扬社会主义民主，保障人民通过多种途径参与立法活动。"这是民主原则的具体体现。

---

1 〔美〕约翰·密尔著，汪瑄译：《代议制政府》，商务印书馆1984年版，第76页。

民主是一个含义广泛的概念，通常指在平等的基础之上，由少数和多数经过协商之后，实现共同治理，一般以少数服从多数为原则；也指国家确认公民所享有的广泛的权利和自由；有时，民主也在民主作风、民主传统、民主态度等意义上进行使用。将这些民主的基本内涵引申到立法领域，可以看出，立法的民主原则，主要包含立法主体的民主性和立法内容的民主性两个方面的内容。

（一）立法主体的民主性

一般来说，公民不通过任何中间环节，直接享有立法权，是体现立法主体民主性的最佳方式。但是，我国地域辽阔、人口众多且经济、文化发展不均衡，在相当长的一段时间内无法采取这种立法方式。因此，我国宪法和法律明确规定由人民选举产生的各级国家权力机关及其执行机关中的特定部分，行使创制法律法规的职权。这些立法主体所创制的规范性法律文件，必须真实体现和反映人民的意志，这就要求必须实现立法主体的民主性。这里所说的立法主体的民主性主要是指：（1）立法主体的组成人员经民主程序产生，人民有权对自己选出的人员进行监督和罢免。（2）立法主体在进行立法活动时所具有的民主性。立法主体组成人员在立法过程的各个阶段中，都可以毫无顾虑地表达个人真实意愿。（3）立法过程的公开化。广大人民群众都能参与立法，以集中所有智慧，有利于广大人民群众对立法过程的有效监督，实现制定出充分反映人民意志、维护人民利益、符合客观规律的规范性法律文件的目的。遵循立法的民主原则，关键要使民主原则制度化、法律化，保证人民群众通过各种形式和途径广泛参与和监督立法活动，在立法中体现人民群众的意志。"为了保证人民民主，必须加强法制。必须使民主制度化、法律化，使这种制度和法律不因领导人的改变而改变，不因领导人的看法和注意力的改变而改变。"[1]我国改革开放以来40多年的立法实践表明，属于国家权力机关序列的立法主体，在上述几个方面已经取得了较好的效果。但受行政机关行政首长负责制原则的特殊性、行政立法内容的广泛性和行政立法任务的紧迫性等因素影响，属于行政机关序列的立法主体，在立法过程中体现民主原则的程度，还未达到国家权力机关的程度，这是一个值得注意的问题。

（二）立法内容的民主性

立法内容的民主性，是指通过立法所创制出来的规范性法律文件中应保留记载人民享有的民主权利的内容、范围及行使途径。因而有的学术著作又将立法内容的民主性称为中国社会主义立法的"权利原则"。

社会主义法律是人民意志和利益的体现。我们所说的社会主义法律的公平性和正义性，就在于它以维护人民权力和公民权利为宗旨。这里所说的"人民权力"，是指人民作为国家权力的行使主体而具有的管理国家、管理社会、管理经济和文化事业的权力。而"公民权利"，则是指公民所享有的、由宪法和法律规定的做出某种行为和获取某种利益的可能性。社会主义的各项立法必须全面体现人民权力和公民权利，具体应从以下几个方面入手。

1. 要依法确认人民对立法的参与原则。社会主义法律是国家、集体和个人利益的统一，是全体人民意志的集中反映，不是任何个人或集团意志的反映。因此，凡是没有被依法剥夺政治权利的公民都有权参与立法，提出立法建议。凡是公民提出的法律要求而又不违背客观规律，都应得到尊重和考虑。

2. 法律对于公民权利义务的规定要明确具体，对行使权利、履行义务的程序规定也要明确具体，使国家机关工作人员和其他公民都处于法律制约中，尽可能排除官僚主义和特权行为的干扰，

---

1 邓小平：《邓小平文选》（第二卷），人民出版社1994年版，第146页。

有效地保护人民的权利和国家的利益。同时，要切实重视制定保障各类群体权益的法律，并在立法中尽可能以明示的方式确认公民应该享有的各项权利，并注重设置公民权利受到侵害时的各种救济途径。

3. 要依法确立国家机关工作人员权利与责任相当的原则。这是从"公民在法律面前一律平等"原则派生出来的。对一般公民而言，其行为应符合权利与义务相当的原则，即享受一定的权利与尽到一定的义务是对应的。对国家机关工作人员来说，其公务行为应符合权力与责任相当的原则，即享有一定的由国家赋予的权力，与承担国家要求的责任是对应的，不按法律要求行使权力，就应受到惩罚。

公务人员的职务一旦确认，必然相应获得履行职责所应有的工作条件和权力，但又同时要求公务人员不得依此来谋取个人利益和损害公共利益。因此，在制定法律特别是调整行政法律关系的法律法规时，要十分注意规范行政机关和行政机关工作人员的行为，既要保证他们享有应有的权力，又要防止滥用职权。对滥用职权或失职的，法律也要有明确的惩处规定。

四、从实际出发的原则

《立法法》第六条规定："立法应当从实际出发，适应经济社会发展和全面深化改革的要求，科学合理地规定公民、法人和其他组织的权利与义务、国家机关的权力与责任。"这是从实际出发原则的具体体现。

从实际出发，根据事物的一般特性及事物相互联系发展的规律来确认和调整社会生活中的各种社会关系，是马克思主义的辩证唯物主义的思想路线在社会主义立法中的具体体现和运用。同时，我国社会主义立法的本质属性也要求必须遵循从实际出发的原则。

我国是工人阶级领导的、以工农联盟为基础的人民民主专政的社会主义国家。社会主义立法的本质要求，就是把全体人民的共同意志抽象、上升为国家意志，而全体人民共同意志的内容只能根源于社会生活条件，根源于我国的国情。我国的国情，主要指社会经济生活和经济关系的发展对立法提出的某种客观要求和社会经济结构对这种要求的影响和制约。它包括一定社会发展阶段的政治制度及其影响一国政治制度的重要因素；也包括存在于一定社会发展阶段之中的现实的文化传统、民俗民情、意识形态、道德规范等方面的客观情况；还包括本国的人口、民族和地理条件。此外，还要充分估计人们对立法上设定的权利、义务的心理承受能力。

认识本国具体国情，不但要看到客观事物的表面现象，还要了解客观存在的内在本质；不仅要看到正面，还要看到反面。从不同角度、不同方面把握立法中涉及的客观现象，把握客观事物的宏观发展趋势，使立法真正符合客观事物的要求。

立法遵循从实际出发的原则，也是实现立法目的的重要方面。立法活动的目的，在于使其所创制的法律规范能在社会实践中全面、彻底实施，使其在社会实践中真正起到规范国家生活和社会生活的作用。只有依照从实际出发的原则制定出的规范性法律文件，才能更好地得到实施。坚持从实际出发的原则，需要在立法时注意以下问题。

第一，要从我国的具体国情出发。当前，中国特色社会主义进入新时代，我国社会主要矛盾已经转化为人民日益增长的美好生活需要和不平衡不充分的发展之间的矛盾。与过去相比，既有重大变化又保持连续性，充满着"变"与"不变"的辩证法。"变"的是新时代我国社会主要矛盾，从"人民日益增长的物质文化需要"变为"人民日益增长的美好生活需要"，从着力解决"落后的社会生产"问题变为着力解决"不平衡不充分的发展"问题。"不变"的是我国社会主义所处的历史阶段。要全面、充分认识"变"与"不变"这两个方面，正确把握立法工作，而不是从主观愿望出发。

第二，要注意对立法经验的不断积累。任何事物都不会停止在一个水平上，立法也是不断发展、前进的过程。这就需要积累那些具有科学性的，被实践检验证明确实具有指导作用的经验，从立法实践中把握立法的客观规律性，使立法能正确深刻地反映现实生活的需要及其变化发展的趋势，从而使所立的法能具有较高的稳定性和权威性。

第三，在立法中掌握好原则性规定和具体性规定的尺度。凡是全局性、根本性的问题，以原则性规定的方式确认在国家基本法律中为宜，否则就会因我国地域辽阔、人口众多且各地发展不平衡，而很难在全国范围内都能适用。例如，《国旗法》由于规定得特别具体，尽管是非常必要的，但是无法完全克服实施过程中存在的各种不严肃现象，这就影响了法律的权威和尊严。如果国家立法机关只在《国旗法》中作原则性规定，而由各省级国家权力机关制定具体的实施细则或实施办法，会更有利于这部法的有效实施，也更有利于树立法律的权威。

第四，立法既要考虑必要性，又要考虑可行性。做到成熟一个制定一个，成熟一部分制定一部分，如果制定某部法律的时机不成熟，但其中的部分内容已经成熟，就先制定部分法律性质的单行法规。急需作出规定但是由国家立法机关立法的条件又不完全成熟的，可先由国务院制定这一方面的行政法规，作为国家立法机关立法的预备阶段。

五、稳定性和适应性相结合的原则

稳定性，是指法律公布实施以后，在较长的一段时期内不必进行修改。适应性，是指法律必须具有的适应时势发展需要的张力。

我国社会主义法治建设的实践充分说明，必须使法律具有极大的权威，而形成权威的关键之一就是要具有稳定性。朝令夕改，淡薄了人们对法律的关注与兴趣，也就损害了法律的权威，甚至出现导致社会动荡的可能。法律要具有稳定性，就要做到：第一，要使所创制的法律规范具有较强的科学性和一定的超前性，这就要求在创制某一法律规范时，应当对该法律规范所调整的社会关系的发展趋势有符合客观规律的科学预见，这样才能使这一法律规范能够在相当长的一段时期内与客观实际的发展相吻合。第二，要充分考虑到立法能够被施行，能够真正有助于社会发展，而不是为了提升立法速度而随意立法。在立法条件不成熟时，不要草率进行。例如，近年来出现的 P2P 理财、共享单车、网络预约出租车等新鲜事物，由于发展迅速，一时难以形成稳定性的东西，这方面的规范性法律文件就不能盲目制定，必须经过充分调研和一定时期的观察，待时机成熟后再将此类立法提上日程。再如，具有立法职权的国家机关的组成人员之间对某一社会关系的法律调整存在不同认识时，也不宜让调整这一社会关系的规范性法律文件轻易出台。因为创制者的不同意见，会带来内容上的自相矛盾，势必影响规范性法律文件的可行性和稳定性。第三，要使所创制的法律规范在坚持原则性、明确性、具体性的前提下，还具有一定的灵活性，这样也就相应增加了法的稳定性。

任何立法，都应是客观实际的反映。不从客观实际出发而创制的规范性法律文件，也就谈不上具有适应性，不能实现本应具有的有效性和可行性。当然，即使是适应性很强的规范性法律文件，也不能对社会永远适应，因为事物总是在发展变化。在某一方面的客观情况发生变化时，还要使调整这一方面的规范性法律文件具有适应性，这就需要对规范性法律文件适时地修改或废止。当然，对规范性法律文件的修改或废止一定要慎重，对可改可不改的，一般不作修改。但也应认识到，在中国特色社会主义进入新时代的背景下，原有规范性法律文件的一些内容与现实完全不相适应时，就应当坚决通过修改或废止予以解决，不能因为片面强调稳定性而影响了适应性。

法的稳定性和适应性是对立的统一。法不能常变，又不能不变，法在相对稳定中实现变化与发展。如果强调稳定性到绝对化的程度，不注意法律的发展，或者片面强调法律的变化与发展，忽视了法律的稳定性，其结果都会影响法治的正常发展。

强调法的稳定性和适应性，离不开法的连续性。法的连续性是指一国不同发展时期或同一时期的各个不同阶段新创制的规范性法律文件与原有的规范性法律文件在内容上、效力上、调整社会关系的范围上存在的衔接和继承性关系。法的连续性是由于客观事物本身发展规律所决定的。任何客观事物发展的本身都具有连续性和继承性关系，承认和保持这种连续性和继承性是社会稳定和生活、生产、工作正常进行的重要条件。要实现法的连续性，必须注意在制定新的规范性法律文件时，考虑原有规范性法律文件的效力。新的规范性法律文件在法律效力上应与原来的规范性法律文件保持连续贯通。一般而言，在没有新的规范性法律文件通过以前，不得随意终止原有规范性法律文件的效力。原有规范性法律文件的效力，在未经修改、废止或颁布新的规范性法律文件前，不因立法机关或立法机关人员的变化而变化。

第三章 立法体制

第一节 立法体制的概念和分类

一、立法体制的概念

在国家制度中，立法体制是一个非常重要的问题，主要是指在法的创制的权限划分上所形成的体系和制度。具体来讲，包括两个方面：一是确定享有立法权限的主体，以及这些主体享有的立法权限的具体内容；二是确定享有立法权限的主体制定的众多规范性法律文件之间的关系。

与行政权、司法权一样，立法权也是一项基本国家权力，是国家权力体系中最重要的、核心的权力。"立法权，不论属于一个人或较多的人，不论经常或定期存在，是每一个国家中的最高权力。"[1]只有享有立法权，才能有资格进行立法活动；只有进行了立法活动，才能够体现立法权的享有。任何一个国家，掌握国家政权的阶级，要有效地维护自己的统治，并对社会公共事务进行管理，都要进行立法活动，运用法律调整各种错综复杂的社会关系。在民主制国家，国家政权的活动受到法的限制，政府的权力不能超出法所限制的范围，因此立法权的行使是有限度的。[2]为了使由国家政权机关进行的立法活动有条不紊地进行，并进而使国家政权的整体能在有序的状态下良好运转，必须建立相应的立法

---

1 〔英〕洛克著，叶启芳等译：《政府论》（下篇），商务印书馆1996年版，第83页。

2 〔美〕查尔斯·A.比尔德：《美国政府与政治》（上册），商务印书馆1987年版，第21页。

体制，在国家政权机关之间适当划分各自的立法权限。一个国家的立法体制，通常由宪法加以确定和体现。我国现行宪法，对国家立法机构的设置、立法权限的划分，都作了明确规定。

二、立法体制的分类

一个国家的立法体制如何安排，与该国的政治制度、具体国情、历史传统等因素密切相关。由于这些因素在各国都有不同的表现，因此，也形成了多种立法体制。总的来看，对各国立法体制可作如下分类。

（一）从中央国家机关对立法权限的划分来看，可以分为四类

1. 单一的立法体制。单一的立法体制是指立法权由一个政权机关甚至一个人行使的立法体制。包括单一的一级立法体制和单一的两级立法体制。单一的一级立法体制，是指国家的立法权仅由中央一级的一个机关行使，中央的其他机关和地方的所有机关都不享有立法权。实行单一的一级立法体制的国家较多。保加利亚和布隆迪就是较为典型的实行单一的立法体制的国家。[1]单一的两级立法体制，指不仅中央的立法权由一个机关享有，而且地方的立法权也同样由一个机关享有，所以称之为"单一"。一些联邦制国家实行这种立法体制。

2. 复合的立法体制。复合是相对于"单一"而言的，从这个角度看，复合的立法体制也就比较容易理解，是指立法权由超过一个的机关来行使的立法体制。根据立法权归属的具体情况不同，这种立法体制又有两种情况：一种是立法权由议会和总统共同行使，如冰岛、芬兰、厄瓜多尔、智利等国；另一种是立法权由君主和议会共同行使，如比利时、丹麦、荷兰等国。

3. 制衡的立法体制。制衡的立法体制以三权分立的政治体制

---

[1] 保加利亚的宪法明确规定，国民议会是国家最高权力机关，是共和国唯一的立法机关；布隆迪的立法权由国家元首单独行使。

为基础。这里所说的"制衡",体现在实行这种立法体制的国家,立法权一般由议会行使,但政府首脑有权对议会立法施加各种影响,同时司法机关也能够对立法起到一定的影响力。

4. 其他立法体制。一些国家,如梵蒂冈就实行与以上三种立法体制都不相同的特殊的立法体制。[1]

(二)从中央和地方立法权限的划分来看,可以分为三类

1. 一级立法体制。一级立法体制是指国家立法权只由中央行使,地方一般不能行使。实行一级立法体制的国家,有日本、意大利、荷兰、比利时等国。当然,虽称之为"一级",但也并不是绝对的,一些实行一级立法体制的国家,也赋予地方一些立法权限,如意大利、荷兰等国都允许地方立法,但前提是不能影响中央对立法权的行使。

2. 两级立法体制。主要是指在联邦制国家,全联邦的立法机关和联邦成员国(州、邦)的立法机关都享有立法权。实行两级立法体制的国家有美国、德国等。这些国家的宪法明确划分了中央和地方立法权的范围。

3. 多级立法体制。一些国家的立法权由中央和两级以上的地方立法机关分别行使,因此属于多级立法体制。例如,巴西的立法机构由联邦议会、州立法大会和市议会三级组成,分别对联邦、州和市行使立法权。立法机构主要负责制定规范各级公共生活、行政和司法机构行为的相关法律,分别经联邦议会、州立法大会和市议会批准实施。

---

1 《梵蒂冈城国基本法》(2000 年)第一条第一款规定:"最高宗座为梵蒂冈城国主权者,其享有全部的立法权、行政权和司法权。"

第二节　我国的立法体制

一、我国立法体制的发展

2019 年是中华人民共和国成立 70 周年。70 年来，新中国立法记载了新中国革命、建设和发展的足迹，确认了各族人民奋斗的成果，在新中国民主法治建设中发挥了重要作用。这 70 年来，新中国的立法体制，同政治、经济体制一样，也经历了一个发展变化的过程，总体上看，可以分为三个阶段。

（一）从 1949 年中华人民共和国成立到 1954 年宪法颁布实施的阶段

1949 年 2 月，中共中央发布了《关于废除国民党的〈六法全书〉与确定解放区的司法原则的指示》，为确立中华人民共和国的立法体制奠定了基础。这份文件规定："不能因国民党《六法全书》有某些似是而非的所谓保护全体人民利益的条款，便把它看作只是一部分而不是在基本上不合乎广大人民利益的法律，而应当把它看作是在基本上不合乎广大人民利益的法律。""人民的司法工作不能再以国民党的《六法全书》为依据，而应该以人民的新法律为依据……目前在人民的法律还不完备的情况下，司法机关的办事原则应该是：有纲领、法律、命令、条例、决议规定者，从纲领、法律、命令、条例、决议之规定；无纲领、法律、命令、条例、决议规定者，从新民主主义的政策。"

这一时期，我国的人民代表大会制度尚未建立，中国人民政治协商会议代行全国人大的职权。1949 年 9 月，在中华人民共和国成立前夕，召开了中国人民政治协商会议第一届全体会议，通过了具有临时宪法性质的《中国人民政治协商会议共同纲领》和《中华人民共和国中央人民政府组织法》。规定了国家的一切权力属于人民，人民行使国家权力的机关为各级人民代表大会和各级人民政府。在普选的全国人民代表大会召开以前，由中国人民政治协商会议的全体会议行使全国人民代表大会的职权，由中央人民政府委员会行使国家最高政权机关的职权，由地方各界人民代表会议代行地方人民代表大会的职权。这两个宪法性法律以及其他相关法律，承载着奠定新中国基本格局和未来走向的一系列重大决策，奠定了新中国成立初期立法体制的基础。

1949 年 12 月 16 日，中央人民政府政务院第一次政务会议通过了《大行政区人民政府委员会组织通则》，规定大行政区人民政府委员会"拟定与地方政府有关之暂行法令、条例，报政务院批准或备案"。

1950 年 1 月 6 日，中央人民政府政务院第十四次政务会议通过了《省、市、县人民政府组织通则》，规定省人民政府委员会可以拟定与省政务有关的暂行法令条例，报主管大行政区人民政府转请中央人民政府政务院批准或备案；直辖市、大行政区辖市和省辖市人民政府，有权拟定与市政有关的暂行条例报上级人民政府批准；县级人民政府也有权拟定与县政有关的暂行法令条例或单行法规，报上级人民政府批准或备案。

1952 年 2 月 22 日，中央人民政府政务院第一百二十五次政务会议通过了《中华人民共和国民族区域自治纲要》，对民族自治地方的立法权限作出规定："各民族自治区自治机关在中央人民政府和上级人民政府法令所规定的范围内，依其自治权限，得制定本自治区单行法规，层报上两级人民政府核准。""凡经各级地方人民政府核准的各民族自治区单行法规，均须层报中央人民政府政务院备案。"

1954 年 6 月 19 日，中央人民政府委员会第三十二次会议决定，撤销大行政区，大行政区一级的立法职权随之取消。

由此可见，这个时期的立法体制在不断扩充和完善。新中国成立初期，各地区情况悬殊，中央立法不可能制定出适应所有地区形势发展的法律法令。这种情况下，就形成了立法权属于中央，但同时在中央人民政府委员会的领导下，县以上各级人民政府都享有一定范围立法职权的格局，这可以说是中央集中领导下的多层次立法体制。这一立法体制符合当时的实际情况，起到了较好的作用，在保证中央政策法令得以贯彻执行的前提下，较好地发挥了地方的主动性和创造性。

（二）从 1954 年宪法实施到 1982 年宪法实施前的阶段

1954 年 9 月，第一届全国人民代表大会通过了中华人民共和国的第一部宪法，即 1954 年宪法，对立法体制作出重大改革。这部宪法第二十七条规定，全国人民代表大会行使修改宪法和制定法律的职权。第三十一条规定，全国人大常委会行使解释法律和制定法令的职权。第四十九条规定，国务院根据宪法、法律和法令，规定行政措施，发布决议和命令。第六十条规定，地方各级人民代表大会依照法律规定的权限通过和发布决议，没有赋予其制定地方性法规的权力。由此可见，1954 年宪法采取了把立法权高度集中于全国人民代表大会的体制，全国人民代表大会是行使国家立法权的唯一机关。之后 1975 年宪法和 1978 年宪法关于立法体制的规定，与 1954 年宪法基本相同。

实践中，1954 年宪法所确立的立法体制也在不断完善和发展。

1955 年 7 月 31 日，第一届全国人大第二次会议通过了《关于授权常务委员会制定单行法规的决议》，规定"常务委员会依照宪法的精神、根据实际的需要，适时地制定部分性质的法律，即单行法规"。

1959 年 4 月 28 日，第二届全国人大第一次会议通过了《关于全国人民代表大会常务委员会工作报告的决议》，规定"常务委员会，在全国人民代表大会闭会期间，根据情况的发展和工作的需要，对现行法律中一些已经不适用的条文，适时地加以修改，作出新的规定"。这两个决议，把立法权由全国人大扩大到由全国人大常委会行使。

1979 年 7 月 1 日，第五届全国人大第二次会议通过了《中华人民共和国地方各级人民代表大会和地方各级人民政府组织法》，规定省、自治区、直辖市的人民代表大会及其常务委员会，有权制定和颁布地方性法规，并报全国人大常委会和国务院备案。这一规定，把立法权的主体范围由中央的全国人大及其常委会一级，扩大到了省级人民代表大会及其常委会，是立法体制上的一个重要改革。

1954 年宪法所确立的立法体制，虽然在一定程度上、一定范围内忽视了充分调动地方的主动性和积极性这一问题，但它对于维护中央的权威和集中统一领导，具有非常积极的作用。而上述这些完善，在实践中显示出的良好作用，对 1982 年宪法确立新的立法体制有着重大的启示意义。

（三）1982 年宪法实施以来的阶段

1982 年 12 月 4 日，第五届全国人大第五次会议通过了我国的第四部宪法。这部宪法在许多方面继承了 1954 年宪法的精神，但在立法体制上有新的发展。这些新发展主要表现在：第一，明确规定全国人大及其常委会都是行使国家立法权的机关，都有权制定法律，国家立法权集中由全国人大和它的常委会统一行使。第二，明确规定国务院可以根据宪法和法律制定行政法规，国务院各部、各委员会有权根据法律和行政法规，在本部门的权限范围内发布规章。这是首次以根本法的形式赋予国务院及其各部委一定的立法权限。第三，赋予省、自治区、直辖市人大及其常委会制定地方性法规的权力，体现了充分发挥中央和地方两个积极性的原则。

1982 年 12 月 10 日，第五届全国人大第五次会议又通过了《关于修改〈中华人民共和国地方各级人民代表大会和地方各级人民政府组织法〉的若干规定的决议》，规定省、自治区的人民政府所在地的市和经国务院批准的较大的市的人大常委会，可以拟订本市需要的地方性法规草案，提请省、自治区的人大常委会审议制定，并报全国人大常委会和国务院备案。省、自治区、直辖市以及省、自治区的人民政府所在地的市和经国务院批准的较大的市的人民政府，还可以根据法律和国务院的行政法规，制定规章。

1986年第二次修改的《地方各级人民代表大会和地方各级人民政府组织法》第七条规定，省、自治区的人民政府所在地的市和经国务院批准的较大的市的人民代表大会，可以制定地方性法规，报省、自治区的人大常委会批准后施行。1988年3月，第七届全国人大第一次会议授权海南省人大及其常委会，根据海南经济特区的具体情况和实际需要制定法规，在海南经济特区实施。1992年7月，第七届全国人大常委会第二十六次会议通过决定，授予深圳市人大及其常委会以制定法规的权力。1994年和1996年又先后授予厦门市、珠海市及汕头市的人大及其常委会制定法规权。

2000年颁布的《立法法》，对我国的立法体制、立法权限、立法程序、立法监督等作出全面规定。明确只能由全国人大及其常委会制定法律事项的专属立法职权，并对全国人大及其常委会的授权立法作出原则规定：全国人大及其常委会的授权决定应当明确授权的目的、范围；被授权机关应当严格按照授权目的和范围行使该项权力；被授权机关不得将该项权力转授给其他机关；授权立法事项，制定法律的条件成熟时，由全国人大及其常委会及时制定法律；法律制定后，相应立法事项的授权终止。

2015年3月，第十二届全国人大第三次会议对《立法法》进行了较大幅度的修改，修改内容总共达46项，赋予所有设区的市地方立法权。这次修改，进一步完善了国家的立法体制，完善了科学立法、民主立法、依法立法的机制和措施，不仅是实现全面推进依法治国的总目标的需要，也是实现十八大以来党中央提出的"四个全面"的伟大历史任务的需要。

二、我国现行立法体制的特点

我国现行立法体制，主要有两个特点。

第一，我国立法体制表现为多种因素的融合。第一个因素是在同一个国家中，绝大部分地区实行社会主义制度，台湾、香港和澳门等少数地区实行资本主义制度。第二个因素是在同一个国家中，社会主义法系（内地）、大陆法系（台湾、澳门）和普通法系（香港）并存。第三个因素以前两个因素为前提，即由于社会制度和法系的不同，在考虑立法体制时，需要区分内地、台湾、香港、澳门等四种不同情况。

第二，我国立法体制表现为多元（层次）的立法主体结构，包括：（1）全国人大修改宪法并监督宪法实施，制定和修改刑事、民事、国家机构和其他的基本法律，改变或者撤销全国人大常委会不适当的决定；（2）全国人大常委会解释宪法、监督宪法的实施，制定和修改除基本法律以外的其他法律，对全国人大制定的法律进行部分补充和修改（但补充和修改不得同该法律的基本原则相抵触），解释法律，撤销国务院制定的同宪法、法律相抵触的行政法规、决定和命令，撤销地方国家权力机关制定的同宪法、法律和行政法规相抵触的地方性法规和决议；（3）国务院制定和修改行政法规；（4）省、自治区、直辖市和设区的市人大及其常委会制定和修改地方性法规，并报相应机关备案；（5）经济特区的人大及其常委会制定和修改特区法规并在本特区范围内实施；（6）民族自治地方人大制定自治条例和单行条例，可对法律和法规作出变通；（7）特别行政区行使属于自己的立法权。

我国现行立法体制的形成，有着深刻的社会原因。

第一，我国的国家性质要求体现人民最高意志的最高权力机关，即全国人大及其常委会行使国家立法权，统一领导全国立法。

第二，我国幅员广大，人口众多，各地区发展很不平衡，这在客观上要求立法不能过分集权，要赋予全国人大及其常委会以外的其他机关，如国务院、省级和设区的市人大及其常委会等制定规范性法律文件的权力。

第三，我国在经济上实行社会主义市场经济体制，政治上实行民主集中制，这就要求其立法体制既要坚持中央统一领导，又要使多方面参与立法，特别是处理好中央和地方的关系。

第四，我国的历史传统也要求实行现行的立法体制。我国历史上经历了长期中央集权的专制主义统治，后来又经过党的集中统一领导才成立了中华人民共和国，也是实行"一国两制"的国家。所有这些因素综合在一起，决定了我国必须坚持既实行中央统一领导又有相当程度分权的立法体制。

三、我国现行立法体制的性质、优点、不足和完善

（一）我国现行立法体制的性质

我国现行立法体制的性质表现在以下几个方面。

第一，它具有中央集中统一领导的一元性的特点。这一特点表明，我国现行立法体制坚持人民主权原则，国家的一切权力属于人民，人民行使国家权力的机关是全国人大和地方各级人大。国家只有一个以宪法为基础的法律体系，其中宪法是体现我国主权之下全体人民意志和利益的根本大法。虽然地方有一定立法权限，但是它们的立法都应以宪法的授权为条件，以宪法为根据，不得与宪法相抵触。有的还要报中央立法机关批准或备案。虽然中央与地方都有立法权，但中央的立法权居于主导地位，而地方立法权处于次要地位；中央的立法权来自全国人民，地方的立法权主要来自中央的授权、部分来自本地方的全体人民。一个是中央不应统管的，授予地方；一个是地方管不了、管不好的，授予中央。这是一元立法体制和二元立法体制的本质区别。

　　第二，两级立法体制，即中央立法与地方立法相结合。我国既是统一的单一制国家，又是多民族的国情十分复杂的大国。在这种背景下，无论是片面强调中央集权，还是过于注重权力分散，都是行不通的。要从具体国情出发，一方面坚持中央统一的领导，另一方面又要充分调动地方的积极性、主动性。在立法体制上，就表现在不仅中央具有立法权限，而且地方也应具有一定的立法权限。中央可以制定法律、行政法规，地方也可以制定地方性法规、自治条例和单行条例，这是我国立法体制的一项重要特点。

　　第三，统一的多层次的立法体制。统一是多层次的基础，多层次是统一的表现。这种多层次表现在，一是就行使国家立法权的全国人大和全国人大常委会而言，它们属于同一级机关内的两个不同的层次，享有的立法权限也有区别，在立法范围上有所不同，在效力和权威上也有差别。二是就中央权力机关和中央行政机关而言，即全国人大及其常委会同国务院及其所属部门之间，它们都属于中央一级，但有主从之分。因此，它们各自立法的范围、效力均有差别。前一层次的划分是同一权力机关内的分工差别，而后一层次的划分是权力机关与权力机关的执行机关之间的差别，两个层次又有明显不同。

　　关于地方性立法的层次，主要表现在两个方面：一是省、自治区人大及其常委会制定的地方性法规，同本省设区的市人大及其常委会制定的地方性法规，虽然名称相同，都可归为地方立法，但在效力上是不完全相同的。设区的市的地方性法规须报省、自治区的人大常委会批准后才能施行。二是自治区、自治州、自治县都有权制定自治条例和单行条例，但它们之间也具有层次性。自治州、自治县的自治条例和单行条例，要报省或自治区的人大常委会批准后生效，并报全国人大常委会备案。

　　第四，多类的结合。关于多类的特点，虽然在划分上不免有交叉重叠，但这种类别的区分在理论上和实践上均有必要性。在我国有权力机关的立法、行政机关的立法、一般行政区的地方性立法、民族自治地方的立法和特别行政区的立法等多种类别。

(二)我国现行立法体制的优点

总的来讲,我国现行立法体制在几十年的实践中不断完善,不断革新,综合考虑了国家的经济、政治、文化、历史、民族等多方面因素,符合人民民主专政和人民代表大会制度的要求,合乎我国国情。它具有以下突出的优点。

第一,完善和发展了中国特色社会主义制度,推进了国家治理体系和治理能力的现代化。经济体制改革是全面深化改革的重点,核心问题是处理好政府和市场的关系,使市场在资源配置中起决定性作用和更好发挥政府作用。市场决定资源配置是市场经济的一般规律,健全社会主义市场经济体制必须遵循这条规律,着力解决市场体系不完善、政府干预过多和监管不到位问题。[1]改革的实质和关键,就是要改变过去的那种集中过多、统得过死的旧体制,其中突出的一点就是要正确处理中央与地方的关系,充分调动各方面的积极性、创造性,释放出社会主义社会所具有的潜能。我国的立法体制既发挥了中央的积极性,又调动了地方的积极性,既能保证中央的统一领导,又适度加强了地方的部分权限,在立法层面较好地处理了中央与地方的关系。

第二,促进中国特色社会主义法治体系和社会主义法治国家的建设。一方面,经过长期努力,中国特色社会主义法律体系已经形成,法治政府建设稳步推进,司法体制不断完善,全社会法治观念明显增强,这与我国立法体制的优点密不可分。另一方面,同推进国家治理体系和治理能力现代化的目标相比,法治建设还存在许多不适应、不契合的问题,必须通过完善立法体制,进一步发挥立法体制的优点得以解决。

---

1 中国共产党第十八届中央委员会第三次全体会议:《中共中央关于全面深化改革若干重大问题的决定》(2013年11月12日)。

第三，从实际出发，因地因时因事制宜，使立法更好地适应经济社会发展。我国地大物博、人口众多；又是一个多民族的单一制国家，各地发展不平衡，情况各异；经济政治和文化较落后，正处在经济发展变化快的时期；全面深化改革使立法变得十分迫切。在这种情况下，只靠中央一级立法，完全不允许地方立法，没有二级多层次、多类型的立法，很难满足全面深化改革的要求。

第四，体现了立法的及时性、完备性、合理性。如果立法权只由中央享有，而不考虑地方存在的特点，就会使立法工作产生片面性，使立法的结果、法律本身失去合理性；或者会顾此失彼、精力不济，失去立法的完备性；或者久拖不立，使立法失去及时性。我国的立法体制，基本能做到立法对及时性、完备性和合理性的要求。

第五，不断加强和完善新时代地方立法工作。地方立法是符合中国国情的一大创举，已经逐渐显现出越来越重要的作用。我国的立法体制，走上了一条不断给地方扩大立法权的正确道路，充分发挥地方立法助力法律实施、提供重要补充和积极探索创新的作用，推动新时代地方立法工作向着更高水平、更高质量发展。

（三）我国现行立法体制的不足

前面已经分析了我国现行立法体制的性质及优点，同时，也应清醒地认识到我国现行立法体制也存在着一些不足，笔者认为主要表现在以下几个方面。

第一，全国人大与全国人大常委会之间立法界限的划分不明确，出现全国人大常委会越权立法的现象。根据《中华人民共和国宪法》第六十二条、第六十七条的规定，全国人大制定和修改刑事、民事、国家机构的和其他的基本法律，全国人大常委会制定和修改除应当由全国人大制定的法律以外的其他法律，在全国人大闭会期间，对全国人大制定的法律进行部分补充和修改，但是不得同该法律的基本原则相抵触。《立法法》第七条重申了这一规定。这里存在两个问题，一是"刑事、民事、国家机构的和其他的基本法律"中的"其他的"范围如何掌握？虽然这种表述可以增加灵活性，根据立法工作和当年人大会议的具体情况来确定哪部法律属于"其他的"之列，从而"上会"审议，但毕竟没有形成一个可评判的标准。例如，自然环境是人类生存和发展的基本前提，保护环境是我国的一项基本国策。《环境保护法》理应纳入"其他的基本法律"之列，属于一国基本法的范畴，应由全国人大从事该项立法行为。现在由全国人大常委会制定并颁布，显然属于越权立法行为。相比而言，《慈善法》则由全国人大制定，但很难说环保工作不如慈善工作重要。又如，同属民事关系组成部分的《继承法》和《收养法》，前者被界定为基本法律，后者却被界定为非基本法律。再如，对劳动者来说，涉及劳动者基本劳动关系和公民基本权利的《劳动法》本应该是基本法律，却被界定为非基本法律，而规范工会组织的《工会法》却被界定为基本法律。[1]二是全国人大常委会有权对全国人大制定的法律"进行部分补充和修改"，虽然规定了"不得同该法律的基本原则相抵触"，但很难具体把握怎样才属于不相抵触。实践中，一些法律的制定距离现在已有很长时间，为了适应发展需要所进行的大幅度修改，已经"抵触"了法律制定之初所确立的基本原则。

第二，行政立法权限的规定不统一。《宪法》第八十九条规定了国务院有权行使的 18 项职权，其中第一项是根据宪法和法律，规定行政措施，制定行政法规，发布决定和命令。而《立法法》第六十五条第二款规定，行政法规可以就下列事项作出规定：（一）为执行法律的规定需要制定行政法规的事项；（二）《宪法》第八十九条规定的国务院行政管理职权的事项。细读两法的制定，会发现其中的较大区别：宪法规定行政机关有权制定行政法规，而

---

1 曹康泰主编：《中华人民共和国立法法释义》，中国法制出版社 2000 年版，第 17 页。

且还有规定行政措施、发布决定和命令等其他表述；《立法法》第六十五条第二款把行政机关制定行政法规、发布决定和命令的规定表述为行政法规可以就《宪法》第八十九条规定的行政机关行政管理职权的事项作出规定。由此可见，《立法法》的规定扩大了《宪法》关于行政立法权限的规定，因为《宪法》针对行政职权实施的规定不仅仅是制定行政法规一种形式，还有规定行政措施、发布命令以及决定等方式，而《立法法》中的规定则表述为行政职权范围内的事项都可制定行政法规，这就扩大了行政法规制定的范围，与宪法的规定不符。

（四）我国现行立法体制的完善

对我国立法体制的完善应当全面考虑建设中国特色社会主义法治体系，建设社会主义法治国家的要求，深入推进全面依法治国。我国立法体制的改革和完善应遵循下列原则和方向。

第一，要有利于全国人民更好地行使国家权力，包括国家立法权。虽然立法权由国家立法机关行使，但全国人民享有最后的、最根本的立法权，全国人民有参与立法，有权对立法机关进行监督，并且要使国家立法权的行使真正代表全国人民的意志和利益。遵循这一原则，是建立和完善我国立法体制的出发点。例如，"开门立法"就是一个很好的途径。通过传统媒体、基层立法联系点、人大代表联络站（有的地方称为"人大代表之家"）等多种途径，征求对于立法的意见，在立法的起始阶段就高度重视人民群众的意愿，打通并拓宽人民群众参与立法的途径，使立法最大限度地符合人民群众的需求。

第二，要有利于处理中央与地方的关系。在立法权的划分上，单纯而绝对的中央高度集中和单纯而绝对的地方分权，在近现代国家实际生活中几乎是不存在的。正如单纯而绝对的计划经济和单纯而绝对的市场经济不存在一样。现实存在的立法体制一般是中央集权与地方分权的结合，只是侧重点不同，有的侧重于多一些中央集权，有的侧重于多一些地方分权。在这个问题上，应坚持人民民主原则，坚持在此基础上适当分权原则。在立法权的划分上，人民能自己决定的应由他们自己决定，地方能决定且又不危害其他地方和全国的，如地方建设事业，应由地方决定；地方决定不了或决定不好，或虽能决定但又涉及其他地方和全国的，则应由中央决定。立法体制要走在适当集权的前提下尽量分权取向的完善和发展路径。

第三，要有利于立法工作的开展。建立有利于立法合理、完备和及时的立法体制，这是检验立法体制合适与否的直接标准。

第四，立法体制是否合适，最根本最终的检验标准，是是否有利于建设中国特色社会主义法治体系，建设社会主义法治国家。要解放思想，实事求是，打破一切陈旧的条条框框的束缚，使我国的立法体制得以发展和完善。

第四章　立法机构

第一节　立法机构的概念与设置原则

一、立法机构的概念

学术界对立法机关这一概念，有广义和狭义的不同理解。广义的立法机关，是指一切有权制定、修改、解释、废止法律法规的国家机关。它不仅包括人民代表大会这样的立法机关，也包括有权立法的行政机关。其所立之法，不仅有法律，而且也包括具有法律效力的其他规范性文件。狭义的立法机关，是指依法行使立法权，制定、修改、解释、废止法律的机关，即通常所指的，相对于行政机关和司法机关而言的立法机关。

在我国，对立法机关、享有立法权的国家机关或有权立法的国家机关的界定，在学术界有不同的理解。我国宪法规定，全国人民代表大会的性质是国家权力机关，这个名词比"立法机关"更准确地表达了全国人大的地位，但也有学者称全国人大及其常委会为我国最高立法机关。至于"享有立法权的国家机关"或"有权立法的国家机关"，则范围比立法机关更广泛，指一切行使立法权（包括立法规权、立规章权）的国家机关，都是享有广义立法权的国家机关。在我国，除全国人大及其常委会以外，还有国务院及其各部、各委员会，省、自治区、直辖市和设区的市的人大及其常委会，省、自治区、直辖市和设区的市的人民政府，自治州、自治县的人大，香港特别行政区立法会、澳门特别行政区立法会等。

立法机构比立法机关的概念要更广一些，它不仅包括立法机关和有权立法的国家机关，还包括这些国家机关中享有部分立法权(如提案权、审议权)的权力机构，如全国人大的专门委员会。此外，还包括附属于这些机关的专门立法工作机构，如人大常委会法制工作委员会、政府系统的司法部（厅、局）等。一个国家的立法机构，不是互不隶属、各自为政的零散机关，而是与立法权体制相适应的、位阶有序、有机配合的立法主体的集合。

在讨论立法机构这个问题时，需要说明与此相联系的几个问题。

1.权力机关与立法机关。有的著作中把权力机关与立法机关等同起来，认为权力机关就是立法机关。这是不完全正确的。按照宪法规定,全国人大及地方各级人大是中央和地方的权力机关，但并不是所有权力机关都可以称为立法机关。全国人大及其常委会，是国家最高权力机关，也是国家最高立法机关。省、自治区、直辖市和设区的市的人大及其常委会，自治州、自治县的人大，是权力机关，也是享有立法权的国家机关。而一般的县（区）、乡（镇）人大是权力机关，但没有立法权，不是享有立法权的国家机关。所以，权力机关不完全是立法机关，也不都享有立法权。

2.立法机关与有权立法的国家机关。前者在我国通常是指制定法律的机关，即全国人大及其常委会。后者则范围要更广，前面已经进行了阐述。

3.立法机关与立法专门工作机构。前者是有立法权的机关，或称立法权力机构；后者是附设于立法机关或有权立法的国家机关内部的专门从事立法实务，但不享有立法权的工作机构，一般称为立法专门工作机构。

二、立法机构设置的原则

为了使立法机构体制适应立法权配置的需要，确立立法机构体制，应当遵循下列原则。

1. 民主集中制原则。即根据民主集中制原则的要求，设立我国的立法机构，必须注意以下三点：（1）立法机构由民主选举产生，人大作为立法机关，也是民意机关，要充分代表、反映人民意志，进行立法。"人民设置一个立法机关，其目的在于使立法机关在一定时间或在需要时行使制定法律的权力。"[1]（2）全国的立法机构，应是一个有机的统一整体，各立法机构共同组成一个严密的体系，各立法机构之间的职责具有密切联系。（3）全国的立法机构应呈现等级明确、层次清晰的有序布局。除全国人大外，各有权立法的机关既有自己相对独立的立法权，又要接受特定立法机关的指导和监督。

2. 权责相应原则。首先，存在立法权，就必须有相应地行使立法权的机构。例如，我国宪法规定了国家立法权，同时也规定了由全国人大及其常委会行使国家立法权。一般地方立法、民族区域自治地方自治立法，经济特区立法、特别行政区立法，也都根据立法权配置，设立了行使立法权的机构，这些行使立法权的机构，即是有权立法的国家机构。其次，为使有权立法的国家机构充分有效行使立法权，还必须为其设置工作机构。有权立法的国家机构无论是国家权力机关还是国家行政机关，其组成人员不可能对行使立法权的事项必须躬亲。从调研、起草、征求意见，到修改、定稿并最后通过，这些程序不可能都亲自动手，而必须设置专门的工作机构，作为其助手，为其承担调研情况、提供决策方案的任务。

3. 效率与效果相统一的原则，即立法既要讲求效率与速度，又要追求政治效果、社会效果和法律效果的实现。这就要求：（1）立法机构的设置必须适应立法权行使的需要，这并不表明立法机构越庞大越好，而是应当力求精干。不要重复设置

<hr>

1 〔英〕洛克著，叶启芳等译：《政府论》（下篇），商务印书馆1996年版，第95页。

有权立法的国家机关，对某一事项的立法权在同一层次应只有一个特定的国家机关行使，不能重复立法；并且，有权立法的国家机关的职责划分也不能过分细致，避免可能出现的争权或者推诿现象。为适应效率与效果相统一原则的要求，重点需要解决的问题是科学设定国务院部门，业务相关的部门应适时合并，职责分工不明的，应当予以明确划分，杜绝政令不一，立法混乱现象。

（2）加强立法专门工作机构的建设。要按照政治坚定、业务精湛、务实高效、作风过硬、勤政廉洁的要求，努力打造一支政治素质过硬、业务能力过硬、职业操守过硬、道德作风过硬的立法干部队伍和人才队伍。一般而言，省级人大常委会法工委应配备 30 名左右工作人员；《立法法》修改之前已有地方立法权的市人大常委会法工委应配备 15 至 20 名工作人员；2015 年通过《立法法》修改获得地方立法权的设区的市人大常委会法工委应配备 10 名左右工作人员，以满足立法任务日益繁重的形势要求。

第二节　我国立法机构的设置与完善

一、我国立法机构的设置

立法机构的设置，取决于立法体制。按照我国现行立法体制，立法权限的划分，除了全国人大及其常委会统一行使国家立法权外，地方人大及其常委会，国务院及各部、各委员会以及地方政府依据宪法和法律的规定，也享有一定的立法权。与此相适应，立法机构的设置也是按不同性质分层级设置的。权力机关中有立法权（或立法规权）的包括：

（1）全国人民代表大会；

（2）全国人大常委会；

（3）省、自治区、直辖市的人大及其常委会；

（4）设区的市、自治州的人大及其常委会；

（5）自治县的人民代表大会；

（6）特别行政区的立法机构。

行政机关有立法规权（或立规章权）的包括：

（1）国务院；

（2）国务院各委员会、各部（直属机构）；

（3）省、自治区、直辖市的人民政府；

（4）设区的市、自治州人民政府；

（5）特别行政区政府。

上述立法机关或有权立法的机关，构成了一个完整的具有中国特色的立法机关的系统。在这个系统中，既有中央国家机关与地方国家机关，又有权力机关与执行机关、立法机关与行政机关，它们依照宪法和法律的规定，在各自的职权（授权）范围内行使立法权，制定法律、法规、规章，形成一个有机整体，对国家的政治、经济及社会生活等各个方面发挥着积极作用。

随着我国立法体制的不断完善，立法机构也得到加强，特别是作为立法机关系统中的主控机关——全国人大及其常委会的不断加强与完善，对中国的法治建设起到了前所未有的积极主导作用。下面，就全国人大及其常委会和各专门委员会做一介绍。

全国人大及其常委会是最高国家权力机关，享有国家立法权。根据宪法规定，全国人大的立法权包括：修改宪法，制定和修改刑事、民事、国家机构的和其他的基本法律。全国人大常委会的立法权包括：解释宪法，监督宪法的实施；制定和修改除应当由全国人大制定的法律以外的其他法律；在全国人大闭会期间，对全国人大制定的法律进行部分补充和修改，以及解释法律等。此外，还有权撤销国务院制定的同宪法、法律相抵触的行政法规、决定和命令；有权撤销省、自治区、直辖市国家权力机关制定的同宪法、法律和行政法规相抵触的地方性法规和决议。

立法权的行使，法律的制定，主要是通过立法机关的会议来实现。全国人大的会议主要有以下几种。

（一）全国人大全体会议，主席团会议，各代表团分团、分组会议

全国人大会议每年举行一次，一般在每年的3月5日召开，以便于审议和批准本年度的国民经济和社会发展计划，审查和批准本年度的国家预算和上年度的决算。按照《全国人民代表大会组织法》第二条的规定，除临时召集的会议外，全国人大常委会应当在全国人大召开会议之前一个月，将开会日期和建议大会讨论的主要事项通知全国人大代表。

全国人大召开正式会议之前，先召开大会预备会议，选举本次会议的主席团和秘书长，通过本次会议的议程和其他准备事项的决定。预备会议由全国人大常委会主持。每届全国人大第一次预备会议，由上届全国人大常委会主持。

国务院的组成人员，中央军事委员会的组成人员，最高人民法院院长和最高人民检察院检察长，列席全国人民代表大会会议；其他有关机关、团体的负责人，经主席团决定，可以列席全国人民代表大会会议。

全国人大全体会议主要的例行内容是国务院总理的政府工作报告；全国人大常委会的工作报告；最高人民法院和最高人民检察院的工作报告；预决算报告；法案或其他议案的说明；人事任免或选举。在最后一次全体会议通过这些报告、法律草案和其他决议。每次会议，按照议程需要，一般安排4～5次全体会议。每届全国人大的一次会议，由于换届的因素，全体会议的次数也随之增加。[1]

各代表团会议在大会期间与大会交错进行，分团、分组审议

---

1 2018年3月召开的第十三届全国人大第一次会议，就安排了8次全体会议。

各项报告、法律草案和其他议案。

主席团会议集中各代表团审议议案的意见，审议宪法和法律委员会向主席团提出的对法律草案的审议结果的报告，讨论决定是否提交全体大会通过。

（二）全国人大常委会全体会议，分组会议，联组会议

全国人大常委会会议由委员长召集，一般每两个月举行一次。常委会举行会议的时候，各省、自治区、直辖市的人大常委会主任或者副主任列席会议，发表意见。

全国人大常委会会议有全体会议、分组会议和联组会议三种。全体会议由委员长或副委员长主持，会议内容是：通过议程；听取提案人（或提案人的委托人）关于议案或法律草案的说明；听取宪法和法律委员会关于法律审查结果的报告；必要时听取国务院各部门和最高人民法院、最高人民检察院工作报告；听取全国人大各专门委员会的工作报告；听取常委会的外事活动与其他活动的报告。最后一次全体会议集中表决通过各法律案、人事任免案和其他议案。

分组会议，是将全国人大常委会全体组成人员分成几个小组举行的会议。主要是审议有关法律草案及其他议案。

联组会议，主要是为了交流各组讨论的意见，或者遇有重要问题需要进一步讨论，各组联合开会。开会时，全国人大常委会全体组成人员出席，只进行讨论，一般不正式作出决定（决定由全体会议作出）。

（三）委员长会议

委员长会议由委员长、副委员长、秘书长组成，负责处理全国人大常委会的重要日常工作，主要有：决定常委会每次会议的会期，拟定会议议程草案；对向常委会提出的议案和质询等，决定交由有关的专门委员会审议或者提请常委会全体会议审议；指导和协调各专门委员会的日常工作；处理常委会其他重要日常工作。

全国人大根据《宪法》的规定和实际需要设立专门委员会，是完善人民代表大会制度，充分发挥全国人大及其常委会职能作用的重要措施。专门委员会的设立，经历了一个历史发展过程。

1954 年《宪法》第三十四条规定："全国人民代表大会设立民族委员会、法案委员会、预算委员会、代表资格审查委员会和其他需要设立的委员会。民族委员会和法案委员会，在全国人民代表大会闭会期间，受全国人民代表大会常务委员会的领导。"由此可以看出，民族委员会和法案委员会在当时是常设的。

1975 年《宪法》没有规定全国人大设立委员会的内容。

1978 年《宪法》第二十七条规定："全国人民代表大会和全国人民代表大会常务委员会可以根据需要设立若干专门委员会。"这是宪法第一次将委员会称为专门委员会，并赋予全国人大常委会设立专门委员会的权力。据此，第五届全国人大第一次会议设立了代表资格审查委员会，第五届全国人大第二次会议设立了民族委员会、法案委员会和预算委员会。

1982 年《宪法》第七十条规定："全国人民代表大会设立民族委员会、法律委员会、财政经济委员会、教育科学文化卫生委员会、外事委员会、华侨委员会和其他需要设立的专门委员会。"这是在1954 年《宪法》和 1978 年《宪法》的基础上，对全国人大专门委员会的设立作出的新规定。按照这项规定，1983 年第六届全国人大第一次会议设立了上述 6 个专门委员会。至此，全国人大专门委员会的框架基本成形。

除了宪法规定，全国人大还根据实际工作需要增设专门委员会。为适应加强法制建设的需要，1988 年第七届全国人大第一次会议增设了内务司法委员会。为保护环境，促进环境与社会经济协调发展，1993 年第八届全国人大第一次会议又增设了环境保护委员会（1994 年改为环境与资源保护委员会）。为加强农业和农村工作，1998 年第九届全国人大第一次会议又增设了农业和农村工作委员会。

2018 年 3 月，第十三届全国人大第一次会议审议通过的宪法修正案规定，将宪法中有关专门委员会的规定修改为"全国人民代表大会设立民族委员会、宪法和法律委员会、财政经济委员会、教育科学文化卫生委员会、外事委员会、华侨委员会和其他需要设立的专门委员会"。根据宪法修正案的规定，2018 年 3 月，第十三届全国人大第一次会议决定设立 10 个专门委员会，分别是民族委员会、宪法和法律委员会、监察和司法委员会、财政经济委员会、教育科学文化卫生委员会、外事委员会、华侨委员会、环境与资源保护委员会、农业与农村委员会、社会建设委员会。其中，宪法和法律委员会由原法律委员会更名而来，监察和司法委员会由原内务司法委员会更名而来，社会建设委员会为新增设的专门委员会。

各专门委员会由全国人大选举产生，受全国人大领导，在全国人大闭会期间，受全国人大常委会领导。各专门委员会由主任委员、副主任委员和委员组成，其人选由全国人大主席团在代表中提名，大会通过。在大会闭会期间，全国人大常委会可以补充任命专门委员会的个别副主任委员或部分委员，由委员长提名，常务委员会会议通过。专门委员会还可以由全国人大常委会任命若干不是人大代表的专家担任兼职或专职顾问。

各专门委员会的工作如下：

（一）审议全国人大主席团或者全国人大常委会交付的议案；

（二）向全国人大主席团或者全国人大常委会提出属于全国人大或者全国人大常委会职权范围内同本委员会有关的议案；

（三）审议全国人大常委会交付的被认为同宪法、法律相抵触的国务院的行政法规、决定和命令，国务院各部、各委员会的命令、指示和规章，省、自治区、直辖市的人民代表大会和它的常务委员会的地方性法规和决议，以及省、自治区、直辖市的人民政府的决定、命令和规章，提出报告；

（四）审议全国人大主席团或者全国人大常委会交付的质询案，听取受质询机关对质询案的答复，必要的时候向全国人大主席团或者全国人大常委会提出报告；

（五）对属于全国人大或者全国人大常委会职权范围内同本委员会有关的问题，进行调查研究，提出建议。

根据《全国人民代表大会组织法》第三十七条的规定，民族委员会还可以对加强民族团结问题进行调查研究，提出建议；审议自治区报请全国人大常委会批准的自治区的自治条例和单行条例，向全国人大常委会提出报告。宪法和法律委员会统一审议向全国人民代表大会或者全国人大常委会提出的法律草案；其他专门委员会就有关的法律草案向宪法和法律委员会提出意见。

设立专门委员会，是健全我国人民代表大会制度，加强人大常委会的经常性工作，加强立法工作的一项重要措施。40 年来，专门委员会作为全国人大的常设机构，在深入调查研究，参与立法工作，审议、拟定有关法律草案和议案，协助常委会做好法律监督和实施工作，组织执法检查和加强同地方人大常委会的联系等方面，做了大量的工作，对于全国人大及其常委会有效行使立法权和其他职权，发挥了重要作用。

二、我国立法工作机构的设置

立法工作机构本身没有立法权，而是在国家立法机关和有立法权的国家机关的领导下，从事具体立法工作。它们的主要任务是协助国家立法机关和有立法权的国家机关，进行立法调研，起草、审查、协调、修改法律法规草案以及承办与立法密切相关的其他工作。立法工作机构所进行的工作，就国家法治建设而言，是基础性的，其工作成效，影响或在一定程度上决定着国家立法、执法、守法和法律监督等各方面工作的进展，在社会主义法治建设中，具有非常重要的作用。

我国最重要的两个立法工作机构是全国人大常委会法制工作委员会和司法部。

（一）全国人大常委会法制工作委员会

全国人大常委会法制工作委员会的前身是全国人大常委会法制委员会。法制委员会是根据 1979 年 2 月第五届全国人大第六次会议决定成立的，由主任一人，副主任及委员若干人组成，下面设有办事机构。法制委员会在恢复和完善我国立法工作上，发挥了很大作用。当时所有法律草案事先都要经它讨论修改后，才作为正式草案提请全国人大或全国人大常委会审议通过，并受全国人大常委会的委托，向全国人大或全国人大常委会做法律草案的说明。

1983 年 9 月，第六届全国人大常委会第二次会议决定将全国人大常委会法制委员会改为全国人大常委会法制工作委员会。法制工作委员会设主任一人，副主任及委员若干人，秘书长一人，副秘书长若干人。下设办公室、研究室、民法室、刑法室、国家法行政法室、经济法室等部门。

法制工作委员会是全国人大常委会领导下的一个工作机构，它的性质不同于宪法和法律委员会，后者是全国人大的一个专门委员会，是最高权力机关的组成部分，有审议法律案、质询案和审议同宪法和法律相抵触的法规、规章等权力。法制工作委员会没有这些权力，而且其主任、副主任也是由全国人大常委会任命，与宪法和法律委员会的主任委员、副主任委员必须是全国人大代表，由全国人大选举产生不同。

全国人大常委会法制工作委员会的主要任务是：（1）拟定基本法律草案；（2）协助审议法律草案；（3）承办提请审议的法律草案，组织调研、意见征集等工作；（4）承办有关部门提出的关于法律问题的询问；（5）承办人大代表和政协委员提出的意见、建议；（6）开展法学研究；（7）进行法制宣传；（8）汇编、译审法律文献。

（二）司法部

国务院法制工作机构经历了一个较长的发展过程。1954 年 11 月，国务院设置国务院法制局作为国务院直属机构，1959 年 6 月撤销。1980 年 5 月和 1981 年 7 月，国务院先后设立了国务院办公厅法制局和国务院经济法规研究中心。1986 年 4 月，国务院办公厅法制局和国务院经济法规研究中心合并，重新成立了国务院法制局，为国务院直属机构。1988 年 10 月，国务院法制局被确定为国务院的办事机构，1994 年 3 月，又被确定为国务院的直属机构。1998 年 3 月，根据《国务院关于机构设置的通知》，设置国务院法制办公室，作为国务院办事机构。[1]2018 年 3 月，第十三届全国人大第一次会议通过了《关于国务院机构改革方案的决定》，将国务院法制办公室的职责整合，重新组建中华人民共和国司法部，不再保留国务院法制办公室。

经过这次机构改革，司法部设立了立法一、二、三、四局和法治调研局、法治督察局、行政复议与应诉局、行政执法协调监督局等部门，承担原属国务院法制办公室的工作。这些工作主要包括：组织编制国务院立法计划，督促、指导有关部门实施；审查各部门报送国务院审议的法律草案、行政法规草案和国际条约；组织起草部分法律草案；组织起草部分关注度高、影响力大的行政法规草案；负责对行政法规的解释工作；协调部门之间在有关法律、行政法规执行中的矛盾和争议；统筹调研行政执法工作；根据国务院的部署和要求，组织或者参与检查重要法律、行政法规的执行情况；指导行政复议、应诉工作；办理相关法规规章的

---

1 此后 20 年，国务院法制办公室的名称和性质没有变化。

备案工作；清理、编纂行政法规，编辑法规汇编，审定行政法规外文译本等。

第五章　立法程序

第一节　立法程序概论

一、立法程序的概念

程序，是为进行某项活动或过程所规定的途径。进行任何工作，都有一定的先后次序，也就是要有一定的程序。法律程序，是指从事法律行为时，不能违背规定的时限要求和步骤要求。在这个意义上，法律程序有三个特点：第一，法律程序的对象是一定的法律行为，一定的法律行为具有相应的法律程序。第二，法律程序由两部分组成，一是对时间上的要求，二是对空间上的要求，这也是法律程序的两个基本要素。第三，法律程序不仅具有实质性的意义，还具有形式性的意义。

何为立法程序？学术界对立法程序一词有不同的理解，有的学者认为，所谓立法程序是立法机关为履行其职能而必须遵循的法定步骤和方法。它包括制定法律，通过国家预算和监督政府工作等的程序；有的学者认为，立法程序包括立法机关制定法律的程序和立法机关与行政机关议事的程序；有的学者认为，立法程序是制定、修改、解释和废止具有法律效力的规范性法律文件的程序，即对法律法规案的处理程序，包括通过和修改宪法的程序、制定法律的程序、制定行政法规的程序、制定地方性法规的程序；有的学者认为，立法程序是指议事机关对议案处理的程式。具体来讲，立法程序是为规范立法机关会议的构成、法案的提出、议程的编制、法案的审查、讨论、修正、表决、复议等各种立法过程中必要的程式，及其应用的规律和委任立法的运用与限制；国内不少学者则认为，立法程序是指国家权力机关和行政机关制定宪法、法律、法规和行政规章的程序。如果从严格意义上说，立法程序的基本含义，则专指中央立法机关行使立法权的程序，即中央立法机关在制定、修改、解释、废止规范性法律文件活动中的程序。

虽然这些关于立法程序概念的理解，角度不同，观点各异，但从中也可以得出，立法程序特点有：第一，立法程序具有法定性，即一国立法程序通常由宪法或者法律明确规定。第二，立法程序具有严格的有序性，即立法程序必须严格依照法定的先后顺序进行，不得随意颠倒先后顺序。第三，立法程序具有强制性，即立法程序必须严格依照法定的原则严格地遵守执行。

二、立法程序的阶段

立法机关在行使立法权时，要实施许多连续的行为，因此，立法程序要分为不同的阶段。立法程序阶段的划分，也体现了立法行为的法定性。[1]各国立法程序在细节上虽不完全相同，但大致上都可以分为四个阶段：（1）提出法案；（2）讨论和审议法案；（3）表决和通过法案；（4）公布法律。

有些学者认为，起草法律也是立法程序的一个阶段，把立法程序划分为六个阶段：（1）立法预测和立法规划；（2）提出关于制定法律的建议；（3）起草法案；（4）讨论法案；（5）审查和通过法案；（6）法律的公布和生效。虽然起草法律和制定法律有着密切的联系，但它们两者在本质上有很大的区别。起草法律的机关和人员，既可以是立法机关的人员，也可以不是立法机关的人员，起草法律的程序与立法程序也有区别。因此，不能认为起草法律也是立法程序的一个阶段。同时，立法预测和立法规划应当属于立法准备阶段的工作，而不是立法程序的阶段。所以，立法

---

1 李林：《立法理论与制度》，中国法制出版社 2005 年版，第 144-145 页。

程序的阶段仍以上述四个阶段的划分更为准确。

三、立法程序的作用

立法程序作为立法活动应当遵循的顺序和规则，是一个动态的过程。在这个过程中，立法程序发挥着多种作用。

从本质上讲，立法程序的作用在于保障民主和自由的实现。现代国家的一个重要标志就是把追求民主和自由作为立法的宗旨，许多国家的宪法都规定了"主权在民"的原则，强调国家的一切权力属于人民，人民是国家的主人，人民享有各种自由权利。人民行使国家权力，最根本和首要的是行使立法权，即按照一定程序，通过立法机关把自己的意志上升为国家意志，用表现为国家意志的法律去规范其他国家机关，管理各级公务人员。"没有一定的程序，民主就体现不出来。"[1]由于国家人口众多，在汇集最广大人民意见的过程中，让全体人民都来立法机关参与立法是不现实的，因此必须以代议制的方式加以解决。各个地区、各个领域、各个行业的人民代表，由于学习背景、生活阅历、工作经历等各方面存在很大差异，表达水平和审议能力也有很大不同，这就需要通过一定的规则和程序加以规范，确保既能够汇集起多数人的意见，又能够充分尊重少数人的意见，使立法机关在讨论、表决和通过规范性法律文件过程中体现民主和效率，并最终确保立法决策科学有效。

科学的立法程序对于立法活动来说，具有以下作用。

第一，能够使立法工作更加规范，促进立法工作的每一个环节在配合上更加紧密，沟通上更加流畅，程序上更加有序。立法工作的各个阶段、各个步骤，既能充分体现出民主，又能有效地保证效率。

第二，能够使不同的法案得以正确处理。立法机关要面对各

---

1 彭冲：《民主法制论集》，中国民主法制出版社1993年版，第2页。

种各样的法案，这些法案在重要程度上、成熟度上、涉及领域上、可操作性上有很大区别。如果没有一整套科学有效的程序对这些法案加以处理，就无法在源头上保证立法的高水平和高质量，最终导致事倍功半。

第三，使审议的效率得到保证。科学的立法程序能够促进审议的时间得以有效使用，一方面保证人民代表自由、充分地发表审议意见；另一方面又能节省时间，避免出现偏离主题的无效讨论。《全国人民代表大会议事规则》规定，代表在大会全体会议上发言的，每人可以发言两次，第一次不超过十分钟，第二次不超过五分钟。主席团成员和代表团团长或者代表团推选的代表在主席团每次会议上发言的，每人可以就同一议题发言两次，第一次不超过十五分钟，第二次不超过十分钟。《全国人民代表大会常务委员会议事规则》也规定，常务委员会组成人员在全体会议上的发言，不超过十分钟；在联组会议和分组会议上，第一次发言不超过十五分钟，第二次对同一问题的发言不超过十分钟。这些规定都有效提高了审议的效率。

第四，保证人民代表在审议时运用正确的方式和方法。代表可以表达自己的意见，但必须也要保证其他代表表达意见的权利，要充分尊重会议时间和审议规则，在规则的范围内从事各项活动。这些内容都需要由立法程序加以规定或确认。

司徒吉士认为，会议程序(包括立法程序)的作用是：(1)便于办事，有利协调；(2)保证全体会员有同等的权利和义务；(3)使会员的多数被赋予组织的最高权力；(4)尊重和保障少数的权利；(5)使会议具有公正和善意的特色。[1]

孙中山先生在其著作《民权初步》中也指出，会议程序是民权制度的重要组成部分，它能够做到以下内容：(1)保障民主原

---

1 司徒吉士：《会议程序准则》，香港经济法律出版社 1987 年版，第 25-28 页。

则的充分实现；（2）维护会议的正常秩序，保证会议顺利进行而不浪费时间；（3）能够发扬民主，集思广益；（4）实现少数服从多数的民主政治原则；（5）能使少数人的意见得到尊重，特别是运用"两面俱呈"的表决制度，使反对者在议决提案的最后决定阶段，能够再次获得发表意见的机会。[1]

四、我国立法程序的完善

虽然《立法法》《全国人民代表大会组织法》等法律对全国人大及其常委会的立法程序都作了规定，但是，从总体上看我国法律对立法程序的规定仍然比较少，许多方面的规定过于原则，有的方面还存在着法律的空白，急需在法律规定上予以补充和增加。要完善我国立法程序，应从以下几个方面着手。

（一）借鉴"三读"制度，健全和完善我国的"三审"程序

西方国家议会审议法案的程序，通常采用"读会"制度。这里所说的"读"，并不是真正将文件全部通读，而是主要指讨论法案的总次数，因此"读"也可以理解为"次"。"三读会制"起源于中世纪的英国，当时认为对每个议案宣读三次然后再表决是一种极具仪式性的隆重做法。到16世纪末，这样的程序就被固定了下来，并被后来许多国家仿效，目前已成为许多国家在审议法案时普遍实行的一种制度。

英国议会的"三读"制度，在一"读"时，只是将法案的名称和提案人公之于众，并不对法案内容进行审查或讨论。所以，一"读"只是将法案提出来的一种程序。到了二"读"，就需要先由提案人进行说明，并在此基础上进行辩论。辩论之后交有关的委员会进行审查。审查主要侧重于立法技术方面，对法案的内容一般不作修改。三"读"时委员会要向议会提交审查报告，并进

---

[1] 王堡丽：《议学法理与民权运用之研究》，黎明文化事业公司1987年版，第15-23页。

行再次讨论，之后进行表决。

我国人大及其常委会实行间断会期制，隔一段时间之后再召开下一次会议，因此在立法过程中也相应实行"审次"程序。虽然《立法法》也规定了列入常委会会议议程的法律案，一般应当经三次常务委员会会议审议后再交付表决，而且规定了每次审议的任务，但比较笼统，有必要加以细化完善。

一审的任务可以明确为：决定把立法议案列入议程，听取提案人对法律草案的说明，对法律草案的指导思想、主要原则、基本框架结构进行初步审议，责成有关部门会后依据一审意见，通过立法调研、座谈会、论证会和向社会公开征求意见等活动，在立法听证程序的基础上，对法律草案进行审查。

二审的任务可以明确为：围绕法律草案的重点、难点和分歧意见，对法律草案的内容、条款、概念、文字表述等进行深入审议。

三审的任务可以明确为：听取宪法和法律委员会关于法律草案审议结果的报告，对法律草案修改稿进行审议。此外，还可对一审、二审时提出的、但有关部门未予解释的问题再次发表意见。之后，在常委会组成人员多数意见的基础上形成法律草案建议表决稿，进行表决。

（二）借鉴立法听证制度，规范立法论证、调研、座谈等活动

目前，全国人大宪法和法律委员会、全国人大常委会法制工作委员会和其他委员会论证、草拟、审查等各项工作，主要是通过到地方调研，组织座谈会和论证会的方式进行。地方人大一般也都参照全国人大的做法。与立法听证会相比，这些方式在程序上没有严格的规定，调研地点、座谈和论证会参加人员等事项，大都是临时决定，缺乏足够的严肃性。因此，建议借鉴西方国家立法听证制度，将立法论证、调研、座谈等活动加以规范，就单位和个体参与立法的程序和方式作出规定，加强相关委员会在这

个过程中与公民和社会的联系，使立法机关获取的相关信息更广泛、更真实、更有效，并在此基础上制定出高质量的法律法规，尽最大限度满足各个领域、各个群体的需求。

第二节　提出法案

一、提出法案的概念及意义

提出法案，是指享有提案权的主体，按照一定的程序和方式向立法机关提出的与规范性法律文件的制定、认可、修改和废止有关的议案。除了这种正式性质的法案之外，不享有提案权的主体虽然也可以通过各种形式提出关于规范性法律文件的意见，[1]但在立法程序上，这并不属于提出法案，也自然不会列入立法机关的议事范围。

无论是在立法机关的活动中，还是在国家的社会政治生活中，立法提案权都具有十分重要的意义。

从法学的角度来看，立法提案权的作用表现为，它的实现是立法机关开始进行立法活动的基础。也正是从这一刻起，法案才开始正式成为立法机关讨论的对象。立法机关对立法提案有处理的义务，或者是积极地予以通过，或者是消极地予以否决。

从管理学的角度来看，立法提案权的作用表现为，通过它的实现，立法机关一方面可以了解社会政治生活中有哪些新的现象需要颁布新的法律法规进行规范，另一方面也可以了解现行立法中有哪些缺点需要加以消除。

从政治学的角度来看，立法提案权的作用表现为，它的实现可以及时了解需要以法律来规范的社会政治问题。实际生活中所

---

1 如在网络或出版物上发表立法建议等。

提出的问题如果得不到及时的解决，就会妨碍社会关系的发展，甚至会出现尖锐的矛盾。

二、有权提出法案的机构和人员

在不同的国家中，有权提出法案的机构和人员包括以下几类。

1.议会(代表机关)的成员。议会(代表机关)是立法机关，它的成员(议员或代表)有权提出法案，这在许多国家宪法中都有明确的规定。

2.议会(代表机关)的两院以及其领导机构和各种委员会。议会的两院以及其领导机构和各种委员会由议员组成。按照通常理解，既然议员个人享有提案权，那么由议员组成的议会的两院以及其领导机构、委员会也自然享有提案权，但实际上，只有少数国家的宪法对此作出规定。在美国，立法提案权由议员个人行使，但法案是否提交院会，则要由相关的委员会决定。委员会决定后，再由委员会向院会提出报告，将法案列入院会的议事日程，这样法案才有可能变为法律。因此，美国国会委员会的法案报告权，类似于委员会向院会提出法案的提案权。议员的提案在委员会只有6%左右能够被报告，而委员会向院会报告的法案则几乎大部分都能获得通过。

3.行政机关（政府）。在实行"三权分立"制度的国家，行政机关通常不享有提案权。按照这些国家的立法权观念，立法是人民代表的事务，由立法机关制定法律，行政机关不能参与制定法律，只能在法律通过之后负责执行。在此类国家，立法提案权作为立法权的一部分，由议员享有，行政机关不得参与，以免影响立法权的行使。在内阁制国家，施政是行政机关的职责，为使法律便于执行，行政机关应有权参与立法。许多国家的宪法都确认行政机关享有立法提案权。在某些非内阁制国家，行政机关也有立法提案权。

4. 国家元首和选民。有些国家的国家元首享有立法提案权。其表现形式，既有国家元首亲自提出法案，也有由其他机关或人员以国家元首的名义提出法案。少数国家规定，一定数量的选民有提出法案的权利，但从立法实践来看，通过这种途径提出法案的数量较少。

5. 联邦制国家的州或邦。在联邦制国家中，各联邦有自己的立法机关，各州或邦也有自己的立法机关。有的联邦国家规定，各州或邦等成员国可以在联邦立法机关中提出法案，行使立法提案权。

6. 最高司法机关。在一些社会主义国家，最高司法机关也有立法提案权。

7. 政党组织、社会组织等。在个别国家中，宪法赋予了它们向立法机关提出法案的权利。

《立法法》对享有立法提案权的主体作了明确的规定。这些主体可以分为两类：一是有权向全国人民代表大会提出法律案的，包括全国人大主席团、全国人大常委会、全国人大各专门委员会、国务院、中央军事委员会、最高人民法院、最高人民检察院、一个代表团或者三十名以上的代表联名。二是有权向全国人大常委会提出法律案的，包括全国人大常委会委员长会议、全国人大各专门委员会、国务院、中央军事委员会、最高人民法院、最高人民检察院、常务委员会组成人员十人以上联名。

三、提出法案的限制

行使立法提案权并不是完全任意的。在许多国家，对提出法案作了不同程度的限制性规定。

1. 职权限制。行使提案权时，不能超越职权，否则就不属于有效提案。在许多国家，宪法或法律规定提出法案要受到职权范围的限制。《全国人民代表大会组织法》规定，全国人大各专门委员会有权向全国人大主席团或者全国人大常委会提出属于全国人大或者全国人大常委会职权范围内同本委员会有关的议案。这项规定设置了"双重限制",即一方面要求提案人只能提出与自身有关的议案,另一方面又要求受案人不能接受超越自身职权范围的议案。

2. 程序限制。关于提案的程序限制,各国的规定主要有以下几种:一是由领导机关或领导人提出法案,必须通过它们的最高国家权力机关才能行使;二是要经批准或同意才能提出;三是必须达到法定的人数才能提出。

3. 格式限制。格式限制要求提案应符合法定或习惯使用的格式。各国格式限制一般有:一是一个法案,只能有一个议题。这一限制符合立法机关在同一个时间,只能讨论一个动议的原则;二是必须以书面形式提出法案。我国《立法法》规定,提出法律案,应当同时提出法律草案文本及其说明,并提供必要的参阅资料。

四、法案的撤回

提出法案的目的,是为了使之在立法机关获得通过,成为法律。但由于一些特殊原因,也允许提案人撤回法案。这些原因主要有:一是由于环境、情势的变迁,法案已失去意义,或不宜再讨论通过;二是由于法案本身内容缺失,提案人认为需要进行补充、修改;三是由于有关法律的修改,需要对引用了这些修改条款的法案作相应的修改;四是经过综合考虑,认为立法时机尚不成熟。

《立法法》对法案的撤回作出明确规定,并区分了两类法律案的不同处理情况:列入全国人大会议议程的法律案,在交付表决前,提案人要求撤回的,应当说明理由,经主席团同意,并向大会报告,对该法律案的审议即行终止。列入全国人大常委会会议议程的法律案,在交付表决前,提案人要求撤回的,应当说明理由，经委员长会议同意，并向常委会报告，对该法律案的审议即行终止。

第三节 讨论和审议法案

一、讨论和审议法案的概念

讨论和审议法案，是指立法机关对符合规定、已经列入议程的法案进行审查和评价，以保证立法权行使的正当性。立法机关将法案下发一定范围内的单位和个人进行讨论，提出意见和建议，并由立法机关在审查法案时考虑和吸纳这些意见和建议，也可归为讨论法案的范畴。但是高等院校、研究机构通过组织召开座谈会，讨论对法案的意见，或者是公民个人发表对法案的意见，都不属于立法程序上所指的"讨论和审议法案"。

在古代社会，法律不经过人民群众的民主讨论。资产阶级革命胜利后，规定了一整套民主的立法程序，凡是制定法律，必须经过立法机关的民主讨论。讨论和审议法案时，立法机关的组成人员都可以发表自己的看法，也可以对法案提出反对、赞成或修改的意见。因此，讨论和审议法案是立法程序中的一个重要阶段。

毛泽东同志十分重视对法案的讨论。在1954年宪法的起草过程中，他不仅非常重视领导工作，担任了宪法起草委员会主席，而且还做了许多具体工作，对宪法草案逐条逐句认真研究，并发表了许多宝贵意见。毛泽东同志这种认真负责的态度，为立法工作人员树立了学习的榜样。

二、讨论法案的程序和规划

行使立法讨论和审议权离不开一定的程序。各国讨论法案的程序，可用两种概念来概括：一是读会制度（Reading），二是审查和讨论的概念(Successive debates)。两者在内容上大同小异，只是在形式上存在差别，前者注重"读"的程序，后者不使用"读会"概念，而是直接依有关程序将法案提交会议审查和讨论。从程序法的规定来看，每个议员或代表一般都可以自由地对议案进行讨论，而讨论又是立法机关全面审视、评价议案的最理想方式。因此，为了保证立法机关组成人员讨论权利和目的的实现，很多国家的立法机关都为讨论议案设立了有关规定和规则。概括起来，主要有以下内容。

1.发言权的取得。发言权取得的一般规则是：（1）会议主持人宣布讨论开始后，第一个起立的议员，取得发言的权利；（2）如果有两个议员都起立了，那么按照起立的顺序，起立在先的获得发言的权利；（3）当有两个以上议员同时起立时，则首先向会议主持人要求的，获得发言的权利；（4）当有两个议员同时起立且同时向会议主持人提出发言要求时，或者当会议主持人对于谁先起立或谁先发言难以决定时，会议主持人将这一问题交付会议决定。

2.会议主持人决定谁先发言的原则：（1）提案人或者作报告人，享有优先发言的权利，这主要是考虑到他们可以对议案或报告作进一步的解释和说明；（2）没有发言者，要比之前已经发言者，享有优先发言的权利；（3）对于意见上针锋相对的两方，应安排他们交替发言，让双方都能公平、充分地表达自己的意见。

3.发言次数。对议案中某一问题的讨论，任何议员不得加以垄断；已发言人应让未发言人先发言，当无发言人时，已发言者可以要求再次发言。

4.会议上所有的讨论都要与议案有关，讨论发言要针对如何解决问题进行，不应偏离主题。当出现偏离主题的发言时，会议主持人应当宣布中止发言，且任何议员都可提醒会议主持人注意。

5.议员可对议案的性质及后果充分发表意见，但不能在发言中诋毁、侮辱其他议员的人格。如果议员不遵守秩序或有失礼节，主持人可中止其发言。如果议员不听从主持人的指示，必要时还可由主持人命令或议员投票，将其逐出会场。

6. 会议主持人有责任限制和加快讨论，有责任排除无关的讨论，使会议主题保持明确，必要时还可把主题重述一遍。

7. 投票前议员可充分了解问题的本质及其影响，有权要求解释，有权要求重新解说问题所在或议案的词句。

我国法案审议的原则包括：（1）是否符合宪法、法律和国家的方针、政策；（2）是否符合我国国情；（3）与现有法律体系是否相一致；（4）是否存在原则性问题或重大矛盾尚未解决；（5）与国际条约和协定是否一致；（6）是否符合立法技术方面的一般规定，章节安排是否符合逻辑，概念是否准确，表达是否到位等。

三、讨论和审议法案使用的语言和方法

无论是书面语言还是口头语言，讨论法案都必须予以使用。从更宽广的范围看，立法都离不开一定语言的使用。在一些多语种并存的国家中，为了保证立法工作的顺利进行，通常都对起草、讨论法案和公布法律所使用的语言作了明确规定。这种语言，一般被称为"立法机关官方语言"。在立法中，立法机关官方语言分为官方语言的使用、同声传译和官方文件语言的使用三种情况。

第四节　通过法案

一、通过法案的概念和原则

通过法案，是指法案在表决过程中，获得了法定要求的赞成票。因此，通过法案阶段是整个立法程序中最重要和最有决定意义的阶段。它是"决定法律草案能否获得立法机关通过而最终成

为法的最重要阶段，也是立法阶段会议的'出口'"。[1]在有些国家，法案经立法机关通过后，还要经过批准环节，例如，美国经联邦国会通过的宪法修正案，须由全国四分之三的州议会或四分之三的州修宪会议批准。

立法机关通过法案，往往使用表决的方法。表决和通过是两个相关联的词，但不能等同。表决的结果可能有两个，它直接关系到法案能否变为法律，而通过的结果只能有一个，即法案直接变为法律。对于立法者来说，表决是其对法案赞成、反对或弃权的意愿表达，对于立法机关来说，表决是其作出决策的决定性行为；对于立法程序来说，表决是通过法案的关键性步骤和不可缺少的过程。

通过法案的基本原则是少数服从多数，由多数决定的原则。在实行民主政治的国家，立法取决于多数人的意见，在实行非民主政治的国家，立法以少数人甚至君主一人的意志为依据，这也是民主政治和非民主政治的重要区别。表决的过程，就是立法机关通过法定的程序汇集起多数人意见的过程，这个过程本身也就充分体现了民主。

立法机关要根据多数人的意见来作出决策，主要是因为：

第一，以君主一人的意见作为立法依据，是专制和独裁的表现，应该被时代抛弃；以少数人意见作为立法依据，是贵族政体的立法，也不符合民主立法的要求；全体一致决定看似理想完美，但几乎不具备可操作性，而且有时一张反对票就能够导致整个立法失败，这也就变相授予了少数人对于立法的操纵权。当这些选择都走不通时，只有以少数服从多数的方式进行投票，才能尽最大可能实现民主和公平。

---

1 徐向华主编：《立法学教程》，上海交通大学出版社2011年版，第195页。

第二，在一定范围内，不排除多数人的意见也会出现失误或瑕疵，少数人的意见最终被证明为正确。但是立法机关会议的性质是合议制，如果不能取得全体同意的结果（这种结果出现的概率极小），那么依据多数人的意见作出决定，就是退而求其次的最佳解决方式。而且，一般而言多数人的意见要比少数人的意见，正确的次数更多、概率也更高。

第三，以多数人的意见作出决定，更便于操作。如果以少数人的意见作出决定，那么在理论上，有多少投票人就能够产生多少种意见，也就无法判定以谁的意见为准，最后很容易导致迟迟不能议决。而且在这种规则下，大家很容易产生争做少数的倾向，使意见越来越分散。

当然，多数与少数是相对而言的，它们相互依存，互为参照。没有多数，也不可能有少数，同样，没有少数，也不可能有多数。审议一个法案时，可能是多数，而审议另一法案时，又变为了少数；对于法案中一个问题的讨论，可能是多数，而对于法案中另一问题的讨论，又变为了少数。所以，在尊重多数的同时，也应同样尊重少数。

对少数的尊重，体现在：（1）少数也具有同样发表观点的机会，不能因为属于少数，就禁止他们发表观点和看法；（2）允许少数发表自己的反对意见，对多数进行劝说和影响；（3）少数和多数享有相同的宪法、法律规定的公民权利；（4）对一些可能自始至终都属于少数的，如行业少数、地区少数等，要注意对他们的保障，使他们应享有的权利不受压制；（5）在具有执政党和反对党两派的国家中，对反对党的合法活动予以充分保护。

凡事过犹不及。一方面既要注重保障少数的权利，另一方面又要防止少数做出不适当的行为，避免因过分尊重少数而导致立法决策失误。[1]

二、通过法律的方法——表决制度

(一) 表决的方式

对于议事的表决方式，我国主要使用举手表决、投票表决和表决器表决三种。而在立法上，现在无论是国家法律，还是地方性法规的表决，一般都采取使用表决器表决这种效率较高的方式。

其他国家通过法律所采用的表决方式，除了举手表决、投票表决和表决器表决外，还主要有呼喊表决、起立表决、分组列队表决、点名表决、掷球或做记号表决、鼓掌欢迎表决等。由于世情、国情的不同，我们很难想象这些方式能用在通过法律法规时的表决上。例如，呼喊表决，是指会议主持人将法案交付表决时，赞成者发出赞成声，反对者发出反对声，会议主持人依据赞成与反对双方发出声音的大小，宣布表决结果。再如，鼓掌欢呼表决，是指表决时，赞成和反对双方鼓掌欢呼，压倒对方者得胜，或一致鼓掌欢呼通过。

各国采用什么方式表决法案，没有统一的规定，它既要考虑历史和习惯，又要兼顾会议的效率；既强调表决的公平性、准确性，又强调表决的仪式感、庄严感。

(二) 表决的法定人数和计算基准

怎样做到表决通过？通常而言，如果赞成的人数符合一定的数额，就可以视为表决通过。数额的确定，以法案的重要性为参照。例如，对宪法的表决，多数国家都要求有三分之二的绝对多数票才能通过，而对一般法律的表决则达到半数即可。此外，对

---

1 例如，如果有一人赞成，无人反对，其他人都选择弃权的话，那么按照"出席表决比例制"的原则，就应以此一人赞成的意见为准来立法。虽然看上去完全符合预设的规则，但实际上与民主背道而驰，变成了少数人或者一人的立法。又如，在需要全体一致决定的情况下，少数的反对或者弃权票，对于立法起到了决定性的作用，也同样不符合民主的要求。

同类别法律的表决，各国也有自己的规定。

表决应以法定票数通过，然而其计算基准不同，法定票的数额也有差异。各国表决一般有三种计算基准：

第一，出席表决比例制。这种计算方法以出席而参加表决的人数为计算基准，出席而不参加表决的（弃权或未按表决器）不计算在内。有的学者将出席表决比例制概括为："凡规定需要以过半数或其他比例进行的表决，而未特定规定以全体人员，或出席人员，或出席而参加表决的人数来计算，通常应指出席而参加表决人数的比例。"

不将弃权票计入席数的做法固然高效，但也存在少数或个别议员立法的可能性，极个别情况下，这种可能会变为现实。例如，美国某州议会在表决某一法案时，只有一人赞成，其余的人都不表示反对，于是主席宣布一人赞成，无人反对，赞成者占多数，本案通过。后来有人诉诸法院，法院判决，会议记录证明，出席已达多数，无人异议，会议合法。至于只有一人赞成，其余均投弃权票，这些弃权票应视为未出席，此时这位赞成的一人为绝对多数，法案通过。[1]显然，这种计算方法有可能出现合法而不合理的弊端，应设法加以制止。

第二，出席会议比例制。这种计算方法以全体出席人数作为计算基准，而不考虑其参加表决与否。

第三，全体成员比例制。这种计算方法以全体议员人数为计算基准，而不考虑其是否出席或是否参加表决。它主张如果没有特殊情况，那么议员就应该到会并表决，以保证法案的最终通过。全国人大及其常委会的表决，一律采用全体成员比例制，即按全体代表或全体常委会组成人员的过半数或三分之二以上的多数为基准，确定法案是否通过。

---

1 郭道晖：《中国立法制度》，人民出版社 1988 年版，第 99-100 页。

（三）赞成票与反对票相等时的处理

由于全国人大及其常委会的表决至少要超过半数才能通过，所以我国立法实践中不用考虑这种情况如何解决。[1]而当一些国家或地方议会的议员人数较少又不采用全体成员比例制时，出现这种问题的可能性就随之增大。各国一般采用两种方法予以解决。一种方法是，赞成票和反对票相等时，由议长或其他主持会议者投票决定。另一种方法是，赞成票和反对票相等时，提案视为否决。

至于立法机关在赞成与反对票相等时为什么有的要以否决计，有的又要赋予议长或其他会议主持人决定性的抉择权，主要是这两种制度分别以"否决说"和"抉择说"两类理论为依据，因而形成了不同的解决方法。

"否决说"认为：（1）如果赞成票与反对票相等，那就说明人们对法案还有很多反对意见，没有做到各方利益协调一致，在这种情况下，通过法案并不妥当。（2）如果把是否通过的决定权授予个人，那么就与个人立法无异，这不符合民主的要求。（3）如果所授予权力的人是一方利益的代表，那么是否表决通过，可能会夹杂自身利益的考虑，不利于公平。

"抉择说"则认为：（1）有时立法不可能做到各方利益协调一致，为了议而有决，可以把决定权授予个人。（2）把决定权授予个人，是以赞成票与反对票相等为前提的，所以不属于个人立法。（3）议长或会议主持人不仅是社会精英，而且是精英中的佼佼者，他们在这种重大问题上，一般不会置个人声望于不顾，而片面考虑自身利益或者自己所代表的团体利益。

---

[1] 如果赞成票与反对票均占一半，则不能通过，且由于全国人大代表或者全国人大常委会组成人员人数众多，几乎没有出现这种情况的可能。

三、以普通程序通过法律

许多国家规定，一般的法律以过半数票通过，宪法以三分之二以上的多数票通过。

实行两院制的国家在通过法律时有三种不同的情况。第一种是法律草案经一院通过后，再由另一院审查通过。第二种是两院同时审查和通过法律草案。第三种是下院拥有通过法律的效力，上院只能表示反对，拖延法律生效。

在两院制国家，法案一般须经两院讨论通过后，才能完成表决程序。换言之，在两院制国家，立法表决权的行使涉及两院的协调问题，如果两院意见不一，则不能完成立法表决程序。从立法实践来看，多数两院制国家，协调两院分歧意见，通常采用以下方法。

第一，以下院的建议，为立法机关的决议，采用这种方法的国家较多。

第二，以两院全体议员的投票决定，为立法机关的意见。挪威、澳大利亚等国家实行这种方法。

第三，组织协商委员会，协调双方的意见。美国等国采取这种方法。

行使立法表决权的过程，即为通过法案的过程。这一程序是立法的关键环节，法案提出后，能否成为法律，最重要的抉择是看它能否被通过，如果通过，就基本上能够成为法律（有的还要经过批准）。在理想状态下，无论哪个享有提案权的主体，所提出的法案都应一视同仁。但目前的实际情况是，政府的提案往往更受关注、更受重视、更容易通过。有的学者认为，这是行政权对立法权的一种挑战，必须引起足够的重视，充分保障政府以外主体的提案权。

四、以全民公决通过法律

全民公决是指有选举权的一切公民就国家生活中最重要的问题进行投票表决。全民公决采取一种特殊的投票方式，选民在投票时对表决的问题直接表示赞成或反对。从法律用语来看，"全民公决""人民公决""人民表决""全民投票""人民投票""国民投票""国民复决"等都是指相同的意义。

全民公决起源于古希腊雅典的公民大会。公元前 17 世纪左右，古希腊形成了奴隶制城邦制国家，城邦机构由国王、长老会议、公民大会和监察官组成。公民大会每月举行一次，由国王主持，凡年满 30 周岁的城邦公民都有权参加。但是，公民不能在会上对长老会议提出的建议进行讨论，只能简单地表示同意或反对。长老会议的建议，只有在公民大会上通过，才能生效。公民大会的表决方式不是举手或投票，而是以会场上呼喊声的高低来决定，呼喊声高，就表示通过，呼喊声低，就表示不通过。

宪法的全民公决实践最早出现在 1780 年北美马萨诸塞州宪法的批准上。之后，1792 年法国国民议会通过会议也宣布凡未经公民公决的宪法应视为无效。1793 年法国《雅各宾宪法》，就是经过全国公民的公决通过的。全民公决是直接民主的形式之一，即由人民直接通过国家的法律，经全民公决的法律文件，一般而言都具有宪法的性质。

18 世纪，法国启蒙思想家卢梭提出了由人民直接制定法律的思想。他主张人民应该直接参加立法活动，因为公意是不能被谁所代表的。法律是公意的体现，只有在人民是立法者的地方，才有民主和自由；只有人民直接赞同的文件才能成为法律。虽然卢梭认为，领土广大的国家可以实行代议制，但他仍然认为，只有经过人民公决后，代表的决议才可能成为法律。需要指出的是，卢梭的这种观点，是以他理想化的"日内瓦共和国"这块领土狭小的国家为前提的。"日内瓦共和国"只有 2.4 万人，20 多个村，与中国的一般乡镇相当。事实上，在一般的国家里，如果每一部法律都要经过公民公决，在实践中是几乎无法实行的。

学术界对全民公决制度有两种不同的看法。主张全民公决者认为，全民公决制度最符合民主的原则，而且具有教育宣传的作用，能够提高公民的责任感，使法律实施起来更容易，并且可以防止议员的失职，减少党派之间的斗争。反对全民公决者认为，一般公民的法律知识不够，可能出现盲目投票或无故弃权，而且如果反对者和赞成者人数相差不多，反对者就难免长期存在不满情绪，造成双方的冲突，极端情况下还可能造成政府与人民的冲突。同时，这种制度也减少了议会对于法律的责任，立法程序难免草率。

从各国的情况来看，有权要求举行全民公决的主体，主要包括国家元首、立法机关、立法机关的领导机关和政府等。许多国家在宪法中规定了全民公决的内容，全民公决的形式可以分为以下几种。

1. 从选民在某个国家机关通过决定以前或通过决定以后进行投票来看，全民公决可以分为立法前全民公决和立法后全民公决，一般来说，如果全民公决的问题涉及政体和领土的改变这类全局性、根本性问题，往往采用立法前全民公决，在其他情况下，往往由立法机关作出决定后，再经过全民公决。

2. 从全民公决所通过的文件属于对宪法的修正或者普通法律来看，全民公决可以分为宪法性的全民公决和普通法律的全民公决。

3. 从全民公决的方法来看，可以分为强制性全民公决和任意性全民公决。强制性全民公决是指立法机关通过法律之后，不论公民或其他国家机关有无请求，必须提交全民公决，才能作出最后的决定。任意性全民公决是指立法机关通过法律之后，必须在接到公民或其他国家机关的请求之后，才能提交全民公决。

第五节　公布法律

一、公布法律的概念及意义

公布法律是指立法机关将通过的法律以一定的形式予以公开发布。只有将制定的法律通过法定的程序和方式公布，法律才会正式生效，在实际生活中发生作用。因此，公布法律是立法程序的一个必经阶段。

从立法程序来看，对公布法律可作狭义和广义两种理解，就狭义而言，公布法律是指法定主体将立法机关通过的法律依法定程序予以公开发布。这一概念的主要特点，是公布法律的主体通常无权对法律的价值进行评判以决定是否公布，而是依照有权机关的决定，以个人（如君主）、国家或其他机关或者人员的名义将法律公开发布。例如，我国《宪法》第八十条规定："中华人民共和国主席根据全国人民代表大会的决定和全国人民代表大会常务委员会的决定，公布法律。"又如，日本《宪法》第七条规定："天皇根据内阁的建议与承认，公布宪法修正案、法律、政令及条约。"

公布法律应在立法机关决定的刊物上进行，这种刊物应该是以立法机关的名义出版的正式刊物。在立法机关正式公布法律之后或与此同时，通过广播和电视播放该法的重点内容、举办辅导讲座、出版法律的导读与释义图书等形式来宣传法律，虽然对于法律的深入人心起到积极作用，但在立法程序上，这些都不能代替正式的公布法律。对此，《立法法》在第五十八条第二款作了明确规定："法律签署公布后，及时在全国人民代表大会常务委员会公报和中国人大网以及在全国范围内发行的报纸上刊载。"

广义的公布法律是指，法定主体对立法机关通过的法律依法定程序审查批准后，予以公开发布。与狭义的公布法律不同的是，本概念的主体享有对法律最后审批的权力，在审查批准的基础上才公布法律，若经审查不予批准，则不能公布法律。因此，两个概念相比较，从权力来看，后者的权力大于前者；从结果来看，前者通常应当将法律公之于众，别无他择，后者是否公布法律，需要根据审查的结果来确定。从立法程序来看，本书讨论的公布法律，主要是广义的公布法律。

为了使一切国家机关和武装力量、各政党和各社会团体、各企业事业组织、公民都遵守宪法和法律，首先要使他们了解法律的内容。因此，必须做好公布法律的工作。如果在公布法律的时候出现瑕疵，那么即使法律本身的质量很高，也会在施行过程中出现各种各样的问题。

从历史上看，法律最初是习惯法，逐渐发展为成文法；最初是不予公布，逐渐发展为予以公布。历史上最早出现的奴隶制的法律，开始是不成文的习惯法，以后逐渐发展为成文法，早期的成文法也大都是习惯法的记载，以后逐渐完善，形成初具规模的奴隶制法律的体系。"最早的立法活动几乎都是对原始习惯的认可和补充。"[1]例如，公元前5世纪中叶，罗马奴隶制国家颁布了《十二铜表法》，这部法典刻在十二块铜牌上，它是平民与贵族斗争的结果。当时司法权完全操纵在上层贵族手中，由于缺少成文法，而烦琐的习惯法知识又被贵族垄断，司法官可以任意解释，为所欲为。随着平民力量的增长，就要求制定成文法来限制上层贵族的专横跋扈，维护平民的利益。另一方面，贵族也同样要求用成文法来巩固自己的特权，防止平民的进一步挑战。

在我国古代奴隶制国家中，最初实行礼治。这里所说的"礼"，并不是潜意识中的"礼节""礼仪"，而是不成文的法律。春秋时期，较之以往发生了很大的变革，法律制度也有了重大变化。原来各诸侯国沿用的西周习惯法和片断成文法，已经不能适应形势

---

1 张根大、方德明、祁九如：《立法学总论》，法律出版社1991年版，第52页。

的需要，于是，各国相继出现了以保护私有财产权为中心的比较系统的成文法。郑国和晋国相继把刑书的内容铸刻在鼎这一金属器物上，公布成文法，开创了古代公布法律的先河，否定了"刑不可知，则威不可测"的秘密法，对后世的影响非常深远。之后，李悝在魏国提倡"尽地力之教"，吴起在楚国"明法审令"，申不害在韩国"内修政教，外应诸侯"，都相继公布刑法。

我国古代思想家对于成文法是否应该公布，有着不同的看法。晋国的叔向认为，"先王议事以制，不为刑辟，惧民之有争心也。民知有辟则不忌于上，并有争心以征于书""弃礼而征于书，锥刀之末，将尽争之"。即人们一旦知道了刑书的条文，就不会再看重道德，遵守礼仪，而是去"征于书"，钻法律条文的空子。刑书一旦公布，人们就可以知道官员审判案件时是否合理合法，这样，社会舆论就会对官员产生一股强大的监督力，这在以叔向为代表的没落奴隶主贵族眼中是不可容忍的。孔子对于晋国铸刑鼎，也持反对的态度，他认为，"民在鼎矣，何以尊贵？"如果说叔向是反对把法律从礼教中独立出来，那么，孔子则认为公布成文法是一种无视贵贱之分、礼坏乐崩的行为，破坏了等级制度，损害了周朝的"礼"。而提倡以法治为核心思想、以富国强兵为己任的重要学派——法家，则对公布成文法持赞成态度，其代表人物韩非、商鞅等都有关于支持公布成文法的论述。

成文法的公布，是新兴地主阶级对奴隶主贵族的抗争过程中取得的一大胜利，使奴隶主贵族对法律的垄断局面一去不复返了。它限制了旧贵族的特权，保护了新的经济关系，符合当时社会发展趋势，在历史上有积极的进步意义。但是，当时法律的锋芒仍然是指向广大劳动人民的。制定并公布成文法，只是使统治阶级进一步加强了对人民的统治，不论在奴隶制国家、封建制国家，还是在资产阶级国家，其性质都是如此。

只有在无产阶级取得政权以后，公布法律的意义才有了根本的变化。无产阶级和广大劳动人民通过国家立法机关，把自己的意志制定为法律并公布，通过各种途径和形式，管理国家事务，管理经济和文化事业，管理社会事务，实现了当家做主，在中国特色社会主义进入新时代过程中起到重大作用。

二、公布法律的方法

除狭义的公布法律外，公布法律的方法一般有两种类型。

1. 立法机关通过法律后，需要经其他机关（人员）批准才能够公布生效。例如，《阿拉伯联合酋长国宪法》第一百一十条规定："部长会议准备法律草案提交联邦议会，部长会议将法律草案提交联邦总统同意后，由最高委员会批准，由联邦总统签署公布。"又如，《巴基斯坦宪法》第七十五条规定："法案由总统或视为由总统批准后，即成为法律，称为议会法令。"

2. 立法机关通过法律后，需要提请其他机关复议通过，法律才能够公布生效。例如，《美国宪法》第一条第七款规定："经众议院和参议院通过的法案，在正式成为法律之前，须呈送合众国总统；总统如批准，便须签署，如不批准，即应附上他的异议一并退还给提出该案的议院，该议院应将异议详细记入议事记录，然后进行复议。如果在复议之后，该议院议员的三分之二仍然同意通过该法案，该院即应将该法案连同异议书送交另一院，由其同样予以复议，若此另一院亦以三分之二的多数通过，该法案即成为法律。反之，如有任何一院未得到三分之二议员认可，则该法案不得成为法律。"

西方国家的议会立法往往要受国家元首、政府、最高法院或者宪法法院等其他政权机关的制约。[1]在公布法律时实行复议制度，主要有三个作用：第一，在行政和立法之间做出平衡。立法机关可以通过立法权，对行政权施加很大的影响，而总统可以通

---

1 李步云主编：《立法法研究》，湖南人民出版社 1998 年版，第 499 页。

过复议权，对这种影响起到平衡作用，最终确保各方在"三权分立"的规则下都各司其职，不至于"崩盘"。第二，保证立法的质量。立法要通过行政机关来实施，行政机关对于经济社会生活的了解最为深刻，因此可以通过复议权，对与社会实际差距很大的法律进行纠正和调整。"不仅是总统权力的保障，而且可以成为防止不正当立法的保障。它可以成为对立法机关的有益牵制，使社会免受多数议员的一时偏见、轻率、意气用事的有害影响"。[1]第三，通过复议权指导立法活动。议会在审议法案时，必须把复议权的因素考虑在内，所以总统行使复议权也是对立法活动的一种变相的、内在的指导。

大多数国家，一部法律要经由国家元首颁布、生效后，其制定过程才得以终结。这里就产生了一个问题：国家元首不颁布法律时的处理。一般有两种方式：一是视为公布；二是由议长公布。

视为公布，是指法律送达国家元首后，如果国家元首在法定期限内没有任何表示，那么就视为已经公布，法律生效。例如，《美国宪法》第一条第七款规定："如总统接到法案后十日之内（星期日除外），不将之退还，该法案即等于由总统签署一样，成为法律。"又如，《菲律宾宪法》第二十七条规定："总统应在法案送达后三十天内将其对法案的否决，通知创制该法案的议院；否则，该法案即视同总统已予签署而成为法律。"

由议长公布，是指当法律送达国家元首后，国家元首如果在法定期限内没有任何表示，那么这部法律就转为由议长颁布，始得生效。例如，《巴西宪法》第七十条规定："总统如不于48小时内公布法律，则由参议院议长公布；参议院议长如不于48小时内依法公布法律，则由参议院副议长公布。"又如，《韩国宪法》第四十九条规定："总统对于应成为法律的法案，应立即公布，如总

1　〔美〕汉密尔顿、杰伊、麦迪逊著，程逢如等译：《联邦党人文集》，商务印书馆1980年版，第373页。

统不予公布，国会议长应予公布。"再如，《巴拿马宪法》第一百三十二条规定："如行政机关不于规定期限内履行其批准及公布法律的义务，国会议长应将该法律批准并公布。"

具体来讲，各国宪法除了规定正式公布法律的程序以外，一般都没有规定其他形式。当然，并不是所有国家的宪法都规定了公布法律的规则，以法国为例，它是最早确立在所有的公民都能看到的正式刊物上公布法律这一原则的国家，但是，法国的宪法就没有规定法律的公布问题。

各国宪法对公布法律问题的规定也详略不一。规定比较细致的国家有奥地利、爱尔兰、保加利亚等；规定比较简短的有意大利、日本、马来西亚等；没有相关规定的有法国、瑞士等。

大多数国家都有公布法律的正式刊物（公报），如法国有《法兰西共和国政府公报》，意大利有《意大利共和国公报》，瑞士有《联邦公报》和《联邦法律汇编》等。

三、公布法律的期限

法律通过之后，一些国家首先要经过国家元首的批准程序，之后才能公布。因此，国家元首可以使用这份权力，来阻止法律的公布。

国家元首公布法律，经过两个阶段完成。第一个阶段，是由国家元首对法律文本签字确认；第二个阶段，是将该签字确认的法律文本，刊登在法定的刊物上。至此，法律才具有效力。

有些国家虽然规定国家元首有权要求议会对法律进行第二次审议，但如果国家元首在一定的期限内不颁布法律，议会可自行颁布。例如，《阿尔及利亚宪法》规定，共和国总统负责颁行和公布法律，共和国总统在国民议会递交法律后十日内予以公布，并签署法律的执行令。在国民议会要求紧急处理时，上述期限可予缩短。在颁布法律的规定期限内，共和国总统得提出咨文，要求国民议会对法律进行第二次审议，国民议会不得加以拒绝。又如，《喀麦隆宪法》规定，联邦共和国总统如未申请再议，应在联邦议会通过的法律送交他的十五日内颁布。当该期限届满，并确定总统不予颁布该项法律后，联邦议会议长得自行颁布。

对于公布法律的期限，有些国家有明确的规定，有些国家则没有规定。例如，意大利规定法律由共和国总统于批准之日起一个月内公布。法国、突尼斯、保加利亚和阿尔巴尼亚规定法律在通过后十五日内公布。罗巴尼亚规定法律在通过后十日内公布。

四、法律生效的期限

提及法律生效，就必须谈到法律公布的问题，二者密不可分，法律公布是法律生效的前提，法律生效是法律公布的目的。法律要得以施行，必须要首先公布，使社会对法律的内容充分了解，"使尊法守法成为全体人民共同追求和自觉行动"。[1]

大部分国家，法律自公布之日起施行，法律得以生效。也有部分国家，法律公布的日期与法律生效的日期并不相同。第一种是法律公布之后，经过一定的时间，才告生效；第二种情况更为复杂，是法律公布后，根据各地远近的不同，法律在不同的时间生效，当然，随着资讯传递的迅捷程度越来越高，这种情况也越来越少。

---

1 中国共产党第十八届中央委员会第四次全体会议：《中共中央关于全面推进依法治国若干重大问题的决定》（2014 年 10 月 23 日）。

第六章　宪法的制定和修改

第一节　立宪概论

在中国特色社会主义立法实践中，立宪和修宪一直都是最重要的立法活动。在《立法法》中，没有关于立宪和修宪的规定。显而易见，这是由于立法者认为，宪法比一般的法律更为重要，有关修改宪法的内容，只能由宪法自身来规定。

历史上最早出现的宪法是英国宪法，但它属于不成文宪法，是 800 年来全部习惯法的集成，1215 年的《自由大宪章》是英国宪法最早的组成部分。英国宪法的主体由各个不同历史时期颁布的宪法性文件构成，其中最重要的宪法性文件是 1689 年的《权利法案》。最早的成文宪法是美国的 1787 年宪法，它对该国政治制度的建立和逐渐完善起到了至关重要的作用。这部宪法的制定和之后的实践，使美国在君主立宪制和议会内阁制两种制度之外，探索出了属于自己的政治制度，建立了联邦制国家。1918 年通过的《俄罗斯苏维埃联邦社会主义共和国宪法》开创了社会主义宪法的新纪元，是人类历史上第一部社会主义类型的宪法，在全世界范围内产生了深远的影响。在我国，最早制定的宪法性文件是 1908 年清政府颁布的《钦定宪法大纲》。由此可见，资本主义立宪活动在世界上存续了 800 多年，社会主义立宪有 102 年的历史，中国立宪史则有 112 年。但不管是社会主义宪法还是资本主义宪法，在立宪主体、立宪程序等方面，都有许多相同的规定。

第二节 宪法草案的拟定、审议、通过和宪法颁布

一、宪法草案的拟定

（一）由专门机构拟定宪法草案

在以成文宪法为宪法表现形式的国家中，大都设立了专门机构来负责宪法草案的起草工作。机构的名称，有的称为制宪会议或立宪会议，有的称为宪法起草委员会。例如，美国宪法就是由 1787 年 5 月在费城举行的制宪会议起草的，制宪会议由各州派出的 55 名代表组成。之后，一些国家也仿照美国的制宪方式和宪法内容来制定自己的宪法。在我国，第一部社会主义宪法——1954 年宪法，是由中央人民政府委员会决定设立的宪法起草委员会负责起草的。

（二）由国家立法机关拟定宪法草案

在以不成文宪法为宪法表现形式的国家中，作为不成文宪法的组成部分的宪法性文件的起草与其他法律的起草没有区别。奉行议会至上原则的英国就采取此种方式，但行使制宪权的议会从性质上来看已经超越了一般议会的范畴，具有政治议会的性质。在采取成文宪法形式的国家中，也存在不成立专门制宪机构而由国家立法机关负责宪法起草工作的情况。

二、宪法草案的审议与通过

由宪法起草机构起草的宪法草案，一般要由制宪机构本身进行审议和通过。例如，美国宪法草案就是在制宪会议经过了对宪法草案数月的辩论之后，才由代表签字通过的。凡由国家立法机关对宪法进行审议通过的国家，大都规定了比通过一般法律议案

更为严格的要求，有的规定以国家立法机关全体组成人员的三分之二以上赞成才能得以通过，有的规定以国家立法机关全体组成人员的四分之三以上赞成才能得以通过。有的国家还规定了宪法得以生效的特别程序。例如，法国的1946年宪法和1958年宪法，都是经过公民投票通过以后，才正式生效。我国1954年宪法草案起草完毕后，由宪法起草委员会提交中央人民政府委员会会议审议通过，又由全国人民对宪法草案进行了广泛的讨论。参加讨论的多达1.5亿人，提出了100多万条修改和补充意见。在经宪法起草委员会和中央人民政府多次讨论后，才提交第一届全国人大第一次会议通过。

三、宪法的颁布

各国在宪法草案得以通过之后，大都由国家立法机关或国家元首予以颁布并正式生效。我国1954年宪法由第一届全国人大主席团予以颁布，美国宪法则由该国第一届国会宣布生效。

第三节　宪法的结构

由于宪法制定时代、具体国情的差别，各国宪法的结构因时因地制宜，并没有形成一个统一的模式。但其中也有规律可循，那就是一般社会性质、历史条件相近的国家，宪法的结构也有相同或相似的内容。社会主义国家的宪法大都借鉴了1936年的苏联宪法，资本主义国家成文宪法大都以美国宪法为蓝本。

一、宪法的内容结构

从内容结构看，大都包括以下组成部分。

（一）序言

大多数国家的宪法都有序言。序言是一部法律的名称之后、正文之前的独立部分，用以阐述该项立法的背景、目的、理由。法律序言并不常见，只有较少数重要的制定法或某些具有特殊意义的立法文件，才采用这一结构。宪法序言一般表述国家的发展历史、建国的宗旨、制宪的目的、国家活动的指导原则等。

序言的长短，并无定例。最短的是《拉脱维亚宪法》，只有28个字，最长的是《南斯拉夫宪法》，有一万多字。我国现行宪法的序言有一千多字。序言是我国宪法的灵魂，是宪法的重要组成部分，同各章节一样具有最高法律效力。这是我国宪法最重要的特征，也是与其他许多国家宪法的一大区别。

（二）基本原则

该部分规定了国家制度、社会制度和其他基本制度。不少国家的宪法都将基本原则设置专章，且大都作为第一章。各国宪法中，该章名称虽然各有不同，但都能体现出基本性、总领全局性的含义。例如，《奥地利宪法》称为"总则"，《韩国宪法》称为"总纲"，《意大利宪法》称为"基本原则"。我国历史上唯一的资产阶级性质的宪法性文件《中华民国临时约法》和1946年国民党政权制定的《中华民国宪法》，都称为"总纲"。中华人民共和国成立以后，无论是具有临时宪法作用的《共同纲领》，还是后来制定的四部社会主义宪法，也都把第一章称为"总纲"。

（三）公民的基本权利和义务

这是各国宪法不可缺少的一部分，并且大都列专章规定，不少国家的宪法在表述基本原则之后，即对这部分作出规定，显示出重要的地位。当今世界，扩大公民的基本权利和自由的范围，是现代宪政立法的发展趋势。

（四）国家机构

宪法高于一国范围内的一切组织和个人，这是它作为国家根本大法的重要特征。具体说来，它要求一切国家机关要依据宪法来组织和行使职权，一切国家公务人员要依据宪法来活动，所以，规定一国国家机构的设置、各国家机关的职权划分及相互关系和各国家机关及其公职人员的组织活动原则，就成了各国宪法必须具备的内容，且各国宪法中的大部分条款均用于规定此项内容。例如，我国现行宪法的143条中，有83条是关于国家机构的具体规定。美国1787年宪法共七条，除了有关宪法的修改程序和生效时间外，其他全部都是关于国家机构的规定。日本宪法共11章103条，除第三章《国民之权利和义务》（31条）、第九章《修改》（1条）、第十章《最高法规》（3条）和第十一章《补则》（4条）以外，其他大都是有关国家机构的规定。

（五）国家标志

不少国家的宪法都对作为国家标志的国旗、国徽作了规定。国歌、首都、国语、国花、国教等，也往往规定在一国宪法或宪法法案中。我国现行宪法在第四章对国旗、国歌、国徽、首都作了规定。

（六）宪法的生效、修改程序

绝大多数国家的宪法都规定了这项内容，不少国家还设置了专门章节进行规定。我国现行宪法是从通过该部宪法的全国人大的主席团公布之日起生效，未将生效方式规定于宪法之中。有关宪法的修改程序和宪法的保障条款，都是分散于其他章节之中，没有通过专门章节对此集中规定。

二、宪法的逻辑结构

宪法与一般法律的逻辑结构基本相同。不少国家的宪法分为"章""节""条""款""项"，有的还在"章"之前设"编"或"篇"。从我国现行宪法来看，分为四章，第一、二、四章之下直接分为若干条，第三章与其他各章不同，它在章之下又分了"节"，"节"下再设置"条"。第一章规定行政区划，第三章规定全国人大、全国人大常委会、国务院职权和全国人大有权罢免的人员的五个条文中，采取了列举式的规定方式，并分别按顺序冠以（一）（二）（三）等各个序数。习惯上把这些以此序数相区别的内容称为项。序数是几，就称为第几项。我国宪法还有序言部分，该部分由 13 个自然段组成。

第四节　宪法的修改

宪法的修改，是指在国家的性质没有变化的基础之上，对宪法的条文作出的部分调整和增删。如果是一国的社会性质发生根本变化时的不同性质宪法的整体更替，就不能称为宪法的修改。宪法只有根据经济社会的新形势不断作出修改，才能始终保持活力。

一、宪法不宜频繁修改

宪法作为国家的根本大法，应最大限度保持稳定性，短时间内不宜多次修改，否则既不利于宪法权威的树立，也会在实施过程中带来各种问题。

第一，宪法作为国家的"根本大法"，它的根本性在于一切规范性法律文件都要符合宪法的规定。如果宪法在短时间内多次修改，内容发生较大变化，就很可能造成为数不少的规范性法律文件的内容与宪法相抵触。解决这个矛盾，必须花费大量精力对这些规范性法律文件进行修改，但不长时间之后宪法又作了修改，矛盾再次产生。如此循环往复，国家的法制统一就很难建立起来。

第二，宪法是一国所有国家机关组织和开展活动的根本遵循，如果宪法短时间内多次修改，就势必带来国家机关的合并、裁撤等变动，使其内部工作人员在心理上产生波动，难以安心做好本职工作。

第三，宪法和法律一样，制定出来并不意味着一切都大功告成，只有在全社会得到贯彻实施，才视为达到目的。宪法修改一次，人们就要适应一次，把修改过的条款在脑海中删除，把新增加的条款努力记忆。修改的次数多了，人们就会不自觉地产生懈怠，降低对宪法严肃性的认识，进而影响到宪法的贯彻实施。

从世界范围看，很多大国的兴起和发展，往往伴随着一部宪法的制定，而且这部宪法一般在较长时间内不会作大幅度的修改。宪法的稳定，既表明该国政策的稳定性和一致性，又说明在经济上没有出现大的波动。宪法和政策的稳定，与经济的稳健发展是相辅相成的。宪法和政策的稳定，有力保障了经济的稳健发展；而经济的稳健发展，又会反作用于宪法和政策的落地、实施。各国都看到了这种相互促进的关系，也因此对于宪法尽量保持稳定，当情势发生较大变化必须修改时，也要经过特别严格的程序。

二、宪法修改的条件

当然，保持宪法的稳定性也是相对而言的，如果一味追求稳定，而不考虑社会形势的较大变化，也同样是不可取的。宪法一经制定，就处于相对的固定状态，而社会现实总是处于变化和发展的过程之中，久而久之，宪法的规定与社会现实之间的脱节越来越大，这是不可避免的，需要通过宪法的修改来解决。所以宪法总是在脱节→修改→再脱节→再修改的循环过程中，不断适应社会现实的发展，也使自身保持长久的生命力。出现以下情况时，就要考虑对宪法进行修改。

第一，当国家的总体路线、方针、政策发生较大变化时，为了适应这种变化，应考虑对宪法的有关内容作出调整，使宪法与国家的总体路线、方针、政策相一致。

第二，当国家在经济、社会、文化等方面较以往有了大幅度的变化时，如果宪法的内容与这些变化有较大的关联，那就要考虑作出修改。

第三，当国家政治生活中一些问题的重要程度发生变化，一些原本重要程度不高的问题重要性急剧上升，或者一些原本非常重要的问题已下降到可以忽略的程度时，就要考虑对宪法作出修改。

第四，当宪法的一些内容被实践证明存在较大的漏洞或偏差时，也要考虑进行修改。

三、宪法修改的方法

各国对宪法的修改，采取了不同的方式。概括起来，主要有以下几种。

（一）全面修改

全面修改是对宪法进行大范围、大幅度的修改。全面修改与宪法的整体更替、重新制定不同，它虽然修改的内容比较多，但宪法的立法精神和基本原则被保存下来，不作改变。

（二）部分修改

部分修改只对宪法的部分条款、部分内容作出修改。目前大部分国家的宪法修改，都属于部分修改。具体又可分为以下几种情况。

1. 取代式

即用新的宪法条文取代原有的宪法条文，原有条文删除。

2. 废止式

即废止某一宪法条文。对此，有的国家将已废止的条文保留在原宪法之中（如美国），有的国家从原宪法中删除（如1789年法国的修宪方式），有的国家废止了原条文，但保留其条款的序号（如1814年的挪威宪法）。

3. 变更式

即对宪法某一条款中的某些内容加以变更，而原条款在宪法中的结构不作改变的形式。有的国家在改变议员任期、改变领导人称谓时对宪法的修改往往采取此种形式。

4. 添附式

即当宪法条文尚有欠缺遗漏或过于简略，或是形势发展需要以新的条款补充不足时，多采取此种形式。大多数国家将补充的内容附在宪法中相应条文之后，也有少数国家将补充的内容附在原来的宪法全部条文之后。

四、修宪机关及程序

根据各国的实践看，享有宪法修改权的主体主要有国家代议机关、地方议会和全体公民等。还有的国家专门设立了修改宪法的机构，其他机关都无此项权力。从各国宪法规定和宪政实践看，宪法修改程序一般包括提案、起草、先决投票、通过、公布五个阶段，但并非所有国家都必经这些程序。

（一）提案

大多数国家对宪法修正案的提出规定了特别严格的条件。有权提出宪法修正案的主体一般有立法机关、成员国议会(联邦制国家)、行政机关(如内阁)、一定数量的公民和最高代表机关的成员特设机关(修宪会议或国民大会)等。我国宪法规定，宪法的修改，由全国人大常委会或者五分之一以上的全国人大代表提议。美国规定只有国会两院三分之二的议员或者全联邦三分之二州议会的请求，才能提出。

（二）起草

在确定了宪法要进行修改之后，由法定有权机关拟定决定修改的部分。这一过程旨在明确宪法条文如何修改。在实践中，一般应坚持公开、民主的原则，听取社会各方面的意见，使草案获得广泛的民众支持。

（三）先决投票

在提议宪法修改之后，送交议决机关议决之前，就宪法修正案提出先行投票程序，以使宪法修改条文和内容具体明确。

（四）通过

各国的宪法修正案，通常由人民代表大会、议会、国会等民意机关议决通过，而且必须遵循非常严格的程序。此外，还有一些国家规定，宪法修正案只有交全国公民表决后才能成立。

（五）公布

宪法通常由国家元首、议决机关或者行政机关公布之后才能生效。我国宪法修正案由全国人大主席团公布。在一些国家，如果总统不同意公布宪法修正案，有权以全民公决的方式决定宪法修正案是否发生效力。正是因为宪法修改的程序严格、限制很多，才确保了宪法不会轻易发生变动。有的国家，一条宪法修正案最终通过，要经过十几年的漫长时间。

（六）我国有关的宪法惯例

宪法惯例是宪法学上的一个概念，它是指国家政治生活中形成的、涉及国家根本问题，为社会普遍承认和遵循的具有连续稳定的习惯或传统做法。自 1954 年宪法颁布以来，中共中央根据国际国内形势的不断变化，适时向全国人大常委会提出有关宪法修改的建议，由全国人大常委会根据修改建议，形成宪法修正案草案，交由代表大会审议，这就是一个典型的宪法惯例。自现行 1982 年宪法施行以来，宪法共进行了五次修改，每次修改都是依照这个宪法惯例的模式进行，首先由中共中央提出宪法修改建议，其次是全国人大常委会收到宪法修改建议后，经研究形成宪法修正案草案，最后再提交全国人民代表大会审议。现行 1982 年宪法根据这个宪法惯例作出了多次修改，删去了一些与经济社会发展不符的内容，增加了一些具有根本性地位的新内容，推动了宪法的完善和发展。

"党政军民学，东西南北中，党是领导一切的。"[1]我国之所以形成中共中央提出宪法修改建议的宪法惯例，是由党的性质、地位和宪法的发展规律决定的。第一，这是依宪执政、依宪治国的需要。第二，党的利益就是全体人民的根本利益，党的意志也是全体人民意志的体现。第三，宪法的诞生和发展始终离不开一国成熟的政治力量。十八届四中全会通过的《中共中央关于全面推进依法治国若干重大问题的决定》，明确规定了党中央向全国人大提出宪法修改建议，依照宪法规定的程序进行宪法修改。

五、修宪的限制

很多国家的宪法都对修宪作了限制性规定，主要有以下几种情况。

（一）宪法基本原则不得修改

例如，法国1958年宪法第八十九条规定："共和政体不得修改。"又如，美国宪法规定联邦和各州不能单独改变联邦和州的职权划分的条款，也间接体现了联邦原则的不可更改性。

（二）基本人权条款不得修改

例如，德国宪法第七十九条第三款规定："宪法第一条至十九条列举的权利不得修改。"

（三）有损于国家主权和领土完整的不得修改

例如，法国宪法第八十九条第四款规定："如果有损于领土完整，任何修改程序均不得开始或者继续。"

（四）国家处于特别时期不得修改

例如，巴西1946年宪法规定宪法在戒严期间不得修改。又如，西班牙宪法规定国家处于战争状况、戒严、被围困等非常状态时，不得提出宪法修正案。

---

1 习近平：《决胜全面建成小康社会 夺取新时代中国特色社会主义伟大胜利
——在中国共产党第十九次全国代表大会上的报告》（2017年10月18日）。

（五）非经特别程序不得修改

例如，瑞士宪法虽然规定，宪法在任何时候都可被部分修改或全部修改。但其后的条款又对全部修改设定了非常严格的限制：全面修改宪法，在一院同意另一院不同意时，由全体公民投票决定。若多数公民同意，国会立即改选，由新国会修宪并交付全联邦公民投票表决。只有当多数公民和多数邦都同意时，新宪法方可生效。

（六）非经一定期限不得修改

一定的宪法条款只有在实行一段时间后方知得失，修改频繁，将会影响宪法的稳定性。所以有的国家规定，在实行一定时间后才能启动修改程序。

（七）不得进行全面修改

全面修改实际上是重新制定，有的国家明确规定只能对宪法进行删除、补充和较小的变更，不得全面修改。

第五节　我国宪法修改的基本特点

依法治国，是世界各现代国家共同的治理方式，而立法是依法治国的前提。广义上的立法包括两个方面：一是创制宪法规范，二是创制其他法律规范。由于宪法是一国范围内其他立法的依据和基础，因而创制宪法规范的活动是一国立法活动中最重要的方面。创制宪法规范的活动主要是通过两个方面进行：一是宪法的制定，二是宪法的修改。一般说来，宪法的制定是与国家政权的建立一次性同步进行的，之后所进行的宪法规范的创制，则主要是通过若干次修宪活动来实现的。这种制宪的一次性和修宪的多次性，构成了一国宪法创制的全过程。现代各国在国家政权建立之后，都把修宪作为国家生活、社会生活中特别是立法活动中的重中之重。

我国在 1954 年第一部社会主义宪法公布至今的 65 年中，采取了两种方式对宪法进行修改。一是全面修改方式，即由专门机关起草对原来宪法的修改草案，再交全国人大通过，产生新的宪法，1975 年宪法、1978 年宪法和 1982 年宪法都是这样产生的。二是由全国人大常委会提出对宪法个别条款的修正案，再交由全国人大通过。我国先后七次运用这种大多数国家修正宪法所采取的形式，在 1979 年、1980 年对 1978 年宪法进行修改和补充，又在 1988 年、1993 年、1999 年、2004 年、2018 年对现行宪法进行了修正。

纵观社会主义的修宪实践，我国对宪法的修改体现了以下特点。

一、抓好修宪时机，适时修宪，以有利于宪法在全国范围内能够得到贯彻实施

正如上文所说，宪法作为国家根本大法的地位，决定了它不能轻易修改。这也决定了一定要适度把握修改宪法的时机。我国一直善于把握修宪的时机，2018 年的修宪，就是一个有力的证明。

第一，在宪法修改之前半年内的 2017 年 10 月，我国召开了举世瞩目的中国共产党第十九次全国代表大会，在新的历史起点上对新时代坚持和发展中国特色社会主义作出重大战略部署，提出了一系列重大政治论断，确立了习近平新时代中国特色社会主义思想在全党的指导地位，确定了新的奋斗目标，对党和国家事业发展具有重大指导和引领意义，这就为 2018 年修宪奠定了坚实的理论基础。

第二，从 2004 年修宪到 2018 年的 14 年，是党和国家发展进程中极不平凡的 14 年。面对世界政治、经济、军事等多重复杂问题，我们迎难而上，开拓进取，取得了改革开放和社会主义现代

化建设的历史性成就，这就使我国现行宪法未加确认的某些问题，在社会生活中具有了国家根本性问题的地位，因而使宪法的修改具有了必要性。

第三，2004年修宪以来，我国各级国家机关和法学界、政治学界、经济学界等理论界以及社会各界，都通过各种形式提出过修改宪法的建议，这就为修宪做好了充分的舆论准备，使本次的宪法修改大有呼之欲出之势。

第四，2018年是改革开放40周年，而2019年又是中华人民共和国成立70周年，在这极不平凡的关键时期，完善宪法规范，有利于一国范围内的一切组织和个人学习宪法内容、领会宪法精神、维护宪法尊严、保障宪法实施。

二、修宪中弘扬中国社会主义立宪优良传统，使宪法真正地、全面地体现了中国共产党领导下的全体中国人民的共同意志

2018年修宪，既坚持在修改过程中的每个阶段、每个环节都由党中央集中统一领导，又体现科学立法、民主立法、依法立法的要求。既在宏观上、大局上把握宪法修改这一问题，又在微观上、细节上认真研究需要修改的每一条、每一款。这是我国修宪区别于其他国家修宪的一大特点和优点。

在党的十九大召开之际，十九大的精神振奋人心，人们普遍认为，十九大报告所总结的五年以来党和国家建设中所取得的重大突破、创新和成就，也应在作为国家根本大法的宪法中有所体现。为了满足人民的这种要求和意愿，2017年9月，中共中央政治局召开会议，决定正式启动宪法的修改工作，并陆续完成了以下具体工作：一是以党中央的名义下发通知，广泛征求各地区各部门对于宪法修改的具体意见和建议，并在此基础上，对征求到的众多意见和建议进行梳理汇总，形成党中央修改宪法建议的草

案稿；二是组织多次座谈，由中央领导同志当面听取各方面对于党中央修宪建议草案稿的意见；三是在党的十九届二中全会期间，又征求了与会同志对党中央修改宪法建议的意见，经完善后通过了这个建议。在完成这些工作的基础之上，中共中央正式向全国人大常委会提出修改宪法建议。全国人大常委会接到中共中央提出的修改宪法建议后，由法制工作委员会拟定了相关草案和议案，经委员长会议审议和表决后，决定将草案提请大会审议。2018年3月11日，第十三届全国人大第一次会议表决通过了这个宪法修正案并颁布实施。

纵览本次修宪的全过程，可以清楚地看到，这次修宪是在党中央的直接领导下进行的。对于修宪的内容，既征求了党内高级领导干部的意见，又征求了党外人士的意见，还征求了智库和专家学者的意见，使党中央的修宪建议不但具有广泛的群众基础，而且在规范性、科学性方面都达到了非常完善的程度。在进入法定修宪程序之后，全国人大全体代表对宪法修正案议案进行了深入细致的讨论，使宪法修正案又凝结了全国人大代表的共同智慧。

因此，本次宪法修改，既坚持了党的领导，又充分发扬了民主；既弘扬了我国修宪的传统做法，又严格遵循了宪法所确认的法定修宪程序；既注意了所修正内容的人民意志性，又注意了所修正内容在表述上的规范性和科学性。这就使宪法修正案既实现了党的意志和人民意志的高度统一，又实现了文字、内容、结构和表述等各个方面的科学性和规范性。

三、注重修宪文字的科学性，在修宪原则、修正篇幅和对所修正内容的表述方面，都有利于实现宪法的高度稳定性，进而对实现宪法的权威有着极大的促进作用

宪法是一国范围内具有最高法律效力和权威的法。因此，必须具有高度稳定性。频繁修改宪法，对任何一国都是不利的。为了维

护宪法的高度稳定性，各国都对修宪作了明确的限制。同时，宪法规范的表述方式极为重要，只有在宪法规范有着很强的原则性、纲领性、包容性、规范性和科学性的前提下，才能保证宪法的高度稳定性。另外，在修正宪法时，修正幅度要尽量小。这不但有利于人们熟悉、理解和遵守，也有利于实现宪法的高度稳定性。

自 1982 年公布施行以来 30 多年的"发展历程充分证明，我国宪法是符合国情，符合实际，符合时代发展要求的好宪法"。[1] 因此，党中央明确指出，本次修宪坚持作部分修改、不作大改。对各方面普遍要求修改、实践证明成熟、具有广泛共识、需要在宪法上予以体现和规范、非改不可的，进行必要的、适当的修改；对不成熟、有争议、有待进一步研究的，不作修改；对可改可不改、可以通过有关法律或者宪法解释予以明确的，原则上不作修改，保持宪法的连续性、稳定性、权威性。[2]

从我国社会主义修宪实际来看，制定修宪规则是十分必要的。在修宪规则中，应对以下问题通过国家立法的形式确认下来：第一，一般只对宪法进行部分修改，不进行全面修改；第二，修正后的内容要提纲挈领，具有宏观性、综合性，做到在较长时间内不与经济社会发展相冲突；第三，在文字表述方面，要做到简洁易懂，不拖沓，不重复，使群众能够快速理解和领会；第四，要有中共中央提出修宪建议等宪法惯例的规定；第五，要明确可以修改的是哪部分内容，不可以修改的是哪部分内容。

---

1 习近平：《习近平谈治国理政》（第一卷），外文出版社 2014 年版，第137 页。
2 王晨：《关于〈中华人民共和国宪法修正案（草案）〉的说明》（2018 年 3月 5 日）。

第七章 中央立法

中央立法，主要包括全国人大及其常委会的立法、国务院及其各部门的立法。

第一节 全国人大及其常委会的立法

一、全国人民代表大会的立法权限

我国国家权力机关是全国人民代表大会和地方各级人民代表大会。宪法规定，中华人民共和国的一切权力属于人民，人民通过选举的办法，选出能够代表广大人民利益的代表组成各级人民代表大会，代表人民行使国家权力。人民代表大会制度是我国的根本政治制度，国家权力机关在国家政治生活中有着重要地位，是其他一切国家机关权力的源泉。

全国人民代表大会是国家最高权力机关，从法理上讲，全国人民代表大会的权力没有任何限制，它可以行使它认为应当由它行使的所有权力。但是，全国人民代表大会毕竟不可能代替所有的国家机关，要保证国家的管理活动正常进行，就应在全国人民代表大会与其他国家机构的其他组成部分之间，有明确的分工，使每个国家机关都应有自己的职权，各司其职，各负其责。就立法权限而言，全国人民代表大会不可能把所有的立法活动都统揽起来，它必须让其他国家机关也享有一定立法权限。当然，最主要的立法权限应当由全国人民代表大会自己行使。按照《宪法》和《立法法》的规定，由全国人民代表大会自己行使的立法权限有以下几种。

（一）修改宪法

宪法作为国家的根本大法和新时代治国安邦的总章程，在中国特色社会主义法律体系中具有最高的法律地位，最高的效力等级，是依法治国的根本依据。因此，对于宪法的修改权，必须要由全国人民代表大会行使。

（二）制定和修改刑事、民事、国家机构的和其他的基本法律

除了宪法之外，国家的基本法律也起着构筑国家法制基本框架的重要作用。因而，基本法律的制定权也由全国人民代表大会自己行使。全国人民代表大会通过自己制定基本法律，使宪法确定的国家制度各个方面的根本原则进一步具体化，从而使宪法在国家现实生活中得到正确实现。近几年来，全国人大会议均列入了制定或修改基本法律的议程。2015 年修改了《立法法》，2016 年制定了《慈善法》，2017 年制定了《民法总则》，2018 年制定了《监察法》，2019 年制定了《外商投资法》。

（三）改变或撤销全国人大常委会的不适当的决定

可能成为这种改变或撤销权对象的，不仅包括全国人大常委会制定的规范性文件和非规范性文件，也包括全国人大常委会对宪法和法律的解释。当然，由于全国人大常委会是全国人大的常设机构，这种改变或撤销可能影响全国人大常委会的权威，进而影响全国人大自身的权威，所以这项权力目前仅停留在法律规定上，还没有实例出现。

二、全国人大常委会的立法权限

除特殊情况外，全国人民代表大会每年只召开一次，根据议程的数量，每次会议的时间为 9～15 天。闭会期间许多事务要由常设机关来处理。全国人大常委会就是全国人民代表大会的常设机关，是我国最高权力机关的组成部分。它享有宪法规定的立法权、审查和批准国家计划权、国家预算的部分调整权、人事任免

权和监督宪法实施权等一系列重要权力。

立法权是全国人大常委会最重要的，也是最经常行使的权力，因为全国人民代表大会是以会议形式进行工作的，代表人数众多，会议次数较少，只能集中精力解决国家政治生活中根本性的问题，大量的、经常性的立法工作只能由全国人大常委会来承担。第十三届全国人大常委会组成人员（包括委员长、副委员长、秘书长、委员）共 175 人，一般每两个月召开一次会议，[1]每次会议的时间，根据议程数量，短则 2～3 天，长则 5～7 天。全国人大常委会的组成人员具有较高的政治、文化水平，有丰富的学识与较为全面的社会实践经验，由他们进行经常性工作，能够适应立法上的需要。

全国人大常委会和全国人民代表大会共同行使国家立法权，这是 1982 年宪法的新规定，是我国立法制度的一项重大改革。这项改革措施大大加强了我国的立法机构，有助于提高立法的质量和效率，由全国人大常委会行使的立法权限主要有以下几种。

（一）制定除应由全国人民代表大会制定的基本法律以外的其他法律

"其他法律"的范围非常广泛，涉及各个领域，如电子商务、标准化、计量、专利、商标等，对这些领域所共同涉及的问题，大多由宪法和基本法律进行原则性调整，而这些领域各自所具有的特殊矛盾性，同样需要通过立法加以解决。全国人大常委会适应形势需要，做了大量立法工作，在我国现行有效法律中，有 90% 以上是由全国人大常委会制定的。这些法律确保了社会领域的各个方面都基本上有法可依。全国人大常委会除制定法律之外，还制定了许多具有法律效力的决议、决定、条例，这些决议、决定、条例和法律共同调整着社会生活，起到应有的作用。

---

1 考虑到"加开"的情况，一般全国人大常委会每年共召开 7-9 次会议。

（二）在全国人大闭会期间，对全国人大制定的基本法律进行部分的修改和补充

对法律进行修改和补充，是立法活动的重要组成部分。社会政治、经济、文化生活等各方面的情况在不断发生变化，法律要适应现实生活的需要，就应当根据变化发展了的情况及时进行修改和补充，以确保法律对社会关系的有效调整。全国人民代表大会由于受时间因素的限制，不能够对自己制定的基本法律，经常性地根据实际需要予以修改，如果在闭会期间发生较大的情况变化，要求对基本法律及时作部分修改时，这个任务只能由全国人大常委会来承担。

（三）解释宪法和法律

法律实施过程中，往往出现人们对不同条文有不同理解的情况。为保证法律按照立法者的意志统一实施，就需要对法律进行立法解释，即由法律制定机关或法律规定的立法解释机关对法律条文本身的明确界限加以说明。立法解释是有权解释的一种，是立法工作的必然延伸，解释的内容与被解释的法律一样，具有普遍的约束力。全国人大常委会的法律解释具有最高的法律地位。全国人大常委会的立法解释，既可以对法条的字面含义加以说明，也可以就某些新出现的情况应结合哪些法律规范作出法律评价的问题作出规定。全国人大常委会享有的法律解释权可以根据现实的需要主动行使，也可以应行政机关和司法机关的请求而行使。例如，司法机关在适用某项法律时，如果对法律条文的理解产生不同认识，而且把握不准哪种认识更准确时，可以请求全国人大常委会对有分歧的法律条文进行解释。

全国人大常委会对法律进行解释，较频繁、较成熟地运用在《香港特别行政区基本法》上。迄今为止共有五次"释法"活动，最近一次是 2016 年 11 月 7 日，十二届全国人大常委会第二十四次会议经表决，全票通过了《全国人民代表大会常务委员会关于

〈中华人民共和国香港特别行政区基本法〉第一百零四条的解释》，通过明确相关法律规定，强化基本法所规定的法定公职人员宣誓效忠的制度，为依法处理香港特别行政区立法会议员选举和宣誓中发生的问题，提供有力指引和明确方向。这次"释法"反应迅速，以极高的权威性，有力打击了极少数"港独"分子的不法企图，有力维护了香港的稳定局面，意义非常深远。[1]

（四）撤销行政法规、地方性法规

《宪法》和《立法法》规定，全国人大常委会有权撤销国务院制定的同宪法、法律相抵触的行政法规、决定和命令；有权撤销省、自治区、直辖市国家权力机关制定的同宪法、法律和行政法规相抵触的地方性法规和决议。这种撤销权也是立法权的重要内容，它是全国人大常委会确保法制统一，防止立法中出现"各自为政"现象发生的重要手段。为了使全国人大常委会能及时有效地行使这项权力，《宪法》和《立法法》赋予了全国人大常委会对行政法规和地方性法规的备案审查权，国务院制定的行政法规和地方国家权力机关制定的地方性法规都应及时报送全国人大常委会备案，由全国人大常委会来审查报送备案的行政法规、地方性法规是否与法律相抵触。

关于撤销权，全国人大常委会出于对国务院和省级人大的尊重以及多重因素的考量，一般不直接行使撤销权，而是要求制定机关自行研究修改。在行政法规方面，例如，2003年3月，孙志刚事件发生后，虽然一些学者建议对《城市流浪乞讨人员收容遣送办法》启动违宪审查，但全国人大常委会最终没有行使撤销权，而是由国务院自行制定了《城市生活无着的流浪乞讨人员救助管理办法》，《城市流浪乞讨人员收容遣送办法》废止。在地方性法规方面，例如，2013年、2015年，中国建筑业协会以损害自愿、

---

[1] 有关立法解释，将在立法完善一章做详细论述。

公平、公正的市场交易原则和施工企业的合法权益为由，向全国人大常委会申请对规定"以审计结果作为工程竣工结算依据"的地方性法规进行立法审查，并建议予以撤销。这引起了全国人大常委会法工委的重视，但这一问题并没有由全国人大常委会行使撤销权来解决，而是通过发送公函的形式，要求各省级人大自查制定的地方性法规中是否存在这个问题，如果存在就应迅速清理纠正，并向全国人大常委会法工委报告清理结果。

关于备案审查权，近年来全国人大常委会对备案审查的重视程度越来越高。一是在全国地方立法工作座谈会等场合，多次强调这个问题；二是建立向全国人大常委会工作报告制度，使全国人大常委会对备案审查情况做到全面、充分掌握；三是探索建立对备案审查中涉及的合宪性问题，向全国人大常委会报告制度。

（五）批准民族自治区制定的自治条例和单行条例

5 个民族自治区制定的自治条例和单行条例，按照法律规定必须报请全国人大常委会批准后才能生效。全国人大常委会是否批准上报的自治条例和单行条例，直接关系到自治条例和单行条例能否生效的问题。因此，这种批准权也是全国人大常委会立法权的一项内容。全国人大常委会通过对民族自治区自治条例和单行条例的审查和批准，行使事前监督权，确保自治条例和单行条例对法律和行政法规的变通不违反宪法和法律的基本原则。

第二节　国务院及其各部门的立法

一、国务院的立法权限

国务院是最高国家权力机关的执行机关，是最高国家行政机关。国务院由总理、副总理、国务委员、各部部长、各委员会主任、审计长、秘书长组成。国务院实行总理负责制。各部、各委员会实行部长、主任负责制。为确保国务院有效地管理好全国性的各项行政事务，《宪法》和《立法法》赋予了国务院相应的立法权限，具体包括以下几种。

（一）提案权

提案权是立法权的重要组成部分。《宪法》第八十九条规定，国务院行使向全国人民代表大会或者全国人大常委会提出议案的职权。《立法法》第十四条规定，国务院可以向全国人民代表大会提出法律案。宪法规定国务院享有这一权力是十分必要的，因为国务院作为中央人民政府，在管理国家行政活动中，掌握着了解国内外各种信息的机构与渠道，能真切地感受到哪些方面有立法的需要，也懂得如何处理日益复杂化的经济问题和社会问题。在立法实践中，全国人大及其常委会审议的大量法案都来自国务院。《中共中央关于全面推进依法治国若干重大问题的决定》指出，健全有立法权的人大主导立法工作的体制机制，发挥人大及其常委会在立法工作中的主导作用。建立由全国人大相关专门委员会、全国人大常委会法制工作委员会组织有关部门参与起草综合性、全局性、基础性等重要法律草案制度。这并没有削弱国务院的提案权，相反，很多专业性较强的法律草案，如果没有国务院有关部门的参与，就很难协调解决起草过程中遇到的困难。

（二）制定行政法规

制定行政法规是国务院享有的一项重要立法权限。国务院作为全国人民代表大会的执行机关，作为国家最高行政机关，为正确实施法律，有效地进行管理，有必要根据宪法和法律制定行政法规，对各方面的行政事务作出具体规定。

（三）备案审查权

根据《立法法》的规定，需要向国务院备案的立法有以下几类：（1）地方性法规；（2）自治州、自治县的人民代表大会制定的自治条例和单行条例；（3）部门规章和地方政府规章；（4）根据授权制定的法规。需要注意的是，自治区制定的自治条例和单行条例，经全国人大常委会批准后，其效力相当于法律，不需要再向国务院备案。

二、国务院各部门的立法权限

《宪法》和《立法法》规定，国务院各部、委员会、中国人民银行、审计署和具有行政管理职能的直属机构，可以根据法律和国务院的行政法规、决定、命令，在本部门的权限范围内，制定规章。制定部门规章的活动，也属于立法活动。主要形式是办法、规定等。例如《证券期货投资者适当性管理办法》《国土资源规范性文件管理规定》等，都属于部门规章。

第八章　一般地方立法

第一节　地方立法概论

立法权是国家最重要的权力之一，因此，凡是采取中央与地方适当分权的国家，一般都存在低于中央立法权的地方立法权。我国各地政治、经济、文化发展不平衡，为使各地因时因地制宜地推动各项建设事业的发展，《宪法》和《立法法》赋予了地方国家机关相应的立法权限。

我国实行单一制的国家结构形式，由中央集中统一领导，地方适当分权，在少数民族地区实行民族区域自治。与这种国家结构形式相适应，我国地方立法权具有以下几个特点。

1.主体的法定性。在我们国家，享有地方立法权的主体是有限的，只有法律明确授权的地方国家机关，才享有地方立法权。根据《宪法》和《立法法》的规定，省、自治区、直辖市的人大及其常委会有权制定地方性法规。设区的市的人大及其常委会有权对城乡建设与管理、环境保护、历史文化保护等方面的事项制定地方性法规，且设区的市的地方性法规须报省、自治区的人大常委会批准后施行。民族自治地方的人民代表大会有权制定自治条例和单行条例，报有关上级人大常委会批准后生效。除上述主体外，一般的县级人大及其常委会和乡镇人民代表大会，不享有地方立法权。

2.内容的从属性。地方性法规和自治条例、单行条例，虽然都可以对国家立法尚未调整的某些领域进行调控，具有一定的自主性，但我国毕竟是由中央统一领导的，因而地方立法是从属于国家立法权的。在我国不但没有地方立法的专属范围，[1]而且地方立法还不得违背中央立法已确定的若干原则。按照法律规定，地方各级国家机关均有义务和责任保证宪法、法律、行政法规在本地区的贯彻实施，享有地方立法权的主体也不例外。因而，地方立法主要是为了执行中央立法和补充中央立法[2]。

3. 效力的地域性。地方国家权力机关的立法只能在其所辖的地域范围内发生约束力并由国家强制力保证施行。

4. 形式和层次的多样性。我国的地方立法有多种形式和多种层次。在立法形式上，民族自治地方立法与非民族自治地方立法有差别，授权立法与非授权立法也有差别。例如，民族自治地方的人民代表大会有权依照当地民族的政治、经济和文化特点，制定自治条例和单行条例，而非民族自治地方的权力机关则没有这种权力。在立法层次上，省、自治区、直辖市人大及其常委会享有完整的地方性法规制定权，设区的市人大及其常委会则只能对三个方面的事项制定地方性法规，且须报上级人大常委会批准后施行。

---

1 这里所说的专属范围，是指中央无权立法调整的范围。
2 国家制定的许多法律都规定，其实施办法由地方制定。

第二节　一般地方立法的范围

本章讨论的一般地方立法，主要是指地方性法规和地方政府规章。[1]

一、地方国家权力机关在一般地方立法中的立法权限

（一）省、自治区、直辖市和设区的市的人大及其常委会有权制定地方性法规

制定地方性法规是省、自治区、直辖市和设区的市人大及其常委会的一项重要职权。地方性法规主要有两类：一是从实际需要出发，制定法律的实施办法，重点是从操作程序等方面，对如何实施法律作出规定，以保证国家法律在本地区得到有效实施；二是在不同宪法、法律、行政法规相抵触的前提下，就法律法规尚未规定的事项创制新的法律规范的活动，即创制性立法。

关于创制性立法，宪法和《立法法》的表述是"在不同宪法、法律、行政法规相抵触的前提下"制定，而不是"根据宪法和法律"制定，这就为创制性立法预留了广阔的空间。省、自治区、直辖市和设区的市人大及其常委会可以就如何加强自身建设，如何更好地行使《宪法》和《立法法》赋予的职权的程序和方法等问题，作出规定，也可以就本行政区域内的重大问题，行使立法决策权，作出规定。在创制性立法时，应注意以下问题。

第一，应注意省、自治区、直辖市和设区的市的人民代表大会同它的常委会在立法时的适当分工。省、自治区、直辖市和设区的市的人大及其常委会都享有地方性法规的制定权，对于哪些法规由代表大会制定，哪些由常委会制定，《立法法》第七十六条作了原则性规定："规定本行政区域特别重大事项的地方性法规，

1　有关民族自治地方立法，将在后面的章节进行讨论。

应当由人民代表大会通过"，但并没有通过列举的方式具体说明何种事项属于"特别重大"。实践中，由于这两级人民代表大会每年只召开一次会议，会期一般不超过一周，所以，绝大部分的地方性法规都是由其常委会制定的，这种情况在短期内不会改变。因此，建议凡是牵涉面较广、执行阻力可能较大的创制性立法，都由人民代表大会制定。让全体人大代表参与这类地方性法规的制定，可以使他们深切地感受到法规的内容与意义，以便在会后回到各自的工作岗位积极开展宣传，使法规得到贯彻执行。

第二，自觉避免创制性立法与宪法、法律、行政法规相抵触。地方性法规的制定不应损害国家法制的统一，不得与宪法、法律、行政法规相抵触，如相抵触，将导致被撤销的可能。因此，如何避免这种相抵触的情形发生，就成了地方性法规制定过程中一个至关重要的问题。必须做好以下几个方面的工作。首先，创制性立法不能超越地方立法的权限范围，属于国家立法的范围，在没有特别授权的情况下，不能涉及。其次，创制性立法不得作出与宪法、法律、行政法规的基本原则相违背的规定。国家法律确定的基本原则不仅统率着具体的规范性法律文件，还起着统一国家法制结构的重要作用，创制性立法不能作出与其相违背的规定。最后，创制性立法应与法律、行政法规的有关规定相协调、相衔接。创制性立法是在国家尚未立法时先行立的法，这里说的"国家尚未立法"是指国家就某方面事项尚未制定单行法规予以调整，而不是说国家法律在这方面一点都没有作调整性的规定，只不过所作的调整比较原则，或者是零散分布于各个规范性法律文件中。因此，创制性立法时，应认真研究法律、行政法规的相关内容，不要作出与之明显不同的规定。

第三，应进一步明确地方立法与上位法的关系问题。由于我国立法体制实行的是在中央统一领导下，两级多层次、多体系立法体制，地方立法在我国立法体制中占据十分重要的地位。

关于地方立法与上位法的关系问题，在实际工作中如何操作，有时仍然存在困惑，把握不好，就会产生严重的问题。例如，2017 年 7 月，甘肃祁连山自然保护区生态环境遭受严重破坏的问题被公开报道，报道指出《甘肃祁连山国家级自然保护区条例》是"在立法层面为破坏生态行为放水"。《中华人民共和国自然保护区条例》是国务院公布施行的行政法规，规定禁止在自然保护区内进行"砍伐、放牧、狩猎、捕捞、采药、开垦、烧荒、开矿、采石、挖沙"等 10 类活动，而《甘肃祁连山国家级自然保护区条例》缩减为禁止进行"狩猎、垦荒、烧荒"等 3 类活动，而这 3 类都是近年来发生频次少、基本已得到控制的事项，其他 7 类恰恰是近年来频繁发生且对生态环境破坏明显的事项。表面上没有抄袭重复上位法的规定，但从实质看，却故意放松了监管责任、放任了违法行为。[1]

（二）省级人大常委会批准设区的市的人大及其常委会制定的地方性法规

从《宪法》和《立法法》的规定来看，省级人大常委会的批准是设区的市的人大及其常委会制定的地方性法规得以生效实施的法定条件。这种批准权，就其性质而言，类似于一般立法程序中的通过法案，因而它也是省级人大常委会立法权的有机组成部分。

这种批准权，不只是一种形式和手续，更重要的还是一种审查措施，是维护国家法制统一的重要手段。对设区的市的地方性法规，应审查它们的内容是否与宪法、法律、行政法规以及本省、自治区的地方性法规相抵触。

---

1 中国政府网：《中共中央办公厅国务院办公厅就甘肃祁连山国家级自然保护区生态环境问题发出通报》，http://www.gov.cn/xinwen/2017-07/20/content_5212107.htm。

（三）省、自治区、直辖市和设区的市的人大及其常委会有权撤销本级人民政府制定的不适当的规章

这种撤销权也是立法权限的重要内容，是确保国家法制统一和自己制定的地方性法规得以贯彻实施的重要手段。"不适当"在立法上是一个模糊用语。一般而言，政府的规章是否适当，应从合法性和合理性两个方面衡量。不合法或不合理的规章就是不适当的规章。所谓"不合法"是指规章的内容与法律法规相抵触，或它的制定未遵守法定程序，或超越了授权的范围；所谓"不合理"主要是指制定规章的目的不当，不是出于社会公共利益，或相同情况作出不同对待，不同情况作出相同对待；或考虑了不相关因素和未考虑相关因素。

（四）省、自治区、直辖市的人大常委会有权对自己制定的地方性法规进行解释

根据 1981 年 6 月 10 日第五届全国人大常委会第十九次会议通过的《关于加强法律解释工作的决议》规定："凡属于地方性法规条文本身需要进一步明确界限或作补充规定的，由制定法规的省、自治区、直辖市人民代表大会常务委员会进行解释或作出规定。"省、自治区、直辖市人大常委会由此享有的对地方性法规的立法解释权，是其立法权的必然延伸，解释的内容与被解释的法规一样，都具有法的效力。省、自治区、直辖市人大常委会通过对地方性法规的解释，除了可以对原法条文的界限加以明确外，还可以对法规的含义推陈出新，以弥补原法条文的不足，使其具有更广泛的适用性，寓修改于解释之中。通过立法解释对地方性法规作无形修正，相对于通过专门的会议和专门的决定来修改地方性法规，是一种相对简易、灵活而又及时的修改方法。

（五）设区的市的人大及其常委会，有权制定地方性法规

这是 2015 年《立法法》修改和 2018 年宪法修改的一项重要内容。需要注意的是，根据《宪法》和《立法法》的规定，设区

的市人大及其常委会所拥有的立法权是一种不完整的立法权。这主要表现在两个方面：一是设区的市立法范围限定为三个方面；二是设区的市的地方性法规须报省、自治区的人大常委会批准后才能施行。为行使好这种立法权，设区的市人大及其常委会在制定地方性法规的全过程中，应随时与省、自治区人大常委会取得联系，汇报法规制定工作中的有关情况，听取反馈意见，以争取省、自治区人大常委会在较短的时间内顺利批准通过。

二、地方行政机关在一般地方立法中的立法权限

《立法法》和《地方各级人民代表大会和地方各级人民政府组织法》赋予了省、自治区、直辖市和设区的市、自治州的人民政府，制定地方政府规章的权限。

第三节　坚持党对地方立法工作的领导

当前，在依法治国开启新征程，经济社会发展呈现新常态的背景下，地方立法工作的要求越来越高、压力越来越大、任务越来越重。为切实提高地方立法质量，充分发挥地方立法在本地区的引领和推动作用，实现良法善治，必须始终坚持党对地方立法工作的领导。

一、坚持党对地方立法工作领导的重要意义

"党的领导地位不是自封的，是历史和人民选择的，是由我国国体性质决定的，是由我国宪法明文规定的。"[1]全面推进依法治国，前提是立法，基础也是立法。地方性法规是中国特色社会主义法律体系的重要组成部分，地方立法工作是全面推进依法治

---

[1] 中共中央宣传部编：《习近平新时代中国特色社会主义思想三十讲》，学习出版社 2018 年版，第 74 页。

国的重要环节，坚持党对地方立法工作的领导，是全面推进依法治国的必然要求。

坚持党的领导，地方立法才能沿着正确的方向发展。中国特色社会主义最本质的特征，就是党的领导。地方立法只有坚持党的领导，才能充分发挥在地方经济社会发展中的积极、独特作用。要确保地方立法的原则思想和具体内容都融入党的领导的要求。

坚持党的领导，地方立法才能实现党的主张和人民意志高度统一。立法的宗旨是保护最广大人民的根本利益，党是最广大人民根本利益的忠实代表者。只有将党的领导贯穿于立法的全过程，地方立法才能回应人民群众的关切和期待，才能实现党的主张和人民意志的高度统一。

坚持党的领导，地方立法才能适应协调推进"四个全面"战略布局的新要求。只有坚持党的领导，地方立法工作才能准确把握和充分适应地方经济发展新形势，才能符合党中央关于协调推进全面建成小康社会、全面深化改革、全面推进依法治国、全面从严治党的新要求，才能推动改革开放和社会主义现代化建设。

二、坚持党对地方立法工作领导的经验做法

（一）在立法规划、立法计划的编制和调整过程中，要紧紧围绕地方党委中心工作，加强重点领域立法

例如，吉林省人大常委会在编制立法规划时，根据省委中心工作部署，将与人民群众切身利益密切相关的《吉林省优化营商环境条例》《吉林省河湖长制条例》和《吉林省数字吉林建设促进条例》等立法项目列为一类项目。同时在实践中，又根据省委的新要求和发展的新形势，增加了《吉林省辽河流域水生态环境保护条例》《吉林省乡村振兴条例》等创制性立法项目。在立法规划、立法计划的调整中坚持党的领导，还体现在调整程序非常严格：首先应由常委会法工委根据实际情况，对拟调整的立法项目进行

充分论证，形成书面请示报告报送常委会党组讨论，再由常委会党组报经省委批准。该调规报告及调整后的立法规划、立法计划经省委审定后批转执行。

（二）在法规草案统一审议过程中，突出强调贯彻中央精神和省委重大决策部署，以立法推动地方经济社会的协调发展

例如，吉林省人大法制委员会在统一审议《吉林省技术市场条例（草案）》时，围绕实施乡村振兴战略，深化机构和行政体制改革等，增加了健全农业社会化服务体系的内容，在农村技术市场的培育引导、支持发展、提供服务等方面作出规定。在统一审议《吉林省测绘地理信息条例（草案）》时，按照省委关于数字吉林建设的要求，在生态保护服务、互联网地图、应急测绘保障、地理信息安全、卫星导航定位基准服务、地理信息资源共享等方面作出规定。

（三）在党委领导下，完善党委领导、人大主导、政府依托、各方参与的科学立法工作格局

一是充分发挥党委对地方立法工作的领导作用，进一步认识到党领导地方立法工作的重要性，由人大主动提出加强党委领导立法工作的相关报告，建议党委支持人大及其常委会行使好法律赋予的立法职权。

二是充分发挥人大主导作用。党的领导是发挥人大主导作用的根本保证，人大主导是落实党对立法工作领导的重要途径。推动人大主导立法工作体制的完善，主要途径有：（1）完善公开征集立法项目制度。切实增强地方立法的及时性、主动性、针对性。对立法项目建议的提出、立法项目的评估与论证、计划的编制与变更作出全面规定。（2）健全多元化的草案起草机制。按照"谁提案、谁实施、谁起草"的原则，明确法规案的起草责任主体。对于涉及部门较多协调复杂的综合性法规，明确可以由相关专门委员会牵头组织起草；对于专业性较强的法规案，可以委托起草。

（3）发挥人大代表在地方立法中的作用。拟提请代表大会审议的法规案，应当提前通过多种形式征求人大代表的意见，常委会法工委和专门委员会还可以邀请有关的人大代表参加立法调研。例如，《吉林省地方立法条例》在提请省第十二届人大第六次会议审议前，就进行了多轮、多种形式的征求人大代表意见的工作。

三是重视和发挥政府在地方立法工作中的作用。目前，政府在法规案的提出和起草方面承担着重要任务，为更好发挥政府在地方立法中的依托作用，确保立法质量，应建立法规案预审制度。要求政府提请审议的法规案，应当提前报送相关专门委员会，由其会同常委会法工委进行预先审查，研究法规案是否完成了协调论证、公开征求意见、依法举行听证和社会稳定风险评估等工作。同时，应要求将政府常务会议讨论通过后的法规草案，在人大常委会会议召开的至少30日之前报送，以保障人大常委会主任会议、常委会组成人员提前了解送审法规草案内容及起草情况，做好审议准备工作，进而提升地方立法的质量和效率。

四是完善各方参与机制，深入推进科学立法和民主立法。主要途径有：（1）强化公开征求社会公众意见制度。除主任会议决定不公布的以外，其他法规案均应当在常务委员会第一次审议后将草案及其起草、修改情况的说明等向社会公布，征求意见。向社会公布征求意见的时间一般不少于30日，并将征求意见的情况向社会通报。（2）建立和完善立法论证和听证制度。法规案有关问题专业性较强需要进行可行性评价的，组织召开立法论证会，听取执法机关、司法机关、学术研究机构等各方面的意见；法规案有关问题存在重大意见分歧或者涉及权利义务关系重大调整，需要听证的，组织召开立法听证会，听取政府部门、人民团体、专家、人大代表和有关方面意见。例如，在制定《长春市城市供热管理条例》过程中，就组织人大专门委员会、政府相关部门、人大代表、立法咨询专家、供热企业代表、物业企业代表等各方，进行了立法听证。听证事项比较全面，包括供热期起止时间的设定、居民室内最低供热温度标准、申请停热用户是否应当缴纳供热设施运行基础费以及缴费标准、热用户和供热企业对供热设施维修养护的责任、问题严重的供热企业强制退出供热市场等。听证取得了较好效果，为条例的通过奠定了坚实基础。（3）进一步完善立法专家顾问制度。聘请法学理论界和实务界的专家作为人大常委会立法咨询专家。通过开展立法咨询，获取建设性的意见建议，有助于提升立法质量。（4）建立和完善基层立法联系点制度。例如，2016 年 9 月，吉林省人大常委会根据立法工作重点、立法需求、立法力量现状等情况，综合考虑备选联系点参与立法意愿、所在区域、自身特点等因素，选定了包含街道、社区、产业协会、律师事务所在内的 15 个基层立法联系点，覆盖了全省所有市（州）。经过两年多时间的探索，已经形成了每部地方性法规在制定过程中，都要向基层立法联系点征求意见建议等一系列工作惯例，提升了法规的可操作性。

（四）在党委领导下，切实加强立法工作队伍建设

要在党委领导下，着眼长远、搞好规划，有目的、有重点、有步骤地在人大代表、人大常委会组成人员、机关工作人员中开展立法知识培训。要采取有力措施，适应立法工作的迫切需要，把立法队伍建设作为法治建设的基础来抓，着力解决立法工作力量不足的问题，在机构建设上向常委会法制工作机构倾斜，逐步增加立法专业工作人员，推进立法队伍的正规化、专业化、职业化，加强立法能力建设，提高立法工作队伍思想政治素质、业务工作能力、职业道德水准，激发立法工作积极性，建立一支政治坚定、业务精通、结构合理、数量充足的立法工作队伍，以适应新形势、新任务的要求。

三、加强党领导地方立法工作的建议

一是要进一步提高认识，认真贯彻党领导立法工作的指导思想。地方立法工作必须认真贯彻落实党的十九大及十九届一中、二中、三中全会精神，高举中国特色社会主义伟大旗帜，以马克思列宁主义、毛泽东思想、邓小平理论、"三个代表"重要思想、科学发展观、习近平新时代中国特色社会主义思想为指导，保持地方立法工作的正确方向。

二是要始终坚持党对立法工作的政治领导。围绕党委在不同时期的任务和要求，坚持问题导向，坚持统筹兼顾，科学确定重点立法项目，合理编制立法规划、立法计划。并根据地方党委新要求和地方经济社会发展新趋势，适时调整立法规划、立法计划，以适应地方经济社会发展的新要求和人民群众的新期待，进而确保地方党委的主张和人民意志在地方立法工作上的高度统一。

三是要建立重大事项报告制度。除编制和调整立法规划、年度立法计划均需报经地方党委批准后执行以外，还应当建立立法重大事项报告制度，不断增强坚持党的领导的思想自觉和行动自觉。尤其是涉及主题重大、政治敏感、情况复杂、社会关注度高的地方立法工作，应当及时向地方党委报告。在党委的领导下，有效协商解决重大立法争议，切实增强立法的及时性、有效性和可操作性。

四是要加强党对立法工作队伍的组织保障。建设中国特色社会主义法治体系，打造一支正规化、专业化、职业化的立法工作队伍不可或缺。只有在地方党委的组织保障下，充实地方立法工作力量、壮大地方立法工作队伍、优化地方立法工作机构设置，才能满足立法工作较强的政治性、专业性、理论性和实践性需求，才能更好地完成新形势下党对地方立法工作的新要求。

第四节　地方立法的针对性和可执行性

修改后的《立法法》将"法律规范应当明确、具体，具有针对性和可执行性"作为立法原则写入总则。法律规范的针对性和可执行性既是立法质量的内在要求，也是对立法者立法能力的外在检验。早在两千多年前，亚里士多德就指出，法治"应包含两重意义：已成立的法律获得普遍的服从，而大家所服从的法律又应该本身是制定得良好的法律"。[1]在立法实务中处理好以下几个方面的关系，对提高地方立法的针对性和可执行性具有重要意义。

一、地方立法和国家立法的关系

在处理地方立法和国家立法的关系时，会遇到许多实际问题，突出表现在地方立法选题难和制度创新难两个方面。

第一，地方立法选题难。全国人大及其常委会制定的现行法律和国务院行政法规已经基本覆盖了我国政治、经济和社会生活的方方面面，而且随着国家立法精细化水平的不断提高，地方立法很难再选那些国家没有立法，或者虽有立法但相对比较原则笼统，给地方立法留下了较大空间的立法项目。

第二，地方立法制度创新难。制度创新是立法的灵魂。目前我国地方立法制度创新难，主要表现在两个方面：一是随着国家立法的针对性加强和精细化程度提高，需要地方立法细化的事项越来越少。二是行政许可法、行政处罚法、行政强制法等相关法律对地方立法设定了比较严格的限制，加上地方立法不涉及机构编制、产品和服务标准、预算科目和统计制度等领域，让地方立法在制度创新方面很难真正有所作为。

1　〔古希腊〕亚里士多德著，吴寿彭译：《政治学》，商务印书馆 1996 年版，第 199 页。

解决这个问题，可以从两个方面入手。一是从地方立法机关的角度来看，要抓准地方立法补充、细化和实施国家法律法规的职能定位，立法不求高大上，可以将立法项目重点放在单项事务上，即针对某个具体问题，甚至是具体机构（如法定机构）立法，也可以针对本行政区域内个别区域的特别事项立法；在立法形式上，可以采用条例的形式，也可以采用若干规定的形式。二是从国家制度构建的角度来看，需要对地方立法权的行使在现行法律规定框架内给予积极的引导，必要时就有关问题作出立法解释或者工作解释。

二、地方立法和国家及地方政策的关系

在地方治理实践中，常常可以看到一个令人难以理解的现象：政策法律化和法律政策化，即地方的政策越来越像法律法规，甚至替代了法律法规；而立法机关制定的法律法规则越来越像政策，执行起来无从下手。十九大报告明确提出，全面深化改革总目标是完善和发展中国特色社会主义制度、推进国家治理体系和治理能力现代化。一个重要的标识就是必须让法律法规和其他国家机关的政策性文件各归其位，各自发挥应有的作用。其中，地方立法需要注意以下几个方面的问题。

第一，坚决贯彻党的路线方针政策和决策部署，始终与党中央和地方党委的政策性文件要求保持一致，在制定法规时要坚持这一基本原则，同时要根据党和国家的相关政策及时修改、废除已经制定的地方性法规。

第二，地方立法不宜简单照搬政策性文件的表述，而是要在地方立法的权限范围内努力解决贯彻实施相关文件中的法律问题，或者是克服现行的某些法律障碍，打通相应的法律通道，或者是为地方政府及有关部门提供法律手段。

第三，减少鼓励、提倡等政策性术语的使用，确实需要通过

立法鼓励的，也应当将鼓励措施具体化，为鼓励的行为设置一定的对价。例如，提供资金资助或者其他公共资源、提供特别许可、授予法定荣誉称号等。

第四，加强对政府及有关部门规范性文件的备案审查，对其中限制公民、法人和其他组织合法权益又没有法律依据的及时纠正或者撤销，对于通过政策性文件赋予公民、法人和其他组织权利的，要求政府或者有关部门尽快启动立法程序，通过地方立法予以确认和固化，并协调好与其他合法权益之间的关系。

三、地方立法和地方政府自由裁量权的关系

当法律规范越来越细致，行政自由裁量权越来越小时，法律规范本身的针对性和稳定性也会随之削弱，立法机关需要频繁地修改法律以适应实际需要。这样，就会模糊立法和行政之间的界限，立法机关在一定意义上变成了行政机关。当然，当行政自由裁量权过大时，后果也是模糊了立法和行政的界限，由行政代替了立法。因此，立法和行政自由裁量权之间需要一种合理的平衡。这种合理平衡至少可以包括以下内容。

第一，除了具体行政行为以及法律、行政法规明确规定由地方政府决定的事项外，地方人大在规范地方政府行为的立法方面没有禁区。

第二，政府和其他有立法提案权的主体都可以就涉及行政管理事权提起法规案，但是政府提案要充分听取社会各方面的意见，其他提案人提出的涉及政府事权的法规案也应当充分听取政府的意见。在这个过程中，可以采取举行立法听证会的方式。

第三，对于具体情况比较复杂，很难在法规条文中详细规定，或者一些时效性比较强的措施，可以授权政府或者主管部门制定具体实施办法，人大常委会对这些具体办法实施备案审查。

四、地方立法与地方改革创新的关系

在地方立法的实践中，立法和改革决策脱节、立法滞后改革、地方政府违法改革的现象仍然比较普遍。出现这些现象的主要原因有：第一，许多改革是自上而下，即改革决策形成于国务院及其各部委，地方政府只是执行，如果改革决策不符合地方立法机关以往制定的地方性法规，往往没有留出足够的时间和空间给地方消化处理，甚至没有一方关心这些违法问题，往往在改革措施已经推行数年后，与此相冲突的地方性法规还没有修改或者废除，造成改革与立法相矛盾；第二，即使是地方政府自主推行的改革措施，有时考虑到时效性、保密性等因素，将改革决策纳入立法程序的意愿也不强；第三，有的地方政府和部门为了政绩而改革，只在争论较小、阻力较小的领域改革，而躲避那些重点、热点、难点问题，因此也就不需要惊动立法机关。

因此，正确处理好立法与改革的关系，首先要解决认识问题，其次要解决改革的方式方法问题。实现立法和改革决策的合理衔接，需要把握好以下几个方面。

第一，涉及改革的立法需要广泛听取各方面的意见，尤其是要给那些平时没有发言机会的单位和个人创造表达诉求的机会，达到尽可能兼顾各方面利益、广泛凝聚共识的目的。

第二，加强立法调研论证，发挥地方立法的创新优势，发挥立法的引领作用，要在法规条文的细节中处处体现改革精神和方向，通过各项制度设计实现改革的目标。

第三，加强立法机关和地方行政机关的联系、协调，建立常态化的协调工作机制，共同制定通过立法推进改革的具体措施。

第四，建立改革与立法后评估机制，由立法机关和相关主管部门组织或者委托专业机构对立法推进改革的效果进行分析评估，不断改进。

五、公权力与私权利的关系

地方立法中容易出现四种倾向：一是在关注公共利益时忽视了对少数利益群体合法权益的保护；二是在通过立法强化行政管理权力的同时，削弱甚至损害了公民、法人的正当权益；三是通过立法直接介入公民、法人的私权利，而忽略了相应的一些权利保护原则；四是地方保护主义，限制非本地公民、法人和其他组织的合法权益。

一些地方立法之所以疏于对私权利的保护，主要原因首先是认识问题。很多人没有认识到，行政机关的权威来源于行政机关的作为与人民群众利益的一致性。其次，地方人大常委会组成人员对于法律规范和道德规范的区别以及各自调整的社会关系的范围存在不同认识，对于行业自律、基层群众自治和政府社会管理职责的边界也存在不同认识。此外，地方立法疏于对私权利的保护还有一个重要原因就是立法机制和立法技术的缺陷，导致立法机关可能听不到那些应当受到关注和保护的利益群体的声音，或者误以为他们没有不同意见。

地方立法要正确处理好公权力与私权利的关系，需要注意以下几个问题：第一，立法本身要强化权利意识，要真正将保障和促进公民、法人的合法权益作为地方立法的出发点和落脚点。第二，坚持有限政府的治理理念，严格区分国家行政机关职权的职能和边界，在起草和审议相关法规时要首先确认某项社会事务是否属于地方政府的事权范围。特别是在推行行政体制改革的实践中，要研究确定哪些是需要由公民、法人依法自主处理的事项，哪些是需要逐步简政放权的事项。第三，审慎把握法律和道德之间的关系，凡可以通过道德规范调整或者行业自律、基层群众自治形式化解的矛盾和纠纷，尽可能减少国家机关的干预。第四，不断完善立法机制和立法技术，充分听取各方的意见和诉求。

第五节　地方立法的地方特色

随着全社会法治意识的不断增强，人民群众对立法的期盼，"已经主要不是有没有法律法规的问题，而是法律法规好不好、管用不管用的问题，可以说对'有法可依'的需求提升了、拓展了"。[1]地方特色是地方立法的生命所在。地方立法要始终坚持问题导向，立足本地实际，突出地方特色，为经济社会发展提供良好法治保障。

一、突出地方特色

地方立法是国家立法的重要补充。地方立法必须适应地方需要，突出地方特色。体现地方特色，是衡量地方立法质量和价值的一个基本标准，地方立法不只是对中央立法的实施性立法，地方立法的重心应该是创制性立法、自主性立法，是制定富有地方特色、富有针对性和可操作性的地方性法规。[2]那么，究竟什么是地方特色呢？对此，全国人大常委会在有关报告中明确提出："地方特色"就是"从本地的具体情况和实际需要出发，需要规定什么就规定什么，使地方性法规具有针对性和可操作性，真正对地方的改革发展稳定工作起到促进和保障作用"。这段论述详细阐明了何为地方立法中的"地方特色"。地方立法作为国家立法的有效补充，必须立足于当地的实际情况，立法要体现针对性和特殊性。如果各地的地方立法只是把法律和行政法规搬过来，抄进去，那就无法发挥这项重要制度设计的作用，就不能称之为地方立法，只能称之为法律和行政法规的"复述"了。

1　沈春耀：《在第二十四次全国地方立法工作座谈会上的小结讲话》（2018年9月17日）。

2　田成有：《地方立法的理论与实践》，中国法制出版社2004年版，第59页。

就体现地方特色方面，吉林省人大常委会在长期的立法实践中，通过深入调研、反复论证、科学选项、民主立法，切切实实制定了一大批有较强地方特色、较高质量、较大影响的地方性法规。例如，为了改善野生动物资源濒危的状况，1996 年 1 月，吉林省第八届人大常委会第二十二次会议决定，在全省实行为期五年的全面禁止猎捕陆生野生动物。五年过后，2000 年吉林省野生动物的种群和数量有了明显增加，之前一些陆生野生动物资源呈濒危状况的形势大为扭转。面对这些向好，2000 年 11 月，吉林省人大常委会通过了《关于禁止猎捕陆生野生动物的决定》，实行无限期禁猎，种群数量普遍呈增长趋势，栖息地也在继续扩大。同时，吉林省人大常委会经过通盘、周全考虑，要求政府部门制定相关的补偿办法。2006 年 10 月，吉林省政府出台了有关规定，明确由政府出资对因受保护野生动物而造成的人身财产损害进行补偿，在全国率先建立了野生动物造成人身财产损害补偿制度，从根本上缓解了人与野生动物之间的矛盾冲突。之后，吉林省人大常委会又充分总结禁猎决定的经验，制定了近 30 部关于生态环境保护的法规，在全部现行有效的地方性法规中占据着比较重要的位置。

二、实施精准立法

随着中国特色社会主义法律体系的不断完善，地方立法的立法空间会越来越狭窄，在这种立法的大环境下，就必须对地方立法的地位和作用进行再认识。一是地方性法规是中国特色社会主义法律体系中不可或缺的重要组成部分。地方立法不是可有可无，而是必须存在且必须充分发挥作用。二是地方立法是国家立法的重要补充。从国家立法层面来看，需要规范的是综合性的、全局性的重大问题，国家立法不能而且也不可能对地方事务包办代替、面面俱到。因此，国家立法需要地方立法的有力支撑，地方立法是国家立法必不可少的重要补充。三是地方立法是对国家立法的"拾遗补缺"。《立法法》修改后，地方立法更多的应当针对地方的一些具体问题，由综合性立法向单一性立法转变；由系统性立法向具体化立法转变。因此，结合本地实际，适应本地需要，突出地方特色，规范地方行为，以解决本地具体问题为目标，应该成为今后地方立法的努力方向。

从吉林省人大常委会多年的立法实践来看，对地方立法的地位和作用，一直有着比较准确的认识。所制定地方性法规，如《吉林省城市机动车排气污染防治条例》《吉林省生活饮用水卫生监督管理条例》《吉林省反窃电条例》《吉林省矿产资源储量管理条例》等，都是根据吉林省的实际情况，对经济社会管理的具体问题、单一事项进行规范。今后，随着国家法律的进一步完善，地方管理事务中具体的单一项目，将是地方立法的重点。要一切从地方的实际需求入手，"立符合实际的法、有效管用的法、百姓拥护的法，以良法促进发展、保障善治"。[1]

三、坚持"少而精"

地方立法必须坚持"少而精"的原则，即从立法项目的选择、确定，到立法内容的规范、立法条文的设置等都应该"少而精"。

一是立法项目必须坚持"少而精"。地方立法如同国家法律一样，具有权威性和强制性的特点。地方性法规一经公布施行，就具有了强制力。这就要求从选择立法项目开始，就应该把好立法质量这一关。要做到这一点，人大常委会立法工作机构和涉及法规起草的有关部门必须通过深入调研，掌握本地区经济、社会、环境、资源等各方面对立法的需求，抓住最紧迫、最重要而且切实可行的问题，精确选择和确定立法项目。

---

[1] 张德江：《在第二十三次全国地方立法工作座谈会上的讲话》（2017年9月6日）。

二是立法内容必须精练简洁。地方立法是对国家法律的补充和具体化，应当"提倡简易体例结构，有几条定几条，多做细化、量化、具体化的规定，重在解决实际问题"。[1]一些地方性法规，无论是否必要，都分为总则、分则和附则，都设置了章、节、条、款、项、目，片面追求法规体系和结构的完整。这样做的结果是法规中无实际意义的、抄袭的内容越来越多，而真正管用的少数几条却无法凸显出来，不仅丧失了地方立法的优势和特色，而且也不利于法规的施行。

四、把握突出地方特色与维护国家法制统一的关系

国家法制统一原则要求地方性法规与宪法、法律、行政法规不相矛盾、不相冲突、不相违背。一方面是不得与宪法、法律、行政法规条文的内容相冲突、相违背；另一方面是不得与宪法、法律、行政法规的精神实质、基本原则相冲突、相矛盾。地方立法突出地方特色，必须以维护国家法制统一为前提，绝不能把违反法律法规的规定和对法律法规的突破和超越作为地方特色。因此，在立法过程中，要严格把握地方性法规不与直接的上位法和相关的上位法相抵触。要做到不超越上位法规定，不变更上位法规定，特别是不增设新的行政处罚、行政许可规定。遵从这一要求，进行创制性立法时，"要深入了解本地的实际情况，抓住本地急需解决的问题，科学分析立法需求，有针对性地选择需要优先立法的事项。"[2]要正确处理好两种规范之间的关系，既不能一味地重复法律、行政法规的内容，又不能片面地强调地方的特殊性，刻意寻找立法上的空白，为了立法而立法。

---

1 沈春耀：《在第二十四次全国地方立法工作座谈会上的小结讲话》（2018年9月17日）。
2 李建国：《在第二十二次全国地方立法研讨会上的讲话》（2016年9月8日）。

第六节　地方立法审议机制

在地方立法工作中，法规草案的审议工作是立法工作诸多环节的核心，法规草案审议的质量直接关系着法规的质量。从审议的主体来看，大致有四种，即专门委员会的审议、法制委员会的审议、主任会议的审议、常委会会议的审议。其中，常委会会议的审议是最关键的一环。

一、法规草案审议工作的重要性

地方立法从立项到公布，需要经过的环节主要有起草、调研、论证、修改、审议、表决，其中审议环节是立法的中心环节，在此之前的其他环节都是为审议环节做准备的。审议之后，要围绕审议意见，再进一步调研、论证、修改，法规案成熟后，才能够交付表决通过。《宪法》《立法法》和《地方各级人民代表大会和地方各级人民政府组织法》就地方立法作出了明确的规定。其中《立法法》第七十七条规定："地方性法规案、自治条例和单行条例案的提出、审议和表决程序，根据中华人民共和国地方各级人民代表大会和地方各级人民政府组织法，参照本法第二章第二节、第三节、第五节的规定，由本级人民代表大会规定。地方性法规草案由负责统一审议的机构提出审议结果的报告和草案修改稿。"由此可见，关于地方性法规草案的审议程序，《立法法》主要从三个方面作了规定：一是以《地方各级人民代表大会和地方各级人民政府组织法》为根据；二是可以参照法律案的审议程序；三是应当统一审议。法规草案审议工作的重要性，可以从以下几点把握。

第一，从人大职权来看，立法权是其中第一项职权，立法权包含了审议权，如果是代表大会立法，审议的主体只能是人大代表，如果是人大常委会立法，审议的主体只能是人大常委会组成人员。当然，法制委员会和其他专门委员会、主任会议也可以审议，因为这些会议的组成人员的身份都是人大代表，但严格来讲，人大常委会的立法，审议的主体只能是人大常委会组成人员，法制委员会和其他专门委员会、主任会议的审议都是为常委会会议审议服务的。

第二，常委会组成人员在审议法规案时提出的审议意见具有代表性，不仅代表他本人的意见，而且是从人大代表和常委会组成人员的身份出发，代表了人民的利益。所以，承办法规案的工作机构对于常委会组成人员审议法规的意见应当逐一研究，能吸收采纳的尽量吸收采纳，不能吸收采纳的也要向本人解释说明。

第三，从人大代表、常委会组成人员审议法规案的情况来看，他们对法规案的审议，主要关注以下问题：（1）立法是否具有可操作性，能够得以施行；（2）是否符合宪法和法律的规定；（3）是否存在重大争议或矛盾；（4）表述是否通顺得当，用词是否专业准确；（5）立法目的是否明确。

二、法规草案审议工作的现状

以吉林省人大常委会为例，自20世纪80年代开始立法以来，在完善法规审议机制方面进行了一些探索，形成了一些制度。这些制度包含在《吉林省人民代表大会常务委员会议事规则》《吉林省人民代表大会及其常务委员会立法程序的规定》等法规中。2017年初，制定了《吉林省地方立法条例》，对法规审议进行了较为系统的规定。这些规定主要包括：

一是关于审议次数制度。条例规定，列入常委会会议议程的法规案，一般应当经两次常委会会议审议后交付表决。

二是关于审议方式。条例规定的审议方式是全体会议听取说明或者报告，分组会议审议发言。

三是关于审议时间。按照法规案的重要程度和组成人员的意见多少，一般每个法规案至少安排半天的时间，这样，常委会组成人员能够充分阅读法规案，充分发表意见。从各地情况来看，适当延长常委会会议审议法规案的时间是总体的趋势。

三、加强法规草案审议工作的建议

法规草案审议工作在立法工作中的重要性不言而喻，在实际中也存在一些需要改进的工作。就加强法规案审议环节的工作，完善法规案审议机制，有如下建议。

（一）建立常委会组成人员学法制度

常委会组成人员的审议水平直接决定着法规审议的质量，提高常委会组成人员法规案审议的水平要从三方面着手：一是源头把关。从制定换届选举方案、开始推荐选举人大代表时就要制定出相应的方案，推荐一些具有法学理论基础和法律实务工作经历的人员进入人大代表候选人的名单；在考虑常委会组成人员候选人名单时，也要注意将部分有法学背景的人大代表推荐为常委会组成人员候选人。二是学习培训。要建立常委会组成人员学法培训制度。每次常委会会议开始前或者闭会后，安排时间组织法学方面的讲座，邀请专家学者、立法实务专家授课。三是重视实践。在分组审议时，提倡常委会组成人员向法规起草部门和人员提问，提倡常委会组成人员就立法关键环节、重点问题开展讨论、辩论，在实际工作中逐步提高常委会组成人员的立法能力。

（二）强化分组审议的方式

审议法规案是采取全体会议或者联组会议的方式，还是采取分组审议的方式，从各地的普遍做法看，法规案的审议以分组审议为常态，以全体会议或者联组会议为例外。因为与其他议题的审议不同，法规案的审议需要字斟句酌，前后对照，不能一蹴而就，而分组审议可以使审议意见更全面、更细致，有利于法规质量的提高。

（三）改革对审议发言的要求

常委会要对组成人员审议法规案的发言提出要求，提倡每个人都要发言，如果常委会组成人员对法规案确实了解不深入，也要表明态度。

（四）提高法制委员会统一审议的质量

常委会第二次及以后审议法规案之前，法制委员会要统一审议，为常委会会议审议法规案提供基础和准备，法制委员会统一审议的质量在很大程度上影响着常委会会议审议的质量。法制委员会委员要提前做好法规案的研究工作。提倡逐条审议，由法工委的工作人员在会议上逐条朗读，法委会委员逐条听取，听完一条，发表意见，没有意见，再进行下一条，防止审议过于笼统、原则。

（五）发挥好法工委及其他常委会工作机构的作用

法工委是常委会的专门立法工作机构，也是法制委员会的办事机构，常委会其他工作机构承担法规一审服务任务，在法规案审议中承担记录、修改、组织论证调研、起草文稿、准备参考资料等具体工作，因此，法工委等立法工作机构既要站位高，又要工作细，在审议时做好各项保障工作，实行法规案的个人负责制与法工委集体讨论相结合的工作形式，既让个人有责任、有压力，也发挥集体智慧，提高法工委工作人员的整体水平。

第七节　设区的市地方立法

依法赋予所有设区的市立法权，是全面深化改革和全面推进依法治国的重要举措，对完善我国立法体制，推进地方治理体系和治理能力现代化具有十分重要的意义。合理确定设区的市人大立法权限，关系到国家立法体制的科学性和科学立法目标的实现，关系到法律、行政法规的有效实施，也关系到地方立法积极性的调动，以及对地方性事务的有效管理。设区的市行使立法权以来，立法工作蓬勃开展，制定了一大批务实、管用、具有地方特色的法规。同时也应看到，设区的市立法工作也存在着一些问题，需要加以解决。

一、设区的市立法权限存在的问题

立法权限划分的内在要求是立法内容即立法事项归属的确定。新修改的《立法法》第七十二条第二款规定："设区的市的人民代表大会及其常务委员会根据本市的具体情况和实际需要，在不同宪法、法律、行政法规和本省、自治区的地方性法规相抵触的前提下，可以对城乡建设与管理、环境保护、历史文化保护等方面的事项制定地方性法规，法律对设区的市制定地方性法规的事项另有规定的，从其规定。"这项新的制度设计进一步厘清了省市两级立法权限，实现了立法边界、任务的梯级配置，减少了重复立法，但同时也存在着一些问题。

（一）立法事项之间内容有一定重叠

设区的市的三大立法事项，存在一定程度的交叉。《环境保护法》第二条规定："本法所称环境，是指影响人类生存和发展的各种天然的和经过人工改造的自然因素的总体，包括大气、水、海洋、土地、矿藏、森林、草原、湿地、野生生物、自然遗迹、人文遗迹、自然保护区、风景名胜区、城市和乡村等。"但人文遗迹、风景名胜区中的部分内容同时也属于历史文化保护范畴，因此，《立法法》中环境保护和历史文化保护并行列举的方式，与《环境保护法》存在一定的冲突。

（二）立法事项的确定还需进一步论证

《立法法》对"城市管理"的内涵及其对应的相关活动没有研究透彻。2014年8月，该法修正案草案一审稿规定：较大的市

141

制定地方性法规限于城市建设、市容卫生、环境保护等城市管理方面的事项；2014 年 12 月，修正案草案二审稿规定：较大的市可以对城市建设、城市管理、环境保护等方面的事项制定地方性法规；2015 年 3 月提交的修正案草案又规定：较大的市可以对城市建设与管理、环境保护、历史文化保护等方面的事项制定地方性法规。可以看出，在一审稿中，城市管理包括了城市建设、环境保护事项；在二审稿和提请全国人大审议的草案中，城市管理和城市建设、环境保护事项并列，所涵盖的范围小于一审稿。从立法范围和城市管理概念游离不定可以看出，《立法法》修改前和修改过程中，对城市管理的理论研究和现实状况调研不够充分，这使新《立法法》中的城市管理究竟包括哪些具体内容，也存在着不确定性因素。

如何具体掌握立法权限范围，几年来在设区的市地方立法实践中也不断探索完善，目前已经确定的是：第一，"城乡建设与管理、环境保护、历史文化保护等方面的事项"，这里的"等"仅限定于这三类事项，不包含三类以外的其他事项。第二，上述三个方面的权限范围，实际上是很宽的，具有很大的容纳度和实践空间。全国人大常委会法工委在有关具体工作中的理解和答复，掌握上是比较宽的，基本能够适应地方立法工作需要。例如，2017年，吉林省人大常委会法工委就《长春市安全生产条例》的立法权限问题向全国人大常委会法工委请示，全国人大常委会法工委答复："安全生产工作对于保障城乡群众生命和财产安全，提升城乡建设与管理水平，促进城市经济社会健康发展具有重要意义，属于城乡建设与管理范畴"，指导了立法工作的开展。第三，确有必要超出三个方面范围的，由本省、自治区人大常委会直接为某个地方制定一项地方性法规。

这些规定为设区的市地方立法工作指明了方向，但同时也存在需要完善的空间。通过《立法法》第七十二条第二款的规定和相关说明能够得出，立法者的原意是一方面在工作开展初期，通过对立法权限作出限定，避免无限扩大地方立法范围，防止立法大跃进；另一方面则通过宽泛掌握这三个方面的权限范围，调动设区的市地方立法工作的积极性。《第十二届全国人民代表大会法律委员会关于〈中华人民共和国立法法修正案（草案）〉审议结果的报告》也作了说明："城乡建设与管理、环境保护、历史文化保护等方面的事项"，范围是比较宽的。比如，从城乡建设与管理看，就包括城乡规划、基础设施建设、市政管理等；从环境保护看，按照《环境保护法》的规定，范围包括大气、水、海洋、土地、矿藏、森林、草原、湿地、野生生物、自然遗迹、人文遗迹等。这种"先严后宽"的思路，在设区的市地方立法初期，能起到积极作用，体现了运筹帷幄、谨慎细致的思维，但也存在一些不足：第一，通过工作答复的方式，明确立法权限范围，效率不高，且可能存在前后不一致的问题；第二，由本省、自治区人大常委会为某个地方对超出三个方面范围的制定地方性法规，对于设区的市比较多的省、自治区而言，目前法工委人员的配备情况，难以满足工作的需要。

二、完善设区的市立法权限的建议

（一）明确省、市的事权范围

地方事权决定了地方立法需求，进而影响到地方立法权限的配置。《宪法》第九十九条规定："地方各级人民代表大会在本行政区域内，保证宪法、法律、行政法规的遵守和执行；依照法律规定的权限，通过和发布决议，审查和决定地方的经济建设、文化建设和公共事业建设的计划。"《宪法》第一百零七条规定："县级以上地方各级人民政府依照法律规定的权限，管理本行政区域内的经济、教育、科学、文化、卫生、体育事业、城乡建设事业和财政、民政、公安、民族事务、司法行政、监察、计划生育等行政工作，发布决定和命令，任免、培训、考核和奖惩行政工作人员。"从宪法的规定看，省和设区的市两级事权并没有进一步的区分，这应是修改前的《立法法》对省和当时就具有立法权的市的两级立法权限没有进行区分的原因。因此，在明确省和设区的市两级立法权限之前，首先需要明确省、市事权的范围。新修改的《立法法》采取缩小设区的市人大立法权的方式，来明晰省、市人大的立法权限，实现立法范围的梯度配置，在一定程度上能够减少重复立法、维护法制统一，但由于省、市事权范围仍不清晰，必然会导致设区的市人大立法权限边界难以厘清。

有的学者认为，既然《第十二届全国人民代表大会法律委员会关于〈中华人民共和国立法法修正案（草案）〉审议结果的报告》也提到，从目前49个较大的市已制定的地方性法规涉及的领域看，修正案草案规定的范围基本上都可以涵盖，那么，之前对立法事项没有限定，现在也就没有限定的必要。这种观点也具有一定的代表性。

（二）立法权限应当与重要事权相匹配

设区的市作为我国行政架构中的一个重要层级，承担着政治、经济、文化建设等诸多功能，加之我国城镇人口中，大部分生活在设区的市，且人口数量逐渐增加，城市政府的管理、服务任务日趋繁重。尤其是国家和省级层面，针对城市建设与管理的法律规范一直比较缺失，使得设区的市的立法需求一直旺盛。无论将来的省、市事权如何进一步细分，设区的市事权都不能大幅度压缩，这是由其政治、经济、社会、文化等功能决定的。大多数设区的市人口密集，市场经济活跃，各项要素集中，新事物不断涌现，是推进各项改革的重要平台，也是连接地方和中央的关键节点。因此，设区的市人大立法权限首先应满足保障城乡居民生活、工作的基本需求，并进一步扩大到公共服务、社会管理、民生保障以及与城乡居民密切相关的教育、卫生、生活救助等方面。

（三）从城市管理最直接的目标上界定边界

应该从城市管理最直接的目标上来确定设区的市人大立法权限，因为城市管理的落脚点是为了满足广大市民的生活和工作需要，从管理内容看，包括对城市水电气路和通信等公共设施、市容卫生、园林绿化、道路交通、治安管理、教育、医疗、卫生、社会救助、历史文化和自然环境保护等的管理；从管理本质看，是对城市公共事务和秩序的管理。

设区的市人大立法权限这样定位，既可以避免过宽或过窄的问题，又可以确定划清边界的原则。因为城市是由几十个复杂的社会系统构成的一个有"生命"的综合体，从最广义的角度看，城市管理是与农村管理相对应的概念，涵盖了城市的方方面面，涉的领域十分宽广,据此确定设区的市人大立法权限有些过宽。另外，传统意义上的市政管理或者把城市管理局目前所对应的职责理解为城市管理工作的全部，既不合理也过于狭隘，据此确定市级人大的立法权限显然过窄。例如，中小学教育的管理，如果是通过立法把完善教育管理机制固化下来，以促进基础教育事业发展，那么不应当由设区的市人大立法，但如果是为提升城市的服务能力，进一步优化中小学校的规划建设，以方便城乡居民的学习需要，那么就应当属于设区的市人大立法范围。也就是说，不管涉及哪个领域，每一项工作、事业都可以细分为多个方面，应当将那些与市民生活、工作最直接相关的方面列入设区的市人大立法权限。

同时还应当看到，城乡建设与管理的理念、内涵和方式处在快速变化之中，难以全部用法律的形式固定下来。所以，明确城乡建设与管理的概念时，既要将当前城乡建设与管理中普遍关注和相对紧迫的事务基本涵盖，以适应现实需要，同时也要体现一定的前瞻性，为未来城乡建设与管理工作的创新、发展留下必要空间。

第八节　省级人大的批准权

依法赋予设区的市地方立法权后，省级人大行使立法批准权的工作量大为增加，新旧问题相继凸显，有些问题已成为制约省级人大行使立法批准权的瓶颈，亟待研究破解。

一、省级人大行使地方立法批准权存在的主要问题

修改后的《立法法》对省级人大行使地方立法批准权维持了原来的规定，对过去存在的问题没有明确解决的途径，同时，赋予了设区的市人大立法权并规定了立法范围，又带来了一些新的问题，主要体现在以下几个方面。

（一）审查标准过于宽松

《立法法》第七十二条第二款中规定："省、自治区的人民代表大会常务委员会对报请批准的地方性法规，应当对其合法性进行审查，同宪法、法律、行政法规和本省、自治区的地方性法规不抵触的，应当在四个月内批准。"对于地方性法规的规定是否适当、立法技术是否规范、文字表达是否准确，都没有作为审查内容。实践中，有三个方面的问题不好掌握。第一，关于合法性审查。对于报批法规进行合法性审查非常必要，但仅仅进行合法性审查是不充分的。比如，在城乡建设与管理方面，设定行政处罚数额时，如果省级人大只作合法性审查，而不考虑其他合理性、适当性、协调性因素，很容易造成相邻的市相互攀比，引发矛盾，影响社会稳定。第二，关于适当性审查。设区的市虽然被赋予立法权，但立法队伍的建设、干部能力素质水平的提高是一个长期的过程，与科学立法的要求还有较大的差距。报批的法规，虽然符合"不抵触"原则，但审查中如果发现规定不适当、技术不规范、文字不准确，特别是关键的字词差错，省级人大不能视而不

见，听之任之，否则对法规公布实施以后产生的不良社会影响，也具有不可推卸的责任。第三，关于合规性审查。《立法法》第七十二条第三款规定："省、自治区的人民代表大会常务委员会在对报请批准的设区的市的地方性法规进行审查时，发现其同本省、自治区的人民政府的规章相抵触的，应当作出处理决定。"至于如何作出处理决定，《立法法》没有进一步明确。这虽然为省级人大留下了"自由裁量"的空间，但同时也带来了一定的困惑：一是审批中发现抵触时，如果规章不适当，省级人大有权撤销。如果报批的法规不适当，而且设区的市不同意修改，省级人大如何处理，"作出处理决定"是否包括撤销？二是审批后发现抵触时，由于报批法规与省政府规章是否符合不是审查的内容，所以大多数的抵触现象应当是批准后才发现的。这时，如果规章不适当，省级人大可以撤销；如果法规不适当，而且设区的市不同意修改，省级人大如何处理？实践中，由于设区的市人大立法工作离不开省级人大的支持，所以设区的市人大法制工作部门，对于省级人大的意见，基本都能够采纳，无论是审批前还是审批后，一般不会导致前面所说的这种"死结"的出现。但在法律层面，这毕竟是一个空白。

（二）修改方式和程序不明确

依法赋予设区的市地方立法权后，吉林省人大常委会本着对各市（州）负责、对社会负责、对历史负责的态度，对报批法规审查中发现的行文句式、关键字词的明显错误，都详细指出并建议修改。这种实践虽然与《立法法》规定的仅就合法性进行审查有所不同，但在审查过程中却不能省略。目前尚存在的问题是：省级人大应当以什么方式、什么程序进行修改，是省级人大自行修改还是要求设区的市人大修改后再次报请批准？而且，报批法规是设区的市人大或其常委会表决通过的，报批时发现明显错误，修改之后，是否还要再经表决程序？目前还没有出现再次表决的例子，而是一般采取"模糊"处理的方式解决：在设区的市表决时，法规是一个版本，但到了报批阶段，按省级人大要求修改批准之后在媒体上公布时，法规又自然而然变成另外一个版本了，且有时两个版本的不同之处还很多。[1]这些问题都无法可依，不好统一把握。

（三）法规解释的效力难以确定

设区的市行使立法权后，对其制定的法规必然涉及法规解释。修改后的《立法法》第五十条规定："全国人民代表大会常务委员会的法律解释同法律具有同等效力。"以此精神类推，设区的市制定的地方性法规的解释，与其制定的地方性法规应当具有同等效力。这就说明法规解释也是法规内容。那么，这时就出现一个问题，全国人大常委会是法律制定机关，其法律解释当然与法律效力等同。但设区的市虽然也是法规制定机关，但其法规要报省级人大常委会批准后才具有效力。那么，设区的市人大及其常委会是否有权做出法规解释，是否应当报省级人大常委会批准？如果要报省级人大常委会批准，应按照什么程序审议批准，是否可以简化程序？《立法法》都没有相关的规定。

实践中，在已制定立法条例（或地方立法条例）的设区的市中，大都明确了自己拥有这项权力。例如，《四平市人民代表大会常务委员会立法条例》第三十六条规定："常务委员会制定的地方性法规，有下列情形之一的，由常务委员会负责解释：（一）地方性法规的规定需要进一步明确具体含义的；（二）地方性法规制定后出现新的情况，需要明确适用地方性法规依据的。常务委员会对地方性法规的解释同地方性法规具有同等效力。"对设区的市的此类规定，全国人大和本省级人大都未表示反对，默许了设区的市人大常委会拥有这项权力。

---

[1] 但还没有听到过代表或常委会组成人员对此提出异议，很可能他们并不了解这个问题。

二、省级人大行使立法批准权的完善

正确行使省级人大常委会的批准权，关系到国家法制统一，关系到当地经济社会的发展和人民群众的切身利益，既要依法审批，又要结合实际，实事求是地作出处理。省级人大行使立法批准权，需要从以下几个方面加以完善。

（一）及时指出报批法规中不适当的内容

《吉林省地方立法条例》第四十四条第一款规定："拟报请批准的地方性法规，应当在本级人民代表大会及其常务委员会会议表决前，将法规草案修改稿及其合法性说明送省人民代表大会常务委员会法制工作机构征求意见，并附立法依据对照表等参阅资料。"目的就是力求尽早发现问题、指出问题、解决问题，避免市（州）人大表决后，工作上呈现被动局面。对报批法规立法技术不规范、文字表达不准确、特别是关键字词有差错的，应当明确指出，由设区的市及时处理。

（二）把与省政府规章是否冲突纳入审查范围

《立法法》虽然没有作出这方面的规定，但省级人大应当给予细化补充。在审批过程中，应当把报请批准的地方性法规与省政府规章的一致性作统一审查。当省级人大认为二者出现不一致时，应当分别作出处理。若认为政府规章不妥，应要求省政府修改或给予撤销。若认为报请批准的地方性法规不妥，应给予指出，敦促其修改。若不同意修改又不撤回报请，省级人大可以不予批准，或者在不违背立法宗旨原意的情况下直接修改。《吉林省地方立法条例》规定，对报请批准的地方性法规，省人民代表大会常务委员会法制工作机构要征求相关部门意见、研究论证。这项规定的目的就是通过征求意见和研究论证，既关注报批法规的合法性，又兼顾适当性、准确性及与省政府规章的一致性，最终实现报批法规合法、合理和可操作的效果。

（三）慎重对待设区的市法规解释问题

虽然设区的市大都认为可以对自己制定的地方性法规进行解释，无须其他主体的批准，但从《立法法》的立法精神看，设区的市的法规解释应当报请省级人大常委会批准后才能发生效力。同时，还应进一步明确法规应当解释的情形、要求和建议解释的主体等问题。

第九章　民族自治地方立法、特别行政区立法

第一节　民族自治地方立法概述

一、民族自治地方立法的历史考察

民族自治地方立法是当代中国立法的重要组成部分。要全面研究当代中国立法，就必须充分了解中国的民族自治地方立法。新中国成立以后，我国在加强国家民族立法的同时，大力推进民族自治地方立法，取得了较大的成绩。我国民族自治地方立法大致可以分为以下三个阶段。

（一）1949 年 10 月至 1966 年 6 月

这一阶段，是我国民族自治地方立法开始兴起的时期。1952年 8 月，中央人民政府公布了《中华人民共和国民族区域自治实施纲要》，其第二十三条第一款规定："各民族自治区自治机关在中央人民政府和上级人民政府法令所规定的范围内，依其自治权限，得制定本自治区单行法规，层报上两级人民政府核准"。1954年《宪法》第五十三条规定"自治区、自治州、自治县都是民族自治地方"，并在第七十条第四款规定："自治区、自治州、自治县的自治机关可以依照当地民族的政治、经济和文化的特点，制定自治条例和单行条例，报请全国人民代表大会常务委员会批准。"这些规定把中国共产党的民族政策用法律形式固定下来，成为20 世纪50 年代中期到60 年代中期民族自治地方立法的法律基础。在此期间，民族自治地方从当时的需要和本民族的实际情况

出发，制定了一些单行条例（或者是与单行条例性质相似的单行法规），主要有两类：一是民族自治地方自治机关组织条例，这类组织条例经全国人民代表大会常务委员会批准的共有 48 件，如1957 年 11 月批准的《吉林省前郭尔罗斯蒙古族自治县人民代表大会和人民委员会组织条例》、1959 年 11 月批准的《湘西土家族苗族自治州人民代表大会和人民委员会组织条例》等。另一类是民族自治地方社会改革方面的单行条例，如《云南省德宏傣族景颇族自治州关于和平协商土地改革办法》等。

（二）1966 年 6 月至 1978 年 12 月

这一阶段，民族自治地方立法工作处于停滞状态。

（三）1978 年 12 月到现在

这一阶段，民族自治地方立法获得全面的发展。1982 年宪法对民族自治立法的规定，较 1954 年宪法主要有三个变化：一是享有自治条例和单行条例立法权的机关，由"民族自治地方的自治机关"改为"民族自治地方的人民代表大会"。二是批准权由全国人大常委会行使，改为由全国人大常委会和省级人大常委会分别行使；自治区制定的报全国人大常委会批准后生效，自治州、自治县制定的，报省或者自治区人大常委会批准后生效。三是增加了关于备案的规定，自治州、自治县制定的自治条例和单行条例，批准后还要报全国人大常委会备案。此后，《民族区域自治法》和《立法法》也都规定了民族自治地方制定自治条例和单行条例的内容。这些规定扩大了民族自治地方的自治权，完善了民族区域自治制度，全面奠定了新时期民族自治地方立法的法律基础。

自治条例一般都规定了自治地方的辖区、首府和实行民族区域自治的原则，自治地方的自治机关、自治地方的司法机关以及自治地方的经济、财政的原则，教育、科学、文化、卫生、体育事业的管理和自治地方内的民族关系等。单行条例和变通规定的内容主要涉及选举、婚姻、财产继承、资源开发、未成年人保护、生育、环境保护等方面。

二、民族自治地方立法的范围和原则

民族自治地方立法，是社会主义立法体制中的一个特殊部分，它具有特定的立法范围，并遵循一定的立法原则。

（一）民族自治地方立法的范围

从我国现行法律规定和民族自治地方立法的实践看，民族自治地方立法的内容比较丰富，涉及的范围也非常广泛。除自治县可以制定自治条例和单行条例外，自治区和自治州既可以制定自治条例、单行条例，又可以制定地方性法规。制定地方性法规的范围与一般地方立法的范围相同，制定自治条例和单行条例的范围主要有以下几个方面。

1. 规定民族自治地方的建立和自治机关的组成。《民族区域自治法》规定了民族自治地方建立和自治机关组成的原则，民族自治地方立法要将这些原则具体化。从民族自治地方立法的实践看，很多自治条例都对此作了具体规定。例如，《延边朝鲜族自治州自治条例》第二条第一款规定："延边朝鲜族自治州是吉林省管辖区域内的朝鲜族人民实行区域自治的地方。"第三条第一款规定："自治州自治机关是自治州人民代表大会和自治州人民政府。"

2. 规定民族自治地方自治机关的自治权。《民族区域自治法》规定的民族自治地方自治机关的自治权，主要包括以下方面：立法、使用民族语言文字、人事管理、经济管理、财政管理、教育管理、文化管理、组织公安部队、自然资源管理保护开发等。根据《民族区域自治法》所赋予的自治权，民族自治地方的自治机关在立法中对行使自治权都作出了具体的规定。例如，对《民族区域自治法》第三章关于民族自治地方的经济、财政、教育、科学、文化、卫生、体育等方面管理权的原则规定，《伊通满族自治县自治条例》专门设置了第四章、第五章、第六章进行具体的规定。

153

3. 规定民族自治地方内的民族关系。《民族区域自治法》规定，民族自治地方的自治机关保障本地方内各民族享有平等权利。这是民族自治地方处理民族关系的重要准则，是建立和巩固社会主义民族关系的重要前提，也应属于自治条例的重要内容。把这些规定写入自治条例，民族自治地方的自治机关能够更好地团结各民族的干部和群众，充分调动他们的积极性，加速民族自治地方经济、文化的发展，共同建设团结、繁荣的民族自治地方。很多自治条例都作了相应的具体规定，例如，《前郭尔罗斯蒙古族自治县自治条例》就在第七章专门规定了自治县的民族关系。

4. 规定保持或者改革民族风俗习惯的内容。《民族区域自治法》第十条规定："民族自治地方的自治机关保障本地方各民族……都有保持或者改革自己的风俗习惯的自由。"民族风俗习惯，是指民族在历史上长期传承下来的独特生活习性或社会习惯。民族自治地方立法应将其列入规范的范围。应当通过立法鼓励并提倡那些积极向上、有益的风俗习惯，在少数民族自愿的基础上，改革那些消极的、落后的、有害的风俗习惯。一些民族自治地方立法也作了相应的规定。例如，《云南省西双版纳傣族自治州自治条例》第六十七条第三款规定："'泼水节'全州放假3天。自治州内各民族的传统节日都应当受到尊重。"又如，《鄂伦春自治旗自治条例》第五十七条规定："每年6月7日为自治旗成立纪念日。6月18日为鄂伦春民族的传统节日——篝火节。"

5. 对国家法律作出变通或者补充规定。《婚姻法》《继承法》《刑法》等法律，对民族自治地方制定变通或者补充规定进行了授权。据此，各民族自治地方立法中都作出了相应的规定。例如，《甘肃省临夏回族自治州施行〈中华人民共和国婚姻法〉的变通规定》第四条规定："结婚年龄，男不得早于二十周岁，女不得早于十八周岁。实行计划生育，鼓励晚婚晚育。"又如，《循化撒拉族自治县关于施行〈中华人民共和国婚姻法〉的补充规定》第五条规定："严禁宗教干涉婚姻自由，不准以宗教仪式代替法定的婚姻手续。"这些规定都是从当地实际出发，很有针对性。

此外，民族自治地方立法的范围还有自治机关的组织和工作、人口与计划生育、宗教信仰自由、少数民族干部的培养和使用、散居少数民族的民族平等权利保障、少数民族文字语言的使用等方面的内容。民族自治地方立法的主要特点有两个：一是贯彻执行宪法和法律赋予的自治权；二是把发展民族自治地方的经济和文化摆到突出的位置，这是新时代民族自治地方立法的一大特色。

（二）民族自治地方立法的原则

民族自治地方立法除了必须遵循我国一般立法的基本原则以外，还要坚持以下几个原则。

1. 坚持和维护祖国统一原则。我国是统一的多民族国家，维护国家统一是全国各民族人民的根本利益所在，也是中国特色社会主义伟大胜利、中华民族伟大复兴的中国梦得以实现的根本保证。《宪法》和《民族区域自治法》规定：各民族自治地方都是中华人民共和国不可分离的部分。民族自治地方的自治机关必须维护国家的统一，保证宪法和法律在本地方的遵守和执行。这是民族自治地方立法必须遵循的一个重要原则。因此，在民族自治地方立法中，要切实体现这一重要原则，旗帜鲜明地反对少数分裂主义分子和外国反华势力妄想分裂中国的图谋，打击和制裁各种分裂活动。

2. 依法充分行使自治权原则。民族自治地方的自治机关依法行使自治权，是我国实行民族区域自治制度的核心，《民族区域自治法》规定了民族自治地方享有广泛的自治权，民族自治地方的自治机关要采取相应的具体措施，切实保证这些自治权能够得以实现。民族自治地方需要争取上级国家机关的领导和帮助，包括国家在人力、财力和物力上的帮助，但民族自治地方的自治机关首先应当善于运用自治权。因为国家在人力、财力和物力上的帮助终归是有限的，更主要的是国家在法律和政策上的扶持。国家制定了适合民族自治地方的法律和政策后，关键要靠民族自治地方的自治机关充分行使。因此，民族自治地方立法要切实贯彻依法行使自治权的原则，不能全部依靠国家的帮助。

3. 坚持各民族共同繁荣原则。各民族的共同繁荣，是我国各族人民的共同愿望，也是国家民族政策的根本要求。民族自治地方由于受历史发展过程中各种因素的影响，社会经济和文化的发展水平一般比较低。要彻底改变这种落后状况，使民族自治地方跻身于先进行列，达到各民族的共同繁荣，是民族区域自治的一项历史任务。为此，《民族区域自治法》在序言中规定，民族自治地方的各族人民要和全国人民一道，坚持四项基本原则，集中力量进行社会主义现代化建设，加速民族自治地方经济、文化的发展，建设团结、繁荣的民族自治地方，为各民族的共同繁荣而努力奋斗。民族自治地方立法，应当充分体现坚持各民族共同繁荣这一原则。

4. 民族平等和民族团结原则。所谓民族平等，是指各民族在政治、经济、文化等各个方面处于平等地位，不允许存在任何的民族压迫、剥削和歧视，任何民族都不享有任何特权。所谓民族团结，是指各民族之间和睦相处、友好交往、共同奋斗的相互关系。民族平等和民族团结相辅相成、密不可分。民族平等是民族团结的前提和基础，坚持民族平等是为了加强民族团结。同时，民族团结又是进一步实现民族平等的重要条件，是对民族平等原则的体现和促进，是各民族共同繁荣的保证。我国宪法和《民族区域自治法》等法律都体现了民族平等和民族团结的原则，民族自治地方立法也应当体现这一原则。

5. 坚持从少数民族和民族自治地方特点出发的原则。坚持从少数民族和民族自治地方的特点出发，就是从本民族和本民族自治地方政治、经济、文化等各方面的实际情况出发，实事求是，这是做好民族自治地方立法的根本保证。宪法和《民族区域自治法》规定，民族自治地方的自治机关"根据本地方实际情况贯彻执行国家的法律、政策""依照当地民族的政治、经济和文化的特点，制定自治条例和单行条例"。这表明，民族自治地方立法既不能完全照搬一般地区的办法，也不能只按照民族自治地方内个别或部分少数民族的特点作出规定，而要充分考虑到本民族地方的综合实际情况，作出相应的规定。

三、民族自治地方立法的种类

根据宪法和《民族区域自治法》《立法法》等法律的规定，民族自治地方立法包括自治条例、单行条例和变通规定三类。

（一）自治条例

自治条例是民族自治地方的人民代表大会根据宪法和法律赋予的权力所制定的规范性文件。依照当地民族的政治、经济和文化特点制定。通常规定有关本地区实行的区域自治的基本组织原则、机构设置、自治机关的职权、工作制度及其他重大问题。是民族自治地方实行民族区域自治的综合性的基本依据和活动准则。自治条例有其自身的特点和内容。

1. 自治条例的特点。自治条例一般具有以下几个特点。

第一，制定自治条例的机关是民族自治地方的人民代表大会，包括自治区、自治州、自治县的人民代表大会。也就是说，自治区、自治州和自治县的人民代表大会都是制定自治条例的主体，非民族自治地方的人民代表大会无权制定自治条例。

第二，自治条例必须根据宪法和法律所规定的自治权限来制定。我国是单一制的国家，民族自治地方是中华人民共和国的一部分，我国的民族自治地方的权力机关都是国家地方性权力机关。因此，民族自治地方制定自治条例，必须以国家宪法、法律所规定的自治权限为依据，而不能超越或与之相违背。

第三，自治条例有其特定的批准、备案程序。《立法法》规定，自治区人民代表大会制定的自治条例，报全国人大常委会批准；自治州、自治县人民代表大会制定的自治条例，报经自治区或者省人大常委会批准后，报全国人大常委会备案。

第四，各民族自治地方的自治条例都是各个自治地方的权力机关关于该自治地方政治、经济、文化、社会发展和自治机关的组织与工作的综合性法规。自治条例既要保证宪法和法律在该自治地方的贯彻实施，又要反映民族自治地方自主管理本民族内部事务和自治机关自主管理本民族的政治、经济、文化事务和社会事务的实际情况，体现民族自治地方社会关系的特点。

2. 自治条例的一般内容。从目前各民族自治地方制定的自治条例的情况看，自治条例的一般内容包括以下几个方面。

（1）规定民族自治地方的名称、辖区范围和首府等。例如，《玉树藏族自治州自治条例》规定："玉树藏族自治州是青海省玉树地区藏族实行区域自治的地方。自治州辖玉树县、称多县、囊谦县、杂多县、治多县、曲麻莱县。自治州的首府设在结古镇。"

（2）规定自治机关的组成。宪法和《民族区域自治法》关于自治机关组成的规定，各民族自治地方在自治条例中都予以体现。例如，《海西蒙古族藏族自治州自治条例》规定："常务委员会中，应当有蒙古族藏族公民担任主任或者副主任""常务委员会组成人员中，蒙古族藏族公民所占的名额比例可以略高于其人口在全州人口中所占的比例，其他民族的公民也应当有适当的名额""自治州的州长由蒙古族或者藏族公民担任""自治州人民政府的其他组成人员中，应当合理配备蒙古族藏族和其他少数民族人员"。

（3）规定自治地方的经济建设和财政管理。《民族区域自治法》第二十五条规定："民族自治地方的自治机关在国家计划的指导下，根据本地方的特点和需要，制定经济建设的方针、政策和计划，自主地安排和管理地方性的经济建设事业。"在制定自治条例的过程中，各民族自治地方都结合本自治地方的实际情况，就如何自主地发展本地方的经济和管理本地方的财政作出了具体规定。例如，《湘西土家族苗族自治州自治条例》结合本民族自治地方的实际情况，对本自治州的经济建设和财政管理作了专门的规定。该条例第二十五条规定："自治州的自治机关加强自然资源和生态环境的保护。保护天然林，保护植被，对二十五度以上的坡耕地实施退耕还林，鼓励植树、绿化庭院和城镇，禁止乱砍滥伐林木。"第三十条规定："自治州的自治机关合理利用资源发展传统手工业和其他工业，加速工业化进程。"第四十九条规定："自治州的自治机关在执行预算过程中，自行安排使用收入的超收和支出的结余资金。自治州的自治机关的财政预算支出，按照国家规定，设机动资金，预备费在预算中所占比例高于一般地区。"第五十条规定："自治州的自治机关对本州的各项开支标准、定员、定额，根据国家规定的原则，结合实际情况，制定补充规定和具体办法，报湖南省人民政府批准。"

（4）规定自治地方的教育、科学、文化、卫生和体育事业。例如，《海南藏族自治州自治条例》第四十七条规定："自治州的自治机关根据民族特点和地方特色，积极发展教育、科技、文化、卫生和体育事业，提高各民族人民的文化素质和健康水平。"又如，《果洛藏族自治州自治条例》第五十七条规定："自治州的自治机关根据实际需要，采取有效措施，选送优秀青少年到省内外大、中专院校民族班和预科班学习，实行定向培养。"保存和发扬本民族传统文化，发展本民族自治地方的医疗卫生和体育事业，也是民族自治地方制定自治条例的重要内容之一。例如，《甘肃省临夏回族自治州自治条例》第五十七条第二款规定："自治机关加强对文物和非物质文化遗产等的抢救、保护、利用、传承和管理，加大对重点文物和民族文化遗产抢救力度，组织、搜集、研究、整理民族文化资料，编辑出版民族文化研究成果，建立健全民族文化研究机构，加强民族理论、民族文化、历史、语言、文学、艺术等方面的研究工作。"

（5）规定民族自治地方内的民族关系。一个自治地方，不仅实行区域自治的有少数民族，还有其他民族，而且，许多民族自治地方，既有实行区域自治的少数民族成分，又有不实行区域自治的其他少数民族成分。如何处理好民族自治地方内的这些民族关系，是制定自治条例必须考虑的问题。因此，在制定自治条例中，民族自治地方都将其作为重要的内容之一。例如，《云南省怒江傈僳族自治州自治条例》第九条第一款规定："自治州的自治机关维护和发展各民族的平等、团结、互助的社会主义民族关系，禁止对任何民族的歧视和压迫，禁止破坏民族团结和制造民族分裂的行为。"第六十条规定："自治州的自治机关保障各民族公民在法律面前一律平等。各民族公民都享有宪法和法律规定的权利，同时都必须履行宪法和法律规定的义务。"

（二）单行条例

单行条例是指民族自治地方的人民代表大会依据宪法和有关法律所规定的基本原则，根据本民族自治地方的实际情况制定的，报经法定上级机关批准、备案的，调整本民族自治地方的特定社会关系的地方性自治法规。与自治条例相比，单行条例有其自身的特点和内容。

1. 单行条例的特点。单行条例与自治条例有着共同之处：一是立法主体均为民族自治地方的人民代表大会；二是立法既要遵循宪法和法律规定的基本原则，又要结合本自治地方的实际情况；三是都要履行同样的批准、备案程序。但是，与自治条例相比，单行条例又具有自身的特点，主要表现在以下几个方面：第一，自治条例是综合性的自治法规，具有宏观性、全面性、原则性的特点，单行条例是单一性的专门法规，具有微观性、针对性、具体性的特点；第二，一个民族自治地方可以制定（而且一般都制定了）多部单行条例，但只能制定一部自治条例；第三，自治条例一般是长期的，只要民族自治地方存在，那么自治条例就有效，可以不断修改完善，但不能废止，而单行条例可以设定施行期限，如果完全不符合社会实际时，也可以启动废止程序。

2.单行条例的一般内容。单行条例既具有单一性，又具有广泛性。就一个单行条例看，其内容确实是"单"的，只涉及某一个方面的内容，但综合考虑多个单行条例，它们涉及的范围又是广泛的，包括民族自治地方的政治、经济、文化、社会生活等各个方面。

一般来说，各单行条例都是依据国家某一法律所规定的原则和本民族自治地方的特殊情况和实际需要而作出的、体现民族自治地方自治权并解决自治地方某一个方面问题的规定。例如，《黔东南苗族侗族自治州锦屏文书保护条例》就是根据黔东南州的具体情况和实际需要而制定的一个单行条例。锦屏文书是我国现今保存最完整、最系统、最集中的历史文献和珍贵民间文书之一，具有"时间跨越长、地域覆盖广、研究价值高、涉及学科多、归户性强"的特点。它的发现，填补了我国经济社会发展方面少数民族地区缺少封建契约文书的空白和缺少反映林业生产关系的历史文献的空白，也填补了苗、侗族人民与汉族人民经济交往中缺少文字记载和法律史的空白。它记载了500多年来苗、侗族人民与汉族人民的木材贸易，体现了苗、侗族人民早已具有运用"契约"保护自己经济利益的意识，集中反映了中国封建社会制度下清水江中下游地区林业生产力、生产关系及经济制度的变迁，对研究民族经济贸易、民族经济法学具有极高的借鉴价值，对当今林业产权制度改革、林木植造管护、生态建设等具有重要的现实参考意义。据不完全统计，黔东南州民间传承至今的锦屏文书数量达40余万件，锦屏县数量最大，达10万多件。锦屏文书是研究人类学、经济学、历史学、法学、生态学、档案学、社会学等学科的重要史料，发现以来一直受到国内外学术研究机构、高等院校专家、学者及研究爱好者的极大关注，纷纷入境开展研究，有的甚至私自到农户家进行拍照、扫描、收购，并将成果进行公开出版。与此同时，锦屏文书大多散存于民间，保管条件简陋，很容易因寨火而烧毁，加上文书形成年代久远，不同程度出现鼠咬、虫蛀、霉变，加速了文书的自然消亡。这些不仅给规范管理带来不便，也给锦屏文书造成巨大损失，立法保护势在必行。为加强对锦屏文书的保护，黔东南州运用民族自治地方的立法权，制定了该条例。

（三）变通规定

变通规定是指民族自治地方依据国家某一法律的授权条款或者法律的基本原则，根据本民族自治地方的政治、经济和文化的特点，对国家法律的规定作出某些变更，以使国家法律在本民族自治地方更好地得以贯彻执行的规定。它是民族自治地方立法的一个重要组成部分。

1. 变通规定的依据

首先是宪法依据。《宪法》第一百一十五条规定："自治区、自治州、自治县的自治机关行使宪法第三章第五节规定的地方国家机关的职权，同时依照宪法、民族区域自治法和其他法律规定的权限行使自治权，根据本地方实际情况贯彻执行国家的法律、政策。"这一规定表明：第一，民族自治地方的自治机关作为一级地方国家机关，除享有一般地方国家机关的职权以外，还享有法律所赋予的自治权；其二，民族自治地方的自治权在很大程度上表现为根据本地方的实际情况贯彻执行国家的法律和政策；第三，根据本地方的实际情况贯彻执行国家的法律和政策的含义应理解为对符合本地方实际情况的法律和政策，要坚决贯彻执行；对不符合本地方实际情况的法律和政策，可以作出某些变更后再贯彻执行。可以说，这是民族自治地方制定变通规定的总的原则依据。

其次是法律依据。《婚姻法》《继承法》《收养法》等法律授权民族自治地方可以制定变通规定。例如，《继承法》第三十五条规定："民族自治地方的人民代表大会可以根据本法的原则，结合当地民族财产继承的具体情况，制定变通的或者补充的规定。自治区的规定，报全国人民代表大会常务委员会备案。自治州、自治县的规定，报省或者自治区的人民代表大会常务委员会批准后生效，并报全国人民代表大会常务委员会备案。"这一规定，确定了变通机关和变通要求，即制定变通规定的地方国家机关是民族自治地方人民代表大会。制定变通规定的要求包括：依据授权法的基本原则，结合本地的民族实际情况；变通范围为授权法的某些条款和某些内容；变通程序是须经法定上级机关批准或者备案；变通目的是使授权法在民族自治地方得以切实贯彻执行。

再次是客观依据。少数民族问题的共同性是一种客观实际情况，是保证宪法、法律和行政法规在民族自治地方得以遵行，保障社会主义法制统一的客观基础；少数民族问题的特殊性也是一种客观实际情况，它是民族自治地方制定变通规定的客观依据。

2. 变通规定的特点

变通规定与自治条例、单行条例有不少相同之处，如在制定机关方面，民族自治地方人民代表大会既有权制定变通规定，又有权制定自治条例和单行条例。制定变通规定与制定自治条例、单行条例，都是民族自治地方自治机关一项重要的自治权。在制定的宪法依据方面，宪法规定的"根据本地方实际情况贯彻执行国家的法律、政策"，是制定变通规定与自治条例、单行条例的共同法律依据。在制定的客观依据方面，"当地民族的政治、经济和文化的特点"，是制定变通规定与自治条例、单行条例的共同客观基础。可见，变通规定与自治条例、单行条例是不能截然分开的。但是，变通规定与自治条例、单行条例相比又有着自身的特点，主要表现在以下两个方面。

第一，制定的法律依据不完全相同。制定变通规定除宪法总的原则依据外，还必须在这方面已经制定了法律。因为，"变通"或"补充"都是针对原有法律而言的。某些法律在条文中规定了授权自治地方可以作出变通或者补充的规定，有的则没有作出这种规定，但不论有无授权规定，只要已经制定法律，民族自治地方在法定权限范围内都可以作出补充的或者变通的规定。而制定自治条例、单行条例，则只需依据宪法总的原则，不以制定了有关法律为前提。

第二，制定的权力与职责关系存在差异。虽然，制定变通规定与制定自治条例、单行条例都是民族自治地方的自治权，但是，对于民族自治地方来说，制定自治条例、单行条例，特别是制定自治条例是权力，也是职责。因此，应当制定，而且也必须制定。如果不制定，就是失职。制定变通规定则不同，民族自治地方制定变通规定是其享有的权力，但不是应尽的职责。它们可以制定，也可以不制定。不制定也不存在失职问题。

3.变通规定的一般内容

在民族自治地方已制定的变通规定中，关于对《婚姻法》的变通规定占一半以上的比例。对《婚姻法》的变通规定，一般包括以下几个方面的内容。

第一，变通了《婚姻法》关于最低结婚年龄的规定。把男女双方结婚的年龄普遍降了两岁，既照顾了民族自治地方的少数民族中比较流行的早婚习俗，体现了从实际出发的原则，同时又为逐步过渡、最终消除早婚习俗奠定了基础。如果在民族自治地方把少数民族男女结婚的年龄提高到《婚姻法》规定的年龄，反而会影响《婚姻法》的贯彻执行。

第二，对《婚姻法》关于禁止三代以内旁系血亲结婚的规定作了变通。变通的内容主要有两种情况：一是对《婚姻法》关于禁止三代以内旁系血亲结婚规定的施行时间作了变通。二是对《婚姻法》关于禁止三代以内旁系血亲结婚规定本身作了变通，由"禁止三代以内旁系血亲结婚"改为"提倡三代以内旁系血亲不结婚"，逐步改变三代以内旁系血亲结婚的情况。

第三，对《婚姻法》关于废除"一妻多夫""一夫多妻"的规定作了变通规定。例如，《甘孜藏族自治州施行〈中华人民共和国婚姻法〉的补充规定》第三条规定："禁止一夫多妻、一妻多夫。对实施本补充规定前形成的上述婚姻关系，当事人不提出解除者，准予维持。"这一变通规定就考虑了一些藏族牧区的实际情况。

第四，变通规定了《婚姻法》的适用范围。从规定的适用范围的大小看，一是规定只适用于当地少数民族，对当地汉族不适用；二是只适用于当地农村、牧区的少数民族，对当地的汉族和居住在城镇的少数民族不适用；三是只适用于当地少数民族和与少数民族通婚的汉族，对其他汉族不适用。可见，对《婚姻法》的变通规定的主要适用对象是当地少数民族，而对当地哪些少数民族不适用，对当地哪些汉族又适用，都规定了附加条件。

四、民族自治地方立法程序

民族自治地方立法程序有其特定的含义。根据法律规定和民族自治地方立法的实践，民族自治地方立法程序有一般程序和特别程序两种。一般程序，即一切立法的共同程序；特别程序，即民族自治地方立法不同于一般立法程序的特殊规定。自治条例、单行条例和变通规定，虽然也是地方制定的，但其制定程序与地方性法规不同，是一种特别的立法程序。同时，制定自治条例和单行条例与制定变通规定的程序也有差别。

（一）制定自治条例和单行条例的特别程序

根据宪法和有关法律规定，制定自治条例和单行条例的程序的特别之处是：制定权与批准权分别属于两个级别不同的国家机关。《民族区域自治法》第十九条规定："民族自治地方的人民代表大会有权依照当地民族的政治、经济和文化的特点，制定自治条例和单行条例。自治区的自治条例和单行条例，报全国人民代表大会常务委员会批准后生效。自治州、自治县的自治条例和单行条例报省、自治区、直辖市的人民代表大会常务委员会批准后生效，并报全国人民代表大会常务委员会和国务院备案。"这一特别程序的规定，显然与省、自治区、直辖市人大及其常委会制定的地方性法规的程序不同，后者不需要报全国人大常委会批准，只需要备案即可。

（二）制定变通规定的特别程序

制定变通规定与制定自治条例、单行条例的程序不同之处在于：是否需要经过批准程序。例如，《婚姻法》规定，自治州、自治县制定的变通规定，要报请省、自治区人大常委会批准；自治区制定的变通规定，报全国人大常委会备案，不用经过批准程序。

第二节 民族自治地方立法
与一般地方立法

一、民族自治地方与一般地方的立法权限

研究民族自治地方立法与一般地方立法问题，必须首先了解当代中国民族自治地方与一般地方的立法权限划分问题。在我国立法权限划分体制中，一般地方的立法权限和民族自治地方的立法权限同属于地方立法权限一类，它们是当代中国立法权限划分体制的重要组成部分。

宪法和《民族区域自治法》都规定："民族自治地方的人民代表大会有权依照当地民族的政治、经济和文化的特点，制定自治

条例和单行条例。"《民族区域自治法》还规定："上级国家机关的决议、决定、命令和指示，如有不适合民族自治地方实际情况的，自治机关可以报经该上级国家机关批准，变通执行或者停止执行。"民族自治地方的人民代表大会有权依照当地民族的政治、经济和文化的特点制定自治条例和单行条例，同时还可以变通执行或者停止执行不适合民族自治地方实际情况的上级国家机关的决议、决定、命令和指示的规定。这表明，国家允许民族自治地方在一些具体问题上，"有权"作出不同于宪法、法律一般规定的特殊规定，可见民族自治地方的自治机关享有比一般地方权力机关更大的立法权限。

当然，民族自治地方的立法权限也要受到一定的制约。主要表现在：第一，制定自治条例和单行条例虽然是自治机关的一种自治权，但《宪法》第一百一十五条规定，自治机关行使立法权要"依照宪法、民族区域自治法和其他法律规定的权限行使"。第二，民族自治地方立法虽然可以作出"例外"规定，但《宪法》第一百一十六条和《民族区域自治法》第十九条都规定了自治条例和单行条例要经过批准程序。这就意味着"例外"不能随意设定，否则就得不到批准。第三，自治机关对上级国家机关的决议、决定、命令和指示的变通规定，也必须报经该上级国家机关批准。

二、民族自治地方立法与一般地方立法的关系

民族自治地方立法与一般地方立法都是当代中国立法体制中不可分割的组成部分，又同属于我国地方立法体制的范畴。这是因为，《宪法》第三章第五节在"地方各级人民代表大会和地方各级人民政府"的标题下，既讲到了一般地方的人民代表大会和地方的人民政府，又讲到了民族自治地方的自治机关。而地方性法规和地方政府规章，分别由有立法权的地方人大及其常委会和地方人民政府制定。故它们同属于地方立法体制的范畴。但民族自

治地方立法又与一般地方立法有着根本的区别。

民族自治地方立法与一般地方立法的区别主要表现在以下几个方面。

（一）立法机关不尽相同

虽然民族自治地方和一般地方立法的机关都有地方人民代表大会，但自治条例和单行条例的制定机关仅限于民族自治地方的人民代表大会。而一般地方立法的机关是：地方性法规的制定，包括省、自治区、直辖市和设区的市的人大及其常委会；地方政府规章的制定，包括省、自治区、直辖市和设区的市的人民政府。

（二）立法依据不同

民族自治地方立法虽然不能与法律规定的原则相冲突，但自治条例和单行条例的制定，主要依据"当地民族的政治、经济文化的特点"。同时，自治机关还可以根据法律的特别规定，对该法律作出变通的或者补充的规定。而一般地方立法则不同。地方性法规的制定，前提条件是"不同宪法、法律、行政法规相抵触"，其次才是"根据本行政区域的具体情况和实际需要"；地方政府规章的制定，其依据是"根据法律和国务院的行政法规"。因此，一般地方立法不能变通法律和行政法规。

（三）立法程序不同

民族自治地方立法与一般地方立法的程序不同,主要表现在,省、自治区、直辖市人大及其常委会制定的地方性法规，没有批准程序，只报全国人大常委会和国务院备案；而自治区人民代表大会制定的自治条例和单行条例则须报全国人大常委会批准。

（四）适用范围和法律地位不同

由于民族自治地方的自治机关制定的自治条例和单行条例可以依照法定程序变通法律和行政法规，特别是自治区的自治条例和单行条例须报全国人大常委会批准后方能生效，因此，它不仅体现了民族自治地方的局部利益，也体现了国家整体利益，是民族自治地方局部利益与国家整体利益的有机结合和高度统一。从其属性看，它既有地方性法规的性质，又有国家法律的性质；从其适用范围看，它不仅适用于民族自治地方，也适用于上级国家机关，即上级国家机关也有遵守和执行民族自治地方自治机关制定的自治条例的义务；从其内容看，自治条例的内容是民族自治地方的自治机关的施政总纲、自治总纲，在民族自治地方，自治机关制定的其他规定，都不能与自治条例和单行条例相冲突，它们的通过、修改和补充，根据有的民族自治地方的规定，必须要以全体人大代表的三分之二以上的多数通过。而在一般地方立法中，省、自治区、直辖市以及设区的市的人大及其常委会制定的地方性法规和上述地方人民政府制定的地方政府规章，由于其制定依据和程序的不同，只在本行政区域内适用。

第三节　民族自治地方立法的发展与完善

民族自治地方立法虽然取得了很大成绩，但也存在着不少问题。主要有：从内容上看，自治条例和单行条例大都比较原则和抽象，可操作性较差，多为指导性、示范性的规范，约束性的内容相对薄弱；从调整范围看，自治条例和单行条例所涉及的调整对象的范围较窄，多为保障民族平等的规范，涉及经济、教育、文化、科技领域的规范较少；从实践要求看，立法的空白点较多，各自治区的自治条例至今仍都没有制定出来；从法的修改和废止情况看，有的自治条例和单行条例已不适应深化改革的新情况和新形势，需要修改、补充，有的调整对象已发生根本变化，需要及时废止，但没有采取相应的修改、废止措施；从理论研究方面看，对民族自治地方立法缺乏理论上的探讨，往往是就条文论条文，即使对一些有缺陷的规定，也不是从理论上加以检讨；从立法工作力量来说，缺乏专门人才，有些民族自治地方甚至没有专门从事立法工作的人员，遇到立法任务，才临时组织一些人员突击立法。

基于上述种种情况的分析，要采取相应的对策，发展和完善我国的民族自治地方立法。

（一）转变立法的指导思想

第一，要树立民族自治地方立法为全面深化改革服务，更好发挥改革引领作用的思想。民族自治地方在发展社会主义市场经济过程中发挥重要作用，丰备的自然资源使其蕴藏着经济发展的巨大潜力。为了充分发挥民族自治地方的资源优势，调动民族自治地方发展经济的创造性和积极性，适应建立社会主义市场经济体制的需要，首先要解决的是民族自治地方在富饶资源下的贫困问题，重要的途径之一就是要依靠立法手段。因此，民族自治地方立法，要切实做到为本民族地区的全面深化改革服务，从根本上扭转经济上"等、靠、要"，立法上只重立"平等"方面的法，而忽视经济方面立法的状况。

第二，要坚持民族平等、民族团结的立法指导思想。在我国统一的多民族大家庭中，各民族在政治、经济、文化等方面都享有平等的权利。民族自治地方的自治机关，要十分注意维护和发展各民族的平等、团结、互助的社会主义民族关系，在行使立法权时，要明确禁止对任何民族的歧视和压迫，禁止破坏民族团结和制造民族分裂的行为。同时，民族自治地方的自治机关在行使立法权时，要体现各民族之间互相信任、互相学习、互相帮助，互相尊重语言文字，互相尊重风俗习惯和宗教信仰，共同维护国家的统一和各民族的团结。

第三，要变"滞后立法"为"同步立法"或"提前立法"，变"宜粗不宜细"立法为"明确性"立法。民族自治地方有其自身的特点：一是有实行民族区域自治制度的实践经验；二是民族自治地方自治机关在政治、经济、文化等方面享有充分的自治权；三是民族自治地方的活动范围有一定的限制性。这就为民族自治地方立法采取"同步立法""提前立法""明确性立法"提供了可能。实际上，"同步立法"和"提前立法"是在深刻认识规律和科学预测的前提下进行的有根据的立法，而不是脱离实际的空想立法。"明确性立法"对民族自治地方来说更具有实践意义，民族自治地方立法主要是针对本民族地区的具体情况而作出具体规定或者依照国家有关法律授权作出变通或补充的规定，如果是"粗线条"的，就难以达到应有的目的和社会效果。

（二）改革和完善现行的立法体制

改革和完善现行的民族自治地方立法体制，是发展和完善民族自治地方立法的制度基础。现行的民族自治地方立法体制存在的主要问题是，自治条例、单行条例和变通规定所能调整的事项的范围，在现行法律中没有明确而具体的规定，这从一定程度上影响了民族自治地方的立法工作，有必要对此加以完善。

（三）选择正确的立法方略

选择正确的立法方略，是发展与完善民族自治地方立法的有效措施。为此，应当注意以下几个问题。

第一，要高度重视自治条例的制定工作。自治条例是每个民族自治地方的自治机关的施政总纲、自治总纲。民族自治地方的自治，表现在法律制度上，就是自治法规，特别是自治条例的颁布与实施。因为，《民族区域自治法》作为国家法律，代表国家意志规定了民族自治地方应当实行自治，并规定了自治的原则，而自治条例的制定者作为自治的主体，要规定民族自治地方如何自治的问题，即自治权的具体运用问题。但《民族区域自治法》已经公布施行30多年了，还有一些地方，特别是各自治区至今仍未制定出本民族地方的自治条例。出现这种现象，认识上的问题是一个重要的原因，如中央一些职能部门同民族自治地方在权力划分上认识不完全一致等。因此，要从解决认识问题入手，抓紧制定自治条例，并以此为突破口，促进民族自治地方立法的发展和完善。

第二，要根据新时代的发展不断修改、补充现行自治法规。随着改革的不断深化，民族自治地方的经济、政治生活中将会出现许多新的矛盾和问题，使过去制定的一些自治法规不能适应新的形势和情况。因此，必须及时清理已制定的自治法规，并按照法定程序，对应修改或补充的，加以修改补充；对应废止的，就予以废止，避免其成为民族自治地方进一步深化改革的障碍。

第三，要重视立法预测和立法规划。民族自治地方立法，既要服务于近期需要，又要为改革的长远目标服务。因此，要根据本民族地方社会关系发展变化的趋势，精准地预见法的近期和远期变化趋势及其社会效果，制定出切实可行的立法规划，有效地克服立法工作中的主观随意性，以保证民族自治地方立法在立法规划的指导下，有步骤、有秩序地及时制定并公布实施。

第四，注重改进立法工作方式。做好新时代民族自治地方的立法工作，必须改革旧的常规性的立法工作方式。主要应考虑：一是请一些有实践经验的管理人员和有较高水平的研究民族问题的专家学者参加立法工作，并使两个方面的人员有机结合，以保证立法的质量；二是对一些为改革所急需的立法项目，要打破常规，加强领导，集中必要的人力、物力，在合法的前提下抓紧制定，以保证重点立法项目的出台，更好地为深化改革服务；三是要有选择地借鉴其他民族自治地方立法的经验，并结合本民族地方的实际，在认真研究和分析的基础上合理地参考、借鉴，少走立法中的弯路。

（四）加强立法的理论研究

加强民族自治地方立法的理论研究，是发展与完善自治地方立法的理论基础。实践表明，离开科学的理论作指导，立法工作必然陷入盲目性，同时也无法保证立法质量。民族自治地方立法也同样如此。所以，要大力加强民族自治地方立法的理论研究，使民族自治地方的理论研究踏上一个新台阶，为民族自治地方立法提供理论依据。

此外，从组织基础上看，还应当加强对民族自治地方立法工作的领导，加强民族自治地方立法工作机构的建设，并改善其必要的立法条件等。所有这一切，都是民族自治地方立法发展与完善的重要因素。

第四节　特别行政区立法

特别行政区是中国宪法规定的一种特别形式的地方行政区域，它是指中国恢复行使主权的香港地区、澳门地区和通过和平方式实现统一后的台湾地区。

根据《香港特别行政区基本法》和《澳门特别行政区基本法》的规定，这两个特别行政区实行高度自治，享有行政管理权、立法权、独立的司法权和终审权。香港、澳门特别行政区立法会是各自的立法机关，凡属自治范围的事项，特别行政区立法会都可以立法，只要符合基本法和法定程序均属有效。特别行政区立法会这种立法权的高度自主性与范围的广泛性，内地的非民族自治地方和民族自治地方的权力机关，均无法与之相提并论。

当然，特别行政区立法会的立法权也并不是无限制的，有关国防、外交和其他按照基本法不属于特别行政区自治范围内的事项，特别行政区立法会无权立法，必须适用中华人民共和国的有关法律。此外，特别行政区基本法附件所列的全国性法律，特别行政区应在当地公布或立法实施，且在全国人大常委会决定宣布战争状态或因特别行政区内发生特别行政区政府不能控制的危及国家统一或安全的动乱而决定特别行政区进入紧急状态时，中央人民政府可发布命令将有关全国性法律在特别行政区实施。

第十章　授权立法

第一节　授权立法的概念

由于全国人大及其常委会的立法工作任务繁重，而且有一些立法事项需要经过试验性立法，于是就产生了授权立法问题。授权立法，是指国家立法机关通过明确委任的方式将本机关的法定立法权限授予其他国家机关行使，从而产生的立法活动。

从1954年宪法产生至《立法法》颁布的40多年间，宪法和其他法律对授权立法并没有明确规定，但在我国的立法实践中已经存在三类授权立法。

一是全国人民代表大会授权全国人大常委会进行立法。例如，1955年全国人大授权全国人大常委会制定单行法规；1959年全国人大授权全国人大常委会修改全国人大的法律；1981年全国人大授权全国人大常委会通过和公布民事诉讼法。这些授权立法的法律依据都是间接的，即1954年宪法关于全国人大享有它认为应当由它行使的其他职权的规定。这些授权立法都发生于1982年宪法颁布以前，当时全国人大常委会尚不享有国家立法权。1982年宪法确定全国人大常委会享有国家立法权之后，这种授权立法就不再存在。

二是全国人大常委会授权国务院立法。例如，第六届全国人大第三次会议决定，"授权国务院对于有关经济体制改革和对外开放方面的问题，必要时可以根据宪法，在同有关法律和全国人民代表大会及其常务委员会的有关决定不相抵触的前提下，制定暂行的规定或者条例，颁布实施，并报全国人民代表大会常务委员会备案。经过实践检验，条件成熟时由全国人民代表大会常务委员会制定法律"。又如，第六届全国人大常委会第七次会议决定，"授权国务院在实施国营企业利改税和改革工商税制的过程中，拟定有关税收条例，以草案形式发布试行，再根据试行的经验加以修订，提请全国人民代表大会常务委员会审议"。国务院根据授权决定，制定了一系列税收条例和有关行政法规，其中有些成熟的已经制定为法律。

三是全国人大常委会对地方权力机关的授权立法。例如，1981年全国人大常委会授权广东省、福建省人大及其常委会制定所属经济特区各项单行经济法规。

第二节　《立法法》对授权立法的规定

鉴于我国社会主义立法实践中已经存在授权立法但是又缺乏相关法律规定的情况，2000年，《立法法》首次针对授权立法问题进行了规定。2015年，修改后的《立法法》重申了这一规定。

（一）针对国务院的授权立法规定

《立法法》在总结我国授权立法经验的基础上，对全国人大及其常委会可以授权国务院立法作出了明确的规定。主要包括以下内容。

1. 明确规定了授权立法的范围。《立法法》第九条规定："本法第八条规定的事项尚未制定法律的，全国人民代表大会及其常务委员会有权作出决定，授权国务院可以根据实际需要，对其中的部分事项先制定行政法规，但是有关犯罪和刑罚、对公民政治权利的剥夺和限制人身自由的强制措施和处罚、司法制度等事项除外。"根据这一规定，凡属于必须制定法律的立法事项，只有经过全国人大及其常委会的明确授权，国务院才能制定行政法规；

但是有关犯罪和刑罚、对公民政治权利的剥夺和限制人身自由的强制措施和处罚、司法制度等事项不得授权国务院制定行政法规。

2. 明确规定了授权立法事项的终止条件。《立法法》第十一条规定："授权立法事项，经过实践检验，制定法律的条件成熟时，由全国人民代表大会及其常务委员会及时制定法律。法律制定后，相应立法事项的授权终止。"根据这一规定，国务院认为条件成熟时，应当及时提请全国人大及其常委会制定法律，全国人大及其常委会认为条件成熟时也可以制定法律。

3. 明确规定了被授予的权力不得转授。《立法法》第十二条第二款规定："被授权机关不得将被授予的权力转授给其他机关。"根据这一规定，国务院不得将授权立法事项再转授给各部委或者地方国家行政机关制定规章。

(二)针对经济特区的授权立法规定

有些改革先在经济特区试验，成熟后再推广。为了适应改革的需要，全国人大通过了几个授权决定，授权广东省、福建省、海南省、深圳市、厦门市、汕头市和珠海市的人大及其常委会根据经济特区的具体情况和实际需要，遵循宪法的规定以及法律、行政法规的基本原则，制定法规，在经济特区实施。根据这些授权决定，经济特区制定的法规，可以对法律、行政法规的某些规定作出变通。《立法法》第七十四条针对经济特区的立法授权问题，进一步作出了规定："经济特区所在地的省、市的人民代表大会及其常务委员会根据全国人民代表大会的授权决定，制定法规，在经济特区范围内实施。"这一规定为全国人大授权经济特区所在地的省、市人大及其常委会立法奠定了基础。

技术篇

　　技术篇主要讨论了立法预测、立法规划、立法决策、法的结构、立法语言、立法完善等内容。

第十一章　立法预测、立法规划

第一节　立法预测

一、立法预测的概念

预测是指根据事物过去发展变化的客观过程和目前的状态，运用各种定性和定量分析方法，对事物未来可能出现的趋势和可能达到的水平所进行的科学推测。预测作为人类意识的功能表现，历来是人类指导未来行动的重要准则之一。早在远古时代，人类就以巫术和占卜来预测收获的丰歉和战争的胜负，这种预测本身是不科学的预测。科学的预测是根据系统运动、变化和发展的规律，预测未来的行为和状态，做出尽可能使主观与客观相统一的判断。预测作为一个古老的概念，早在两千多年前，《荀子·大略》中就有"先患虑患谓之豫，豫则祸不生"的论述[1]。当然，预测从愚昧走向科学，还经历了摆脱宗教和封建伦理束缚的历史过程，到了近现代，预测才作为一门范围很广的综合性科学而出现。

立法预测是预测科学在立法领域的具体运用。它是指采用专门的科学方法和手段，以获得有关立法未来状况和发展趋势资料的过程和活动。立法预测的目的，在于揭示法律调整社会关系的客观需要，科学预见法律近期和长期的结果及其社会效果，预见法律调整的形式和方法中可能发生的变化。立法预测"通过考察

---

1 这里的"豫"，即"预"的意思。

和揭示立法的发展规律"，"使今后的立法尽可能地合乎规律"。[1]立法预测是制定立法计划、起草法律草案和通过法律的整个过程中很重要的方面。立法活动必须根据立法的现状及其未来状况和发展趋势来进行，这样才能选择最佳的立法方案，因此，立法预测是立法活动的重要组成部分。

许多国家都十分重视立法预测，主要是由于以下几个因素。

第一，在当代，经济、政治、社会和科技等各领域都发生了很大的变化，法律需要加以调整的社会关系越来越复杂、多样。例如，由于电子商务的迅速发展，网络交易的问题逐渐凸显，需要以法律来进行调整。网络交易的法律问题涉及消费者权益保护、电子合同、电子支付、电子证据等一系列的复杂问题，都需要制定法律。如果不进行立法预测，就难以做好立法工作。

第二，立法预测的范围是十分广泛的，不仅需要根据社会发展的客观规律来预测法律在社会生活中的发展前景及最终命运，也需要根据立法实践和司法实践的大量材料来预测某一法律或某一法律中的某项具体规定的社会效果以及未来状况和发展趋势，从而发现法律调整这些社会关系的合理模式。

第三，由于国家之间在各领域的交往越来越频繁，某些国家的法律在调整社会关系中显现的许多特征，也可能在其他国家出现。因此，在立法过程中需要参考和借鉴其他国家法律的情况也越来越多。

第四，科学管理日益精细，越来越需要加强各项工作的计划性。因此，立法工作中要制订相应的计划。为了制订立法计划，就需要加强立法预测，特别是近期的预测。立法计划只有根据科学的立法预测来进行，才能制定最佳方案，达到预期的效果。否则，这种计划就是盲目的，不切实际的，也是不科学的，因而也

---

1 《北京大学法学百科全书》编委会编：《北京大学法学百科全书——法理学·立法学·法律社会学》，北京大学出版社 2010 年版，第 652-653 页。

就不可能发挥预期的作用。

二、立法预测的任务

立法预测的目的和任务，总的来说是为立法决策、立法规划获得信息，具体而言，有以下几个方面。

(一) 预测社会发展的趋势

首先，法律对社会生活的调整，符合实际的才有理想效果，面对迅速变化发展的国际国内形势，我国立法工作有必要通过预测未来的发展趋势，来掌握将来可能出现的一系列需要法律调整的新问题和新情况。其次，现实的正在进行法律调整的社会关系，在调整范围、程度、手段等方面都需要通过立法来进行适应性的调整。最后，随着全面深化改革进入深水区和攻坚期，一些较深层次的新问题、新矛盾会大量涌现出来，也需要通过立法提出对策。因此，及时通过客观立法预测掌握社会发展趋势的信息，是十分重要的任务。

(二) 预测立法将要面临的形势

通过立法来加强和创新社会治理是一项综合性的系统工程。正确的立法决策，需要了解社会未来发展的趋势，但单纯的发展趋势信息对立法决策来说是远远不够的。立法决策还需要对社会生活的各个方面在发展中可能构成的动态关联的综合态势有所预测。例如，在"一带一路"倡议实施过程中，一方面，中国投资者在跨境投资过程中会遇到各国之间不同的法律规则，这些法律规则不仅仅局限于民商事法，而且还涉及宗教以及跨国文化的冲突。在这个过程中，直接投资、市场准入、知识产权保护、国际金融交易、劳工问题、环境问题等各方面的法律风险接踵而至。另一方面，国际贸易的惯例、各国的关税法规、有关的国际条约将对我国国内产业不可避免地产生各种作用和影响。这些因素都有可能带来我国现行法律体系的深刻变革。因此，必须通过预测获得综合性信息，作出科学的立法决策。

（三）预测现行立法的可行程度

立法的目的是为了实现对社会的有效治理，但现行法律的可行程度和效果如何检验，一般要经过事后执法的反馈信息才能得到显示。这种事后的检验和反馈虽然重要，但明显具有滞后性，很可能造成一定的不易挽回的损失。所以应对现行法律的可行程度进行预测，对可能产生的干扰的来源、程度、后果提前判断，使立法系统尽量通过立、改、废、释等自我补救措施发挥自我调节功能。

三、立法预测的作用

立法预测的作用，总的来说是通过立法预测所获得的未来信息，使立法决策、立法规划更加科学，立法的社会效果更加优化。具体表现为以下几个方面。

第一，有利于增加法的适用的时间跨度。掌握社会发展趋势的预测，能使立法具有一定的超前性，从而增加了法的适用在时间上的跨度，使立法适应社会发展的需要。

第二，掌握社会生活的发展趋势及各方面因素在发展中可能构成的综合态势，有利于立法的战略性决策分析，有利于立法的配套进行，也有利于立法根据轻重缓急来统筹安排，使立法体系内部尽量避免因为动态发展而产生的矛盾。

第三，有利于立法决策和立法规划的科学性。立法决策和立法规划要克服盲目性，就不能单纯地依照过去的经验和对未来的主观判断，而是要更多地利用科学的立法预测所获得的有关社会未来的信息。只有在综合分析所获得的信息的基础上，才能做到高瞻远瞩，从而使立法决策、立法规划更具可行性。

第四，有利于立法系统的自我调节。对于未来动向性的预测信息，例如，对民营经济的发展、国际贸易的趋势等方面信息的预测分析，能有利于提前考虑立法上的对策；对现行立法可行性的预测分析，可以及时采取补救措施，发挥立法系统的自我调节机制。

四、立法预测的原则

立法预测的一般原则有科学性原则、系统性原则、灵活性原则、连贯性原则、效果性原则、综合性原则等。

1. 科学性原则是指立法预测的客观性和预测方法的科学性，即它不能脱离客观实际凭空进行臆测，同时必须选择适当的预测方法。

2. 系统性原则要求运用系统的预测方法对系统的法律部门进行立法预测，它需要将几种相互关联的预测方法系统地结合起来，在预测的各个阶段选择运用相应的预测方法，并且从整个法律体系出发，全面考虑各种因素，进行立法预测。

3. 灵活性原则是指立法预测必须依据当时的实际情况，灵活选择预测方法，不机械、不被习惯性思维束缚，有选择地安排预测各个阶段及各个阶段中有关工作的先后顺序。

4. 连贯性原则强调立法预测在时间上和空间上的相互衔接。它与系统性原则紧密相关，系统性原则侧重立法预测总体上的井然有序、协调统一，连贯性原则侧重立法预测的精确度和生命力。

5. 效果性原则注重选择精密度高、效果好的方法，避免华而不实的工作态度和脱离实际的工作方法。

6. 综合性原则包含立法预测技术手段的综合性和人才的综合性两个方面。进行立法预测，需要配合系统论、控制论、数理统计、计算机技术等一系列其他学科的相关内容，将其与法律知识和实践有机地结合起来，从而创造出具有依据的、综合性的、独特而有效的立法预测技术。这相应地要求参与立法预测的人员具有较丰富的知识面和阅历。

立法预测的诸多原则是从不同的侧面对预测工作的不同要求，对于某一次的立法预测，可能更强调灵活性，而对另一次立法预测，则可能更强调效果性，但它们对整个立法预测工作是同等重要、缺一不可的，它们在总体上相互联系、相互促进，把立法预测推向正确的发展方向。

五、立法预测的分类

（一）按照立法预测空间范围的不同，可分为宏观立法预测与微观立法预测，全国性立法预测与地方性立法预测，体系性立法预测与部门性立法预测，全法性立法预测与条文性立法预测

1.对国家整个立法的总体趋势所进行的预测，是宏观立法预测。根据立法、执法和司法实践的大量材料来预测某一立法文件或某一立法文件中的某项规定的社会效果及其未来状况和发展趋势，从而找出法律调整这些社会关系的合理模式的预测，是微观立法预测。宏观立法预测比较抽象，微观立法预测比较具体，两种预测紧密配合，相互作用，才能取得较好的效果。

2.对由中央立法机构制定的效力遍及全国的法律法规的制定及发展变化等未来情况进行的预测，是全国性立法预测。对由地方立法机关制定的效力限于该行政区域的地方性法规的制定及发展变化等未来情况的预测，是地方性立法预测。一般说来，全国性立法预测比较复杂、困难、关系重大；地方性立法预测相对比较简单、单一。两者是相互作用的，全国性立法预测是地方性立法预测的指导，地方性立法预测要根据全国性立法预测进行，但地方性立法预测也是对全国性立法预测的补充和完善。

3.对有关立法体系的结构、内容和发展等情况进行的预测，是体系性的立法预测。对某一个法律部门的存在、内容和发展等情况进行的预测，是部门性立法预测。体系性立法预测通常以部门性立法预测为基础，而部门性立法预测则以体系性立法预测为指导。

4. 对整部法律的制定、修改、补充和废止等有关情况进行预测，称为全法性立法预测。对一部法律中的个别条文的修改、补充、废止及其在实施过程中出现的情况等进行预测，称为条文性立法预测。全法性立法预测既要预测原有的整部法律的发展或废止等情况，也要预测是否会产生新的法律以及它的发展情况等。对原有的法律的全法性立法预测是建立在条文性立法预测的基础之上的，而对新的法律的全法性立法预测则要以体系性或部门性立法预测为指导。条文性立法预测是在保持整部法律完整性的前提下进行的，因此通常要在全法性立法预测的基础上进行条文性立法预测，条文性立法预测对全法性立法预测起着补充作用。

（二）按照立法预测时间长短的不同，可分为长期、中期和短期立法预测

长期立法预测的区间通常为十年以上，也可以是二十年、三十年或者更长的时期。它是制定立法长期发展规则，确定立法长期任务的主要依据。中期立法预测，是指对五至十年内的立法发展前景的预测，是制定立法中期规划，确定立法中期任务的重要依据。短期立法预测，是指对五年以内的立法发展情况的预测，是进行立法决策，确定近期立法工作方针的依据。总体来看，长期立法预测是中、短期立法预测的指导，短期立法预测则是中、长期立法预测的基础。中期立法预测必须以长期立法预测为指导，以短期立法预测为基础。中期立法预测的成功与否，直接影响着长期和短期立法预测的成败。中期立法预测既为长期立法预测提供预测的基础，又反过来指导短期立法预测。

（三）按照实施立法预测主体的性质和等级不同，可分为官方的立法预测与非官方的立法预测；中央立法机关的立法预测与地方立法机关的立法预测；代议（代表）机关的立法预测与行政机关的立法预测

立法预测的相关工作应该由立法机关的一个具体主管部门负

责。由于立法预测是一项极其复杂而且科学性很强的工作，因此，需要广泛地吸收各方面的人员参加，其中应该包括：立法、行政、司法机关的工作人员；法学专家学者和法学以外其他学科(如政治学、管理学、经济学、社会学、哲学等)的专家学者；基层立法联系点的工作人员等。立法预测的主管机关应该规定立法预测的任务，其中包括确定预测的对象、预测的时期、预测的方法和形式、完成预测工作的期限等。

六、立法预测的技术

立法预测中的主要技术有程序性技术和方法性技术两类。

（一）程序性技术

具体内容包括：第一，确定立法预测的项目或目标，这是明确立法预测的范围和选择预测形式的前提条件。第二，广泛收集与立法项目或目标相关的信息。收集信息既要广泛，又要集中，还需要经过认真筛选。信息的来源必须真实可靠。第三，建立信息库。对信息进行分类管理，分别储存和处理。对信息的处理必须持客观的态度，排除任何主观偏见。第四，确定研究课题和调查范围。课题范围一般有两类：一类是反映现行法律实施效果，要求对它进行修改、补充或废止方面的；另一类是新的社会关系要求用法律手段进行调整，需要制定相应的法律方面的。课题可以是单项的，也可以是多项的或者综合的。第五，组织调查研究。这是立法预测的核心工作。首先要准确地、全面地掌握问题所在；其次要科学地、细致地分析产生问题的原因；最后要提出切实可行的方案。第六，分析立法预测的误差。立法预测毕竟是对未来事件和行为的预计和推测，因而需要用相应的方法检验预测结果的准确度，并适当评估，以不断修正方案，使之尽可能达到最佳状态。

（二）方法性技术

在立法预测过程中，方法的选择和使用是至关重要的。一般情况下，人们常用观察、解释和比较的方法。观察，是通过掌握大量信息资料，力求信息来源的准确性和全面性。解释，是对所了解到的情况作出科学的有说服力的说明，力求阐明问题的主要矛盾。比较，是对两种或两种以上的同类事物，辨别异同点，从中进行选择，力求真正掌握解决矛盾的方法。当然，在立法预测实践中，人们也常常结合运用预测理论中的有关方法，包括调查预测法、因果预测法、比较预测法、专家调查法、经验分析法、基本因素分析法，以及趋势判断技术和综合判断技术等。同时也引入社会学的调查方法，包括客体观察法、典型调查法、统计调查法、文献分析法等。

第二节　立法规划

一、立法规划的概念

立法规划，是对一定时期内立法的具体内容和步骤所做出的方案和计划，是立法者对经过立法预测的立法项目进行通盘考虑和总体设计后确立的立法部署和安排。立法规划与立法预测紧密相连。立法预测为立法体系的科学化和系统化奠定了基础，立法规划是建立科学的、系统的规范性法律文件体系的关键。立法规划以科学的立法预测为根据。

科学的管理工作的特点之一，是加强管理的计划性，在实施一切措施以前，需要预先拟定它的具体内容和实施的步骤。由于法律所调整的许多领域都有一定的计划性，因此，立法需要有计划地进行。只有这样，才能充分发挥法律对于社会生活各个领域的重大作用，并且提高法律作为人们必须普遍遵守的行为规则的实际意义。如果立法工作无计划地进行，必然会产生法律之间不能衔接配套、某些部门法过于复杂、某些部门法过于简陋等各种缺陷。

二、立法规划的作用

在法律已成为社会主要约束手段的时代背景下，立法成为经常性的、日益频繁的活动。因此，立法规划具有重要的作用，这主要表现在：第一，保证法律的协调统一。立法规划可以避免立法工作中的重复和分散现象，限制不必要的立法活动及法出多门、互不协调的情况。第二，保证立法的进程和速度。立法规划有利于使立法与国家、社会发展的协调进行，消除立法活动中的混乱现象，提高立法质量；还可以避免立法中的人力、物力和财力的浪费，保证立法的速度，使一定的社会关系及时得到法律的有效调整。第三，保证立法活动取得预期的社会效果。由于立法规划是建立在科学的立法预测基础上对社会关系的最佳调整方案，所以，有计划地进行立法能取得立法预测的社会效果。

三、立法规划的分类

（一）按所涉及时间分类

从立法规划所涉及的时间来划分，可以分为短期和长期立法规划。短期立法规划，一般是指年度的立法计划。与长期立法规划相比较，短期立法规划的内容更为具体而详尽，通常不仅要规定本年度内制定、修改和废止的规范性法律文件的数量和内容，还要规定立法活动的方法、步骤和制定颁布某项规范性法律文件的时间等，具有较强的可操作性，是立法活动的直接依据。长期立法规划，时间一般为五年，即一届常委会的任期，如《十三届全国人大常委会立法规划》，长期立法规划一般都具有明显的纲领性特点。

（二）按所涉及内容分类

从立法规划所涉及的立法内容来划分，立法规划可以分为总体的立法规划和专题的立法规划。根据党的基本路线、国家的基本政策所制定的内容涉及社会生活各个方面的立法规划，是总体的立法规划。以某一方面社会关系的法律调整为内容的立法规划，是专题的立法规划。

（三）按编制机关分类

从编制的机关不同来划分，可分为权力机关的立法规划和行政机关的立法规划；中央的立法规划和地方的立法规划。它们之间虽然不存在明确的从属关系，但从我国现行立法体制的特点来看，同级权力机关和行政机关之间，行政机关所编制的立法规划应依据或参照权力机关所编制的立法规划才较为合理和可行。同样，地方立法规划的编制，也不能无视中央的立法规划。

四、制定立法规划的步骤和方法

制定立法规划的一般步骤和方法主要是：（1）提出要解决的问题，并且明确要达到的目标。（2）收集、分析、处理有关资料，充分利用立法预测的结果。（3）列举可能采取的各种对策，分析可能发生的意外现象，比较各种对策的利弊得失，权衡将会发生的后果和影响。（4）选择对于实现预定目标的最佳方案。

五、立法规划的技术

立法规划的技术可分为两大类：一类是立法规划的一般规则；另一类是编制规划的具体工作。

（一）立法规划的一般规则

立法规划的一般规则主要包括四个方面。

1.明确规划的权属。一般来说，法律的立法规划由全国人大常委会制定，行政法规的立法规划由国务院制定，地方性立法规划由地方有权的地方立法机关制定。

2. 规定立法的基本原则和指导思想。例如,《全国人大常委会2018年立法工作计划》明确规定,贯彻落实党的十九大精神,科学合理安排相关法律案审议工作;以习近平新时代中国特色社会主义思想为指导,全面加强和改进新形势下立法工作。

3. 作出科学分类。例如,《十三届全国人大常委会立法规划》就将各类立法项目分为三类:第一类是条件比较成熟、任期内拟提请审议的;第二类是需要抓紧工作、条件成熟时提请审议的;第三类是立法条件尚不完全具备、需要继续研究论证的。

4. 保证立法规划与国家整个法律体系的协调统一。立法规划必须满足法律对社会进行宏观控制的要求,不能偏向或仅仅侧重于某些方面的立法。

(二)编制立法规划的具体工作

从《十三届全国人大常委会立法规划》的编制情况看,编制立法规划过程中,主要有以下几项具体工作。

1. 基础性前提工作。自2017年6月起,按照2016年第十二届全国人大常委会委员长会议通过的《立法项目征集和论证工作规范》,全国人大常委会法工委启动了规划编制工作。梳理上届全国人大常委会立法规划完成情况,调研听取中央有关部门、部分省区市人大常委会和专家学者对编制工作的意见,认真研究党中央重大决策部署及提出的立法项目。2015年修改后的《立法法》,健全人大主导立法工作的体制机制,明确全国人大及其常委会通过立法规划和年度立法工作计划,加强对立法工作的统筹安排,并对立法规划的编制和实施作了规定。同时,《立法项目征集和论证工作规范》进一步明确了编制立法规划的程序和要求。本届全国人大常委会立法规划是首次依据《立法法》有关规定及上述工作规范,按照“规定动作”规范有序、科学民主开展编制工作。

2. 征集项目工作。本届常委会立法规划书面发函征求编制工作和立法项目意见的范围十分广泛,除了中央有关部门、单位外,还包括省区市人大常委会、有关群团组织、行业协会商会等；采取"走出去、请进来"等方式，向全国人大代表、全国政协委员、有关专家学者以及基层立法联系点等征求意见。中央有关部门和地方提出立法项目建议共300多件，为历届提出立法项目建议最多的一次，立法规划吸收采纳了其中的很多建议。

3.代表意见研究工作。收集整理第十三届全国人大第一次会议期间代表对立法工作提出的意见建议710多条；深入研究全国人大代表提出的立法议案、建议和人民群众有关立法建议的来信，将立法规划编制工作与办理代表议案建议紧密结合起来。将代表有关立法议案、建议纳入立法规划；对没有列入的，也向代表作出解释和说明。

4.论证、评估工作。对比较重要但存在较大意见分歧的立法项目，会同中央有关部门、全国人大有关专门委员会召开论证会，听取项目提出单位和其他相关单位、议案领衔代表、专家学者的意见建议，共同进行研究评估，提出评估报告，作为是否列入立法规划的重要依据。

第十二章 立法决策

第一节 立法决策的概念和分类

一、立法决策的概念

立法决策具有悠久的历史，自从有了立法，就有立法决策。但立法决策作为法律术语进行理论研究和在实践中应用，则是随着决策学的突起而引入法学领域的。决策学创立于 20 世纪 30 年代，60 年代初盛行于西方，80 年代以来我国有关决策理论的著述也陆续出版。决策学最初主要应用于企业管理，后被引入社会管理的各个领域。目的在于研究正确决策的规律，改善管理，实现社会各项事业管理的科学化。立法决策本质上是对立法活动的一种管理，即研究立法具体决策过程的活动规律，并对之进行科学管理，目的也在于实现立法活动的科学化。

什么是决策?在决策学中有不同说法。有的把决策归结为管理，认为管理过程也就是决策过程；有的把决策归结为最后的抉择，即在众多的方案中进行筛选，最后采取其中被视为最佳的方案；也有的把决策等同于决定。其实这些说法没有绝对的对与错的实质性分歧，只有广义和狭义的区别。后两种说法是在比较狭义的意义上认识决策；前一种是在较广的意义上认识决策。对立法决策也可以从广义、狭义两个方面去理解。广义的立法决策，是指有立法决策权的国家机关或人员基于社会对法律调整的需要，对即将实施于未来的立法目标和立法方案进行设计、选择和决定的主观能力的活动过程；狭义的立法决策，仅指为实现一定立法目标对所拟定的各种法律方案做出最后的选择。本书从广义上对立法决策进行研究，它涵盖狭义上的立法决策。"主体是立法主体，时空是立法过程，内容是立法实际问题，结果是做出某种决定，方式是判断和取舍，把握这些方面，就可以把握住立法决策的特征。"[1]

广义上的立法决策的定义表明：（1）它是拥有立法决策权的机关和人员的活动。在此对立法决策权也要作广义的理解，即不是仅指宪法和法律的决策权，而是指包括具有法的效力的全部规范性法律文件的决策权。因此，拥有立法决策权的机关不是仅限于立法机关，而是具有规范性法律文件创制权的所有机关。在我国，主要包括全国人大及其常委会、国务院、省级和设区的市人大及其常委会、民族自治地方的人民代表大会等机关，以及法定的专门法律机构或临时组成的法案起草和审查机构，它们都拥有一定立法决策权，在不同层次上进行立法决策活动。不享有立法决策权的机关和人员则无权进行此项活动。（2）立法决策源于社会对法律调整的需要，它必须以立法预测为前提，即通过科学预测，了解社会对法律调整的需要，从而确定实施于未来的立法目标和立法方案。所以，立法决策和立法预测一样，都是面向未来的。（3）立法决策是立法决策者主观能力的活动。这里所说的立法决策者，不仅包含集体，也包含个人。立法决策不是立法运行过程中某一个阶段的活动，而是一系列活动的过程；是从立法问题的提出到法律的公布实施，经若干阶段才能完成的。法律公布实施以后，通过信息反馈，又开始了一个再决策的过程。

二、立法决策的分类

立法决策可以从不同角度进行分类，但是无论何种分类都必须遵循两条规则：第一，所分类别必须能够囊括全部立法决策，如果有的立法决策包括不进去，就表明这种分类是不科学的，至

---

1 郭道晖主编：《当代中国立法》，中国民主法制出版社 1998 年版，第 197 页。

少是不周延的；第二，经过划分后立法决策的不同类别之间存在明显的差别，同一类别的立法决策又必须具有基本的共同点，否则就表明这种分类是不准确的。根据上述原则和立法决策实践，立法决策主要有以下分类。

1. 根据立法决策主体的不同，可以分为个人决策、集体决策和国家决策。立法的个人决策体制一般存在于君主专制政体的国家，君主的诏令、谕旨都可作为法的主要渊源。对于共和政体而实行专制制度的国家，在立法上也主要是个人决策体制。例如，第二次世界大战时期的法西斯国家元首拥有至高无上的权力，在立法上就拥有个人决策权。立法的集体决策体制主要存在于实行民主共和制政体的国家。例如，我国立法决策就实行集体决策体制，主要表现为由决策机构进行立法决策，按决策机构的等级又可分为中央立法决策和地方立法决策。在集体立法决策体制下并非没有个人决策，在决策过程中的具体环节上往往也需要领导者集中大家的意见作出决定，但法案的最后成立都是集体作出的。立法的国家决策特指国家立法。在我国，指已进入正式立法程序的宪法和法律的最后决策，其他国家机关如国务院、省级人大常委会制定法规、办法等规范性法律文件的立法决策都不能称为国家决策。

2. 根据立法决策对象范围(包括人、时间与空间范围)的不同，可分为宏观立法决策与微观立法决策。宏观立法决策一般具有战略性、全局性和长期稳定性的特征，宪法和基本法律属于此类；微观立法决策一般是对某一领域、某一门类或某一具体事项的立法决策，具有局部性和更加具体性的特点。宏观与微观是相对而言的，基本法律相对宪法来说是微观的，而相对某项专门立法来说又是宏观的。

3. 根据立法决策对象性质的不同，可分为民事立法决策、刑事立法决策、行政立法决策等。

4. 根据立法决策目标数量的不同，可分为单项立法决策和多项立法决策。宪法和基本法律属于多项立法决策，单行法规一般属于单项立法决策。

5. 根据立法决策条件成熟程度的不同，可以分为确定性立法决策和试验性立法决策。例如，我国的某些立法，条件不很成熟而实践又急需，则把法案先颁布"试行"，经过一段时间，各方面条件较为成熟后再制定为确定性法律。

随着立法的发展和法学研究的深入，立法决策的分类也会发展变化。对立法决策进行分类，目的在于研究不同类别的立法决策的特殊规律，但无论何种立法决策都具有基本的共同规律。

第二节　立法决策的构成要素

立法决策的过程，实际上是立法决策系统的构成要素相互作用的过程。立法决策系统和其他决策系统一样，都是由人来进行的。人是立法决策的主体，同时立法决策系统又不同于一般决策系统，它必须是法律能够施加影响的系统。也就是说，决策对象必须是立法对象，不能成为立法对象的事项也不能构成立法决策系统。所以，立法决策系统的两个最基本的构成要素是作为立法决策主体的决策者和作为立法决策客体的立法决策对象。但仅此还不能形成系统，还需要一定的条件把二者联系起来，这个条件就是立法信息。信息把立法决策者和立法决策对象联结起来，使它们相互联系、相互作用，形成不断运动、变化和发展的矛盾统一体，即立法决策系统。此外，决策者在进行决策时还必须借助于能够使之作出正确决策的理论和方法。经过决策者把决策的理论和方法应用于决策过程而必然取得立法决策结果。所以，立法决策的理论和方法及立法决策结果也是立法决策系统必要的和必然的构成要素，下面作简要分析。

一、立法决策者

立法决策者是立法决策系统主观能力的体现者，是最积极的要素，在决策系统中居于驾驭者的地位，因而它的状况如何对立法决策的正确与否和优劣程度具有决定意义。这就要求，作为决策者的个人必须是立法决策所需要的具有立法决策能力的人；作为立法决策机构必须是集中立法决策所需要的各方面人才，经过合理组合而成为具有广泛知识结构并相互协调，能够发挥良好的整体效应的集体。立法决策机构需要哪些人才，怎样获得这些人才，以及如何组合，是立法决策系统需要研究解决的首要问题。

二、立法决策对象

立法决策对象是指立法决策所指向的客体，即一定的社会关系。它是立法决策的目的所在，没有立法决策对象就无法产生立法决策，因而它是和立法决策者相互依存的矛盾统一体的另一方。立法决策对象包含着一系列的重要理论问题。例如，在众多社会关系中并非所有社会关系都是立法决策对象，有些社会关系是需要而且能够由法律进行调整的社会关系，就是需要研究的重要课题，进而需要研究的是，在诸多需要法律调控的社会关系中，把哪些社会关系确定为立法决策对象。这取决于对法律能够施加影响的社会关系的层次结构及主客观条件作出正确分析。所以，确定立法决策对象无论在理论上还是在实践上，都是一个比较复杂的问题。

三、立法信息

立法信息是联结立法决策者和立法决策对象的媒介，是立法决策系统产生和存在的不可缺少的条件。立法信息分为内信息和外信息。内信息决定立法决策系统的功能状况，是决策系统运行、发展变化的根据；外信息是立法决策系统的外部环境，它是立法决策系统运行、发展变化的条件。这两方面信息缺少任何一方，立法决策系统都无法正常工作。如果内信息在收集、传递和加工中由于认识的片面或其他因素的影响而短缺、变形和失真，导致分析和判断上的错误，进而就会直接损害和破坏决策系统的功能；如果不了解外部环境的发展变化，就无法判断立法决策的可行性。所以，信息是立法决策系统的一个关键性环节。

四、立法决策的理论和方法

立法决策是一项复杂的工作，有了真实可靠的内、外信息并不意味着就作出了正确的立法决策，要作出正确决策还必须掌握立法决策的科学理论和方法。只有掌握正确的立场、观点和方法，才能对大量的信息作出科学分析、综合、推理和判断，从而作出正确的立法决策。立法决策的理论和方法包括辩证唯物主义和历史唯物主义的世界观和方法论，决策学的基本原理和方法等。

五、立法决策结果

立法决策的目的就在于取得立法决策的结果，没有结果的立法决策活动是没有意义的。立法决策结果包括两层含义，一是它的初步结果，这便是法案经过反复论证、筛选和修改作出的最后决定。它意味着某项具体立法决策的完成，使法案成为正式的法而进入公布和实施的过程。立法决策结果的表现形式，不同于一般管理中的个人决策或集体决策能以潜在的主观意志或相互间口头议定的形式支配和指挥人的行为。与君主专制时期只凭君主的一个念头就可以一言立法、一言废法不同，现代立法决策的结果必须以文字形成规范性文件的形式，按照法定程序予以通过和颁布，这时立法决策方案才发生法的效力。二是它的最终结果，即立法决策方案付诸实施后，立法目标在社会中得以实现。

上述五个要素是所有立法决策系统都必须具有的，缺少任何一个要素都不是完整的立法决策系统，或者不能正常工作，发挥其功能；或者徒劳而无结果；或者事倍功半。因此，对立法决策系统的构成要素进行研究，明确各要素在决策系统中的地位和作用，以及各要素相互间的关系，对保证立法决策系统的良好运行，作出最佳决策具有重要的意义。

第三节　立法决策过程的一般规律

立法决策系统的活动过程虽然不完全相同，但具有共同规律。将这些共同规律经过不断实践予以科学总结，使之规范化、制度化，对指导立法决策主体进行决策活动作用很大。它可以使立法决策者了解决策活动的步骤，使之循序渐进、有条不紊地进行工作，从而提高立法决策的效率；它指导立法决策者掌握决策过程中各个阶段的目的和基本要求，提高决策者决策的自觉，从而提高立法决策的质量。

立法决策过程的一般顺序是：立法决策问题的提出，确定立法目标，根据立法目标拟定可行性备选方案，对备选方案的论证和优选，立法方案的审查和校正，最后是立法决策实施效果的反馈。立法决策过程的每一个阶段都有其特定的目的和要求。

一、立法决策问题的提出

所谓"问题"，是指主、客观之间矛盾的一种概括，它在社会生活中是普遍存在的。在立法方面，由于立法决策者的主观能力和社会对法律调整的需要之间始终存在矛盾，因而立法决策问题是现实生活中的客观存在。只有认识到并能清楚地表述出来的这种主、客观之间矛盾的存在，才能作为立法决策问题提出来。立法决策问题的提出关键在于认识。尚未认识到的客观存在，不能构成立法决策问题。为了能及时提出立法决策问题,一要承认立法上存在着主、客观矛盾,只有这样才能积极、主动地认识;二要通过深入实际、调查研究,获得真正的而不是虚假的认识。

二、分析立法决策的问题,确定立法目标

立法决策问题提出后,就要对问题进行全面的、由表及里的、实事求是的分析。通过分析问题的性质、范围、程度及其原因,明确问题所在,对立法决策问题作出正确分析是确定立法目标的基础。为此,第一,应当明确立法决策问题的构成。问题一般由人们对决策客体的理想期望和决策客体的现实两部分构成。这两者之间存在差距,立法决策问题主要从这两方面着眼进行分析。第二,进一步核实信息的真实可靠性。如果信息不真实,那么对问题的分析必然是错误的。第三,要有正确的价值标准。立法决策者根据什么对理想、期望和现实之间的矛盾作出分析和判断?这里就有价值标准的问题。没有价值标准,对问题的分析将是盲目的;根据错误的价值标准就会作出错误的分析和判断。正确的价值标准应体现人们对未来现实的、合理的和科学的期望,符合社会发展的客观需要。党和国家的政策对认识和掌握正确的价值标准具有指导意义。

运用正确的价值标准对立法决策问题进行科学分析是确定立法目标的前提,但还不等于立法目标的正确确定。确定正确的立法目标,还必须遵循以下原则:第一,立法目标必须符合立法决策问题的价值标准,符合党和国家的现行政策,同时在主、客观条件下又是可以达到的。第二,立法目标如果是多项,就应分清主次关系和纵横交错的层次关系,使立法的总目标和各分项目标相互协调,形成有机联系的统一整体。第三,在确定立法目标时应考虑到全局,使具体立法目标和社会主义法治建设的整体目标相一致,有利于法治建设总目标的实现。第四,立法目标必须明

确、具体，即在表述上应当做到明白确切，不能含糊其词；在要求上应当力求具体，便于进行定性或定量检验。立法目标体现整个立法决策的出发点和归宿，这一决策在整个决策过程中属于战略性决策。能否确定正确的立法目标关系整个决策的成败。

三、拟定立法的备选方案

拟定备选的立法方案，是为立法目标的实现寻求途径和措施，在立法决策过程中属于战术性决策。它的拟定必须以实现立法目标为根据，如果背离了立法目标，就必然是南辕北辙，不可能实现立法目标。所以拟定备选方案时必须对立法目标进一步分析和论证，深入理解立法目标的必要性和可行性，必要时还需对立法目标重新审定。备选方案不能单一，也不能过多。单一则无选择余地；过多则分散，也不利于选择。一般以 3～5 个方案为宜。拟定备选方案可以分为两步，第一步是进行轮廓设想。要开阔思路，从不同角度进行多种设想，防止片面性。第二步是对轮廓设想初步筛选后进行具体方案的设计。在拟定立法方案时需要注意的问题有：第一，广泛占有和研究与本项立法有关的信息资料。例如，党和国家有关方针、政策，国外可供借鉴的同类立法等。第二，掌握法律调整功能的特殊规律和立法技术。例如，法主要通过提供一定的行为模式对人们的行为起到指引、规范、保护和抑制的作用，并有其特殊的规范构成和文字表述方式。如果设计的措施不符合法的功能和技术要求，就不能成为立法方案或者是不合规格的立法方案，因而也就不能实现预定的立法目标。第三，科学分析和正确判断立法方案的可行性。可行性包括主观和客观两个方面。第四，预测和分析立法方案的潜在问题，所谓"潜在问题"是指不利因素，即分析立法方案实施后可能遇到和发生的消极因素及其原因，研究预防措施和应变措施。同时，为了适应不断发展变化的客观环境，方案要有一定的灵活性，使执法者在一定范围内有根据实际情况进行自由裁量的余地。第五，拟定立法方案要和相关的法律法规联系起来统筹研究，使之相互协调，防止相互重复或相互抵触的情况发生。总之，拟定备选的立法方案是全部决策过程中任务最重的环节，涉及的范围非常广泛，同时又必须进行深入细致的研究和精心的设计。

四、备选方案的优选

备选方案拟定后，需要进一步论证，从中选出最佳方案。论证立法方案的优劣，首先要研究和确定评价标准，被认为是最佳方案的一般标准是：（1）能够最好地实现立法目标。在立法目标正确的前提下，立法目标能否实现和实现程度上的差异是评价备选方案优劣的主要标准。（2）在同样可以实现立法目标的前提下，人力、物力、财力和时间成本尽可能小，即以最少的支出取得最好的效果。（3）实现立法目标的可能性大、方案的潜在问题少，并有防范措施和有效的应变措施。（4）立法方案实施后无副作用或副作用极小。（5）与党和国家政策及法律相协调，并能促进党和国家政策的实现，与其他法律起到相辅相成的作用。符合上述五项要求，一般来说就是最佳方案。在实践中，选出的方案如果不完全符合上述要求，还可以吸取其他方案中的合理因素，进一步完善选定的方案。如果备选方案各有所长，难以区分优劣，可在现有方案基础上综合各方案之长，拟出新的方案。确定优选的程序一般采取由粗到细的原则，即用较粗的方法进行初评，初评时淘汰显然不合格的方案或方案的某些部分，然后再进行细评。立法方案的评选方法由于不确定的因素较多，目前主要还是采取经验判断法和试验法，这两种方法为人们所熟悉，并且适合立法决策的特点。[1]

---

1 经验判断法主要是集中大家的智慧和经验的方法，包括召开各种类型的讨论会、函询调查、吸收更多的人参与决策等。试验法选择在个别地区先试行。

五、立法方案的审查和校正

立法方案选定后，作为正式提案送交立法机关审议前，立法提案机关应作最后的审查和校正。审查和校正，一般分为三个步骤进行：第一，听取法案起草机构介绍法案起草经过和法案内容，进一步审阅有关资料，广泛听取意见，全面掌握情况。第二，进一步论证立法方案的目的性、必要性和可行性，了解决策过程中出现的不同意见，做好协调工作。第三，对立法方案进行必要的修改和最后定稿。

立法方案的审查包括对法案内容的审查和法案形式的审查。前者主要包括：立法条件是否成熟，立法的指导思想和价值取向是否正确，收集的信息资料是否真实可靠，立法目标是否合理、现实，立法方案是否可行，有何潜在问题和有无防范和应变措施等。后者主要包括：法案的起草是否符合法定权限和程序，立法方案的逻辑结构、语言、文字表述是否严谨、准确等。总之，立法方案的审查必须是全面的、高度负责的，法案审查后要形成书面报告。经过审查的立法方案，有三种结果，即肯定、搁置或否决。

立法方案定稿后，正式提交有权审议此项立法的机关进入正式审议过程，经过审议通过的法案按法定方式予以公布，成为正式的法，从而由立法决策阶段进入立法实施阶段。

六、立法决策实施效果的反馈

立法方案作为正式的法发布实施，意味着立法决策第一个结果的实现，但并不意味着立法决策过程的结束。立法决策的目的在于立法目标的实现。立法目标实现了，证明立法决策符合客观实际，也就实现了立法决策的第二个结果。如果立法目标没有或没有完全实现，就表明立法决策不符合或不完全符合客观实际。法律实施后的社会实际效果是检验立法决策的试金石，立法决策的正确与否最终要靠社会实践来检验。立法决策的第二个结果反馈到立法决策机关，分析原因，则进入再决策的过程。立法决策系统的矛盾运动过程表现为：立法决策→实施→再决策→再实施……这样周而复始不断地在实践中认识客观必然性，使主观意志获得越来越大的自由。

第十三章　法的构成

第一节　法的名称

一、法的名称的含义

法的名称，也就是规范性法律文件的称谓。一部质量较高的法，其名称应当具有简洁、准确、易懂的特征。同一时期的多部法，它们的名称也应尽量规范化。我国现行法律的名称，主要分为以下几种类型。

表一　中国现行法律名称的主要类型

	结　构	举　例
1	适用范围+规范内容+类型	中华人民共和国+反恐怖主义+法, 中华人民共和国+就业促进+法
2	适用主体+规范内容+类型	中华人民共和国各级人民代表大会常务委员会+监督+法
3	作出机关+规范内容+类型	全国人民代表大会常务委员会+关于废止有关劳动教养法律规定的+决定
4	规范内容+类型	反分裂国家+法

现行法中，名称采用第一种形式（适用范围+规范内容+类型）的占据了大多数。

二、法的名称的完善

（一）法的名称存在的问题

在法的名称上，目前存在的主要问题是种类过多，仅法律和行政法规，就有几十种不同的名称，常见的有法、决定、条例、规定、办法、决议、细则、规则、意见等。名称种类过多，无法通过名称直接判断出该规范性法律文件的性质。主要表现在：第一，效力等级不同的规范性法律文件，使用了相同的名称，例如，条例既可以是法律，也可以是行政法规，还可以是地方性法规；第二，效力等级相同的规范性法律文件，使用了不同的名称。例如，通过名称人们能够比较容易判断出《中华人民共和国法官法》属于法律，却不易快速判断出《全国人民代表大会常务委员会关于设立国家宪法日的决定》也属现行法律。

（二）法的名称的完善

在法的名称的完善上，有的学者提出了比较激进的方案，主要内容是：（1）将全国人大通过的所有基本法律的名称，都增加"基本法"字样，以区别于全国人大常委会通过的其他法律，例如，将《中华人民共和国刑法》更名为《中华人民共和国刑事基本法》；（2）将行政法规全部更名为《中华人民共和国××条例》；（3）将地方性法规全部更名为《××省（自治区、市、州）××条例》；（4）将部门规章全部更名为《××部（委、局、署）××规章》；（5）将地方政府规章全部更名为《××省（自治区、市、州）××规章》。这种大规模的变动，势必引起较长时间执法、司法上引用法的混乱。

综合稳定性、可操作性等各方面的考虑，对法的名称的完善，提出以下建议。

1.宪法和法律。宪法的名称不更改。全国人大和全国人大常委会制定的以"法"命名的法律，由于人们能够根据常识很容易判断出其性质，所以也不必更改。全国人大和全国人大常委会制定的没有以"法"命名的法律，在原名称后加注"法律"。例如，将《全国人民代表大会常务委员会关于对中华人民共和国缔结或者参加的国际条约所规定的罪行行使刑事管辖权的决定》更名为《全国人民代表大会常务委员会关于对中华人民共和国缔结或者参加的国际条约所规定的罪行行使刑事管辖权的决定（法律）》。

2. 行政法规。行政法规名称的规范，也采用上述这种思路。以"国家+条例"（如《中华人民共和国河道管理条例》）或者直接以"条例"命名的（如《城市绿化条例》），不作更改。其他的行政法规，在原名称后加注"行政法规"，例如，将《社会救助暂行办法》更名为《社会救助暂行办法（行政法规）》。

3. 地方性法规。地方性法规中，以"适用范围+规范内容+条例"（如《吉林省促进中小企业发展条例》）或者以"适用范围+法+办法"（如《吉林省实施〈中华人民共和国消费者权益保护法〉办法》）两种方式命名的，占绝大多数，比较容易判断出它们的性质。[1]所以以这两种方式命名的地方性法规，不作修改。其他地方性法规，在原名称后加注"地方性法规"，例如，将《吉林省县乡两级人民代表大会选举实施细则》更名为《吉林省县乡两级人民代表大会选举实施细则（地方性法规）》。

4. 规章。由于部门规章和地方政府规章的制定主体和命名形式都很多，为避免混乱，现行有效的规章名称不作修改。今后新制定的规章，一律加注"规章"。

5. 其他法律法规。其他法律法规如自治条例、单行条例等，由于施行范围限定等因素，目前可考虑暂不作更名。

---

1 现行的192部吉林省地方性法规，以这两种方式命名的多达170部，只有22部以其他方式命名。

第二节　卷、编、章、节、条、款、项、目

《立法法》第六十一条第一款规定："法律根据内容需要，可以分编、章、节、条、款、项、目。"对于"编、章、节、条、款、项、目"，不同的学者赋予了它们不同的名称，有的称之为法的结构要件，有的称之为法的结构单位。《立法法》巧妙地解决了这一问题，并未就此直接下定义，而是用了"分"的措辞。借鉴《立法法》的处理方式，将它们命名为"法的划分"，并按以下三部分进行叙述：一、常见的法的划分（章、条）；二、次常见的法的划分（款、节、项）；三、不常见的法的划分（卷、编、目）。

首先对编、章、节、条、款、项、目有一个直观的认识。以《物权法》目录为例：

第一编　总则

第一章　基本原则

第二章　物权的设立、变更、转让和消灭

　　　　第一节　不动产登记

　　　　第二节　动产交付

　　　　第三节　其他规定

第三章　物权的保护

第二编　所有权

第四章　一般规定

第五章　国家所有权和集体所有权、私人所有权

第六章　业主的建筑物区分所有权

第七章　相邻关系

第八章　共有

209

第九章　所有权取得的特别规定

第三编　用益物权

第十章　一般规定

第十一章　土地承包经营权

第十二章　建设用地使用权

第十三章　宅基地使用权

第十四章　地役权

第四编　担保物权

第十五章　一般规定

第十六章　抵押权

　　　　第一节　一般抵押权

　　　　第二节　最高额抵押权

第十七章　质权

　　　　第一节　动产质权

　　　　第二节　权利质权

第十八章　留置权

第五编　占有

第十九章　占有

由此可见，编下分章，章下分节，节下分条，条下再分为款、项、目。"一部法的结构越清晰，越具有逻辑性，其也就越具有可及性，从而也就越发挥作用。"[1]

一、常见的法的划分：章、条

（一）章

现行法律中，设置章的已经占据了总数的 87.1%。大部分法律在条之上，只设置了章。章、条配合，使整部法律看起来，既

1　〔美〕安·赛德曼、罗伯特·鲍勃·赛德曼、那林·阿比斯卡著，刘国福译：《立法学理论与实践》，中国经济出版社 2008 年版，第 264 页。

清晰，又易懂。在设置章的时候，应当注意以下几个问题。

1. 并非只有条数较多的法律才能够设置章。是否设置章，取决于法律是否需要划分层次。例如，《居民身份证法》只有23条，分为总则、申领和发放、使用和查验、法律责任、附则五章。再如，《海关关衔条例》只有23条，分为总则，关衔等级的设置，关衔的授予，关衔的晋级，关衔的保留、降级、取消，附则六章。这些"小而美"的法给我们提供了很好的参考：拟定法的草案时，绝大部分情况只需要考虑将草案分为章、条即可，如果部分章下有分节的必要，也可适当设置节，但节只在少数法律法规中出现。

2. 章内各个条款的主题应当相同。设置章的目的，就在于使各个条款围绕同一个主题展开，使整个法具有层次性。例如，《科学技术普及法》第二章组织管理，各条就这个主题，展开叙述，明确了政府、政府部门和科学技术协会的各自职责。

3. 同一法中各章的设置，应当符合事物发展的逻辑顺序。例如，《选举法》就按照机构→名额→选举活动的顺序来设置各章。因为只有解决了机构问题，才能谈名额，进而谈具体的选举活动。试想如果首先谈选举活动，再谈名额和机构，就会引起逻辑上的混乱，阅读起来也会感到极不自然。

（二）条

有一个常用词叫作"法条"，却没有"法编""法章""法款"等概念，这就说明了条在一部法中的重要程度。一部法，可以不设卷、不设编，甚至也可以不设章，但却不能不设条。没有了条，款、项、目也就无法单独存在。因此，在一定程度上，可以说没有"条"，就没有"法"。在设置条的时候，应当注意以下几个问题。

1. 条的大小，以完成对一个事项的规定为准，不必刻意减小各条之间文字数量的差异。例如，《人民警察警衔条例》，第二条"人民警察实行警衔制度"只有10个字，而第十四条却超过了

200 字[1]。这两条的文字数量差距很大，但他们都完成了对一个事项的规定，都要单独成为一条。

2. 上下条之间要具有连贯性。上下条应当按照一定的顺序排列。例如，《城市房地产管理法》第六章法律责任部分中的第六十四条"违反本法第十一条、第十二条的规定，擅自批准出让或者擅自出让土地使用权用于房地产开发的……"，第六十五条"违反本法第三十条的规定，未取得营业执照擅自从事房地产开发业务的……"，第六十六条"违反本法第三十九条第一款的规定转让土地使用权的……"。可见各条是按照违法行为的顺序排列的。

3. 条内部的表述，应当符合一定的内在逻辑。有的条只有一个句子，完成了对一个事项的规定。也有的条包含多个句子，句与句之间应当符合内在的逻辑关系。[2]包含多个句子的条，主要分为以下几种情况：（1）按照行为的先后顺序进行表述。例如，《反恐怖主义法》第十五条规定："被认定的恐怖活动组织和人员对认定不服的，可以通过国家反恐怖主义工作领导机构的办事机构申请复核。国家反恐怖主义工作领导机构应当及时进行复核，作出维持或者撤销认定的决定。复核决定为最终决定。国家反恐怖主义工作领导机构作出撤销认定的决定的，由国家反恐怖主义工作

---

1 《人民警察警衔条例》第十四条："二级警督以下的人民警察，在其职务等级编制警衔幅度内，根据本条规定的期限和条件晋级。

晋级的期限：二级警员至一级警司，每晋升一级为三年；一级警司至一级警督，每晋升一级为四年。在职的人民警察在院校培训的时间，计算在警衔晋级的期限内。

晋级的条件：

（一）执行国家的法律、法规和政策，遵纪守法；

（二）胜任本职工作；

（三）联系群众，廉洁奉公，作风正派。

晋级期限届满，经考核具备晋级条件的，应当逐级晋升；不具备晋级条件的，应当延期晋升。在工作中有突出功绩的，可以提前晋升。"

2 这里把条作为一个整体，对条与句之间的关系作了一些分析，没有涉及条是否又分款、项、目的情况。

领导机构的办事机构予以公告；资金、资产已被冻结的，应当解除冻结。"该条共四句，规定了对"被认定的恐怖活动组织和人员对认定不服"的处理，按照"申请复核→进行复核→复核的效力→经复核作出撤销认定后的处理"的顺序进行表述。只有申请复核，才能进行复核，只有进行复核，才可能作出撤销决定。（2）按照主体的不同职责进行表述。例如，《旅游法》第二十六条规定："国务院旅游主管部门和县级以上地方人民政府应当根据需要建立旅游公共信息和咨询平台，无偿向旅游者提供旅游景区、线路、交通、气象、住宿、安全、医疗急救等必要信息和咨询服务。设区的市和县级人民政府有关部门应当根据需要在交通枢纽、商业中心和旅游者集中场所设置旅游咨询中心，在景区和通往主要景区的道路设置旅游指示标识。旅游资源丰富的设区的市和县级人民政府可以根据本地的实际情况，建立旅游客运专线或者游客中转站，为旅游者在城市及周边旅游提供服务。"该条共三句，各句分别按照国务院旅游主管部门和县级以上地方人民政府、设区的市和县级人民政府有关部门、旅游资源丰富的设区的市和县级人民政府等三类主体的不同职责进行表述。（3）同时按照主体不同的职责和行为的先后顺序进行表述。例如，《引渡法》第十六条规定："外交部收到请求国提出的引渡请求后，应当对引渡请求书及其所附文件、材料是否符合本法第二章第二节和引渡条约的规定进行审查。最高人民法院指定的高级人民法院对请求国提出的引渡请求是否符合本法和引渡条约关于引渡条件等规定进行审查并作出裁定。最高人民法院对高级人民法院作出的裁定进行复核。"该条规定了对于引渡请求，外交部、最高人民法院指定的高级人民法院、最高人民法院等三个主体的职责。同时也符合行为的先后顺序，即首先应收到引渡请求，其次由高级人民法院对引渡请求进行审查并作出裁定，最后再由最高人民法院对裁定进行复核。（4）按照"总-分"的顺序进行表述。例如，《居民身份证法》第十二条规定："公民申请领取、换领、补领居民身份证，公安机关应当按照规定及时予以办理。公安机关应当自公民提交《居民身份证申领登记表》之日起六十日内发放居民身份证；交通不便的地区，办理时间可以适当延长，但延长的时间不得超过三十日。公民在申请领取、换领、补领居民身份证期间，急需使用居民身份证的，可以申请领取临时居民身份证，公安机关应当按照规定及时予以办理。具体办法由国务院公安部门规定。"该条共四句，第一句规定了公民提出申请后，公安机关应及时办理，属于"总"的规定。第二、三、四句是对如何"按照规定及时办理"的细化，属于"分"的规定。其中第二句在时间上进行了限定，第三、四句对"急需"的情况进行了规定，即可以申领临时居民身份证。

（5）按照不同的情节进行表述。例如，《刑法》第四百三十条规定："在履行公务期间，擅离岗位，叛逃境外或者在境外叛逃，危害国家军事利益的，处五年以下有期徒刑或者拘役；情节严重的，处五年以上有期徒刑。驾驶航空器、舰船叛逃的，或者有其他特别严重情节的，处十年以上有期徒刑、无期徒刑或者死刑。"该条共两句，分别规定了对一般情况、严重、特别严重等三种不同情节的处罚。

（三）相关统计

根据中国人大网《中国法律法规信息库》的统计，截至 2016年 11 月底，中国共有现行有效的法律 255 部。《中国法律法规信息库》将这些法律分为七大类，包括宪法相关法 42 部，民商法 33 部，行政法 81 部，经济法 65 部，社会法 23 部，刑法 1 部，程序法 10部。将全部现行有效的法律按照章、条数量逐一统计，形成中国现行法律章、条数量统计表：

表二　中国现行法律章、条数量统计表（单位：部）

	不分章	两章	三章	四章	五章	六章	七章	八章	九章	十章	十一章	十二章	十二章以上	合计
1~10条	8	0	0	0	0	0	0	0	0	0	0	0	0	8
11~20条	15	0	0	0	0	0	0	0	0	0	0	0	0	15
21~30条	10	0	1	1	1	9	1	0	0	0	0	0	0	23
31~40条	0	0	1	0	8	9	4	4	0	0	0	0	0	26
41~50条	1	0	0	1	1	7	10	5	2	1	0	0	0	28
51~60条	0	0	0	3	1	7	10	12	5	0	0	2	2	42
61~70条	0	0	0	0	2	5	5	9	3	1	2	1	0	28
71~80条	0	0	0	0	0	3	9	6	3	1	0	1	1	24
81~90条	0	0	0	0	0	0	4	4	4	0	0	0	0	14
91~100条	0	0	0	0	0	2	1	3	2	3	0	2	1	14
101~110条	0	0	0	0	0	2	2	0	1	2	1	0	2	10
111~120条	0	0	0	0	0	1	1	0	0	1	0	1	0	4
120条以上	0	0	0	0	0	0	0	3	3	2	0	3	8	19
合计	34	0	2	5	13	45	47	46	23	13	3	10	14	255

1.统计结果

第一，从章的数量看，分为七章的法律最多，共47部。其他依次为：46部（八章）、45部（六章）、34部（不分章）、23部（九章）、14部（十二章以上）、13部（五章、十章）、10部（十二章）、5部（四章）、3部（十一章）、2部（三章）。没有法律分为两章。

第二，从条的数量看，有51~60条的法律最多，共42部。

其他依次为：28 部（41～50 条、61～70 条）、26 部（31～40 条）、24 部（71～80 条）、23 部（21～30 条）、19 部（120 条以上）、15 部（11～20 条）、14 部（81～90 条、91～100 条）、10 部（101～110 条）、8 部（1～10 条）、4 部（111～120 条）。

第三，综合章、条的数量，五章至九章之间、21～80 条之间的法律共 141 部，占全部法律的 55.3%。

第四，有 34 部法律不分章，其中有 33 部在 1～30 条之间，占全部法律的 12.9%。

2. 对地方立法的启示

第一，超过一半的法律采用了适中的篇幅（五章至九章之间、21～80 条），出现这个结果既存在偶然因素，也存在必然因素，在一定程度上说明使用这个章条数量就能够把一部法的内容完全叙述。由于地方性法规是对法律的补充和具体化，所以如无特殊情况，在篇幅上一般以不超过对应的上位法为宜。而且还可较法律压缩一个数量级，即控制在五章至八章、21～70 条之间，避免求大求全，过度重复上位法的规定。

第二，30 条以内的法律有 46 部，不少法律只有几条、十几条，不追求面面俱到，而是以明晰问题、直击要害为目的。在起草地方性法规时，尤其要加强这种意识，把事情说明白、说到位就可以了，切忌看似洋洋洒洒，实际却是照抄照搬、东拼西凑，没有太多价值。

第三，地方性法规每章以不超过 10 条左右为宜，如果一部地方性法规中多章的条数都远远超过 10，那么就要考虑继续细化问题，另外增设章。当然，这个问题主要是从优化地方性法规结构出发的，不是硬性规定，如果一部地方性法规中确实有一或两章的条数较多，且无法再细分，也是可行的。

以下试举两例。

例一：《吉林省森林防火条例》

第一章 总则（第 1～10 条）

第二章 森林防火组织和保障（第 11～16 条）

第三章 森林火灾预防（第 17～35 条）

第四章 森林火灾扑救（第 36～42 条）

第五章 灾后处置（第 43～50 条）

第六章 法律责任（第 51～57 条）

第七章 附则（第 58～59 条）

《吉林省森林防火条例》分为七章，共 59 条，章、条数量适中，较好规范了森林防火工作的各项问题。

例二：《长春市道路交通安全管理条例》

第一章 总则（第 1～6 条）

第二章 道路通行条件（第 7～17 条）

第三章 车辆和驾驶人（第 18～21 条）

第四章 道路通行规定（第 22～31 条）

第五章 法律责任（第 32～39 条）

第六章 附则（第 40 条）

《长春市道路交通安全管理条例》分为六章，共 40 条，章、条数量较少，规定清晰、明确，阅读和学习过程中不会产生畏难情绪，这也是条例能够得到认真贯彻执行的最基本条件。

二、次常见的法的划分：款、节、项

（一）款

款隶属于条，是条以下一层的单位。款的表现形式为自然段，条中的每个自然段即为一款。"当一个条文的内容有两层以上的意思需要表示时，便需要运用款这一要件。"[1]

例如，《合同法》第一百四十一条：

"出卖人应当按照约定的地点交付标的物。

---

1 周旺生：《立法学》（第二版），法律出版社 2009 年版，第 477 页。

217

当事人没有约定交付地点或者约定不明确，依照本法第六十一条的规定仍不能确定的，适用下列规定：

（一）标的物需要运输的，出卖人应当将标的物交付给第一承运人以运交给买受人；

（二）标的物不需要运输，出卖人和买受人订立合同时知道标的物在某一地点的，出卖人应当在该地点交付标的物；不知道标的物在某一地点的，应当在出卖人订立合同时的营业地交付标的物。"

本条有两个自然段，就分为两款。

为什么要设置款？以《证券投资基金法》的两条为例：

"第四条　从事证券投资基金活动，应当遵循自愿、公平、诚实信用的原则，不得损害国家利益和社会公共利益。

第五条　基金财产的债务由基金财产本身承担，基金份额持有人以其出资为限对基金财产的债务承担责任。但基金合同依照本法另有约定的，从其约定。

基金财产独立于基金管理人、基金托管人的固有财产。基金管理人、基金托管人不得将基金财产归入其固有财产。

基金管理人、基金托管人因基金财产的管理、运用或者其他情形而取得的财产和收益，归入基金财产。

基金管理人、基金托管人因依法解散、被依法撤销或者被依法宣告破产等原因进行清算的，基金财产不属于其清算财产。"

该法第四条没有设置款，而第五条设置了四款。通过分析，可见第四条只表达了一层意思，且内容较少，无法再设置为两款或两款以上。而第五条内容较多，且包含了多层意思，通过设置款，可以使表述更为清晰。为什么是在一条中设置了四款，而不是设置不同的四条呢？原因在于本条虽然包含多层意思，但都是对"基金财产"作出的具体规定，且各层意思相互关联，如果分为四个条文，不仅割裂了各层意思，而且使整个法律变得松散甚至是杂乱。所以，"款应当在确实有必要的法条中设置，当一个法条所包含的内容比较复杂而又不宜再划分数条时，就有必要用款来解决其内部的结构安排问题"。[1]

这里需要把握的标准，一是该法条的内容包含两层以上的意思；二是这两层以上的意思相互关联，不能再划分为两个以上独立的法条。

条文中的一款也是一个自然段，它的设置也要符合段落之间的逻辑关系。根据不同的逻辑关系，款的设置主要有以下几种形式。（1）总分式：由总括和分述的关系构成。它又分为三种表现形式，即"总-分"形式，"分-总"形式，"总-分-总"形式。（2）并列式：从几个方面来介绍某种事物。（3）因果式：按照原因和结果的关系来构成。（4）转折式：前款内容与后款内容相对或相反。（5）承接式：按照事情发展顺序或时间先后的顺序依次设置各款。（6）递进式：前后款所表达的内容，在意思上逐步加深。

在设置款的时候，应当注意以下几个问题。

1.《立法法》第六十一条第二款规定："编、章、节、条的序号用中文数字依次表述，款不编序号，项的序号用中文数字加括号依次表述，目的序号用阿拉伯数字依次表述。"由此可见，只要编序号的内容，就不能称之为一款。

2.关于引用问题。需要注意以下几点。

（1）一个条文分为两款或者两款以上的，在引用时应当具体到款。

（2）如果一个条文只有一个自然段组成，应当直接适用该法条，而不应称作该条第一款。

例如，《吉林省通信设施建设与保护条例》第七条：

---

1 周旺生、张建华主编：《立法技术手册》，中国法制出版社1999年版，第348页。

"通信设施建设应当坚持统一规划、合理布局、资源共享，执行国家通信工程建设强制性标准，符合安全生产、环境保护等要求。"

在引用时，应当写"根据《吉林省通信设施建设与保护条例》第七条的规定"，不能写成"根据《吉林省通信设施建设与保护条例》第七条第一款的规定"。

（3）如果一个条文下面没有分款而直接分列了几项，应称作第×条第×项，而不应称作第×条第一款第×项。

例如，《道路交通安全法》第十二条

"有下列情形之一的，应当办理相应的登记：

（一）机动车所有权发生转移的；

（二）机动车登记内容变更的；

（三）机动车用作抵押的；

（四）机动车报废的。"

如果需要引用"机动车所有权发生转移的"，那么应当写"根据《中华人民共和国道路交通安全法》第十二条第一项的规定"，不能写成"根据《中华人民共和国道路交通安全法》第十二条第一款第一项的规定"。

3. 关于款的数量。一条中应该设置多少款并无强制性规定。但通过随机对 10 部法律的统计，可见在设置款的条文中，有两款或三款的数量最多，设四款以上的条文属于特殊个例。设置款的条文数量占条文总数的比例在 30%～50%之间。

表三 10 部法律中款的数量统计表

	总条数	不设款的条数	设两款的条数	设三款的条数	设四款的条数	设四款以上的条数	设款条数合计	设款条数占总条数比例
国家安全法	84	70	13	1	0	0	14	16.7%
中外合作经营企业法	28	15	11	2	0	0	13	46.4%
测绘法	68	38	18	10	2	0	30	44.1%
档案法	27	17	5	5	0	0	10	37.0%
保险法	185	121	35	20	7	2	64	34.6%
环境保护税法	28	19	6	3	0	0	9	32.1%
公路法	87	53	25	6	1	2	34	39.1%
野生动物保护法	58	28	19	5	5	1	30	51.7%
就业促进法	69	46	13	9	1	0	23	33.3%
人民调解法	35	26	7	2	0	0	9	25.7%

通过随机对 10 部地方性法规的统计,可见呈现的特点与法律基本一致,但表现更为明显。一是几乎所有设置款的条文,只设了两款或三款,超过三款的基本没有。二是设置款的条文数量占条文总数的比例有一定降低,并进一步集中。

表四　10 部地方性法规中款的数量统计表

	总条数	不分款的条数	分两款的条数	分三款的条数	分四款的条数	分四款以上的条数	分款的总条数	设款条数占总条数比例
吉林省通信设施建设与保护条例	35	21	9	5	0	0	14	40.0%
吉林省森林防火条例	59	38	14	7	0	0	21	35.6%
吉林省著名商标认定和保护条例	22	20	1	0	1	0	2	9.1%
吉林省保健用品管理条例	42	27	10	5	0	0	15	35.7%
吉林省畜禽屠宰管理条例	51	34	9	8	0	0	17	33.3%
吉林省非物质文化遗产保护条例	32	27	3	2	0	0	5	15.6%
吉林省节约能源条例	57	40	16	1	0	0	17	29.8%
吉林省实验动物管理条例	46	38	7	1	0	0	8	17.4%
吉林省农村扶贫开发条例	52	38	12	2	0	0	14	26.9%
吉林省人口与计划生育条例	59	40	18	1	0	0	19	32.3%
吉林省旅游条例	84	52	22	8	2	0	32	38.1%

4.款的设置和修正。设置款时，容易出现以下错误，需要予以修正。

（1）应设而不设。如果一个不分款的条文表达了多个意思，那么就应当按照逐个意思，将条文分为不同的款。例如，原《××××旅游管理条例（草案修改稿征求意见稿）》第六条：

"县级以上人民政府应当将旅游业发展纳入国民经济和社会发展规划，建立旅游综合协调机制，加大对旅游业的政策支持和扶持力度，加强对旅游工作的组织和领导，统筹协调本行政区域的旅游工作，推动旅游业与相关产业协调、融合发展，乡、镇人民政府和街道办事处应当配合做好旅游业发展相关工作，县级以上人民政府旅游主管部门负责本行政区域内旅游工作的统筹协调、行业指导、旅游推广、公共服务和监督管理，其他部门按照各自职责，做好旅游业发展的相关工作，保障和促进旅游业发展，旅游行业组织应当加强行业自律，推动旅游业诚信建设，发挥引导、服务、交流、协调、监督作用，依法维护行业合法权益和公平竞争秩序。"

该条只有一句话，却达到了将近300字，非常复杂。经过分析，可以得出该条是对政府、政府有关部门和行业组织对旅游业的不同职责作出规定，根据这个思路，可以修改为：

"县级以上人民政府应当将旅游业发展纳入国民经济和社会发展规划，建立旅游综合协调机制，加大对旅游业的政策支持和扶持力度，加强对旅游工作的组织和领导，统筹协调本行政区域的旅游工作。推动旅游业与相关产业协调、融合发展。

乡、镇人民政府和街道办事处应当配合做好旅游业发展相关工作。

县级以上人民政府旅游主管部门负责本行政区域内旅游工作的统筹协调、行业指导、旅游推广、公共服务和监督管理；其他部门按照各自职责，做好旅游业发展的相关工作，保障和促进旅游业发展。

旅游行业组织应当加强行业自律，推动旅游业诚信建设，发挥引导、服务、交流、协调、监督作用，依法维护行业合法权益和公平竞争秩序。"

修改后，按照县级以上人民政府，乡、镇人民政府和街道办事处，县级以上人民政府旅游主管部门，旅游行业组织四个主体的不同职责，将该条分为四款，逻辑结构逐渐清晰。但该条字数没有减少，篇幅太多带来了杂乱感，仍需要进一步修改。这时就需要考虑按照政府、部门、行业组织为主线，同类主体的职责设为一条，不同类主体的职责单独成条。修改为：

"第六条　县级以上人民政府应当将旅游业发展纳入国民经济和社会发展规划，建立旅游综合协调机制，加大对旅游业的政策支持和扶持力度，加强对旅游工作的组织和领导，统筹协调本行政区域的旅游工作。推动旅游业与相关产业协调、融合发展。

乡、镇人民政府和街道办事处应当配合做好旅游业发展相关工作。

第七条　县级以上人民政府旅游主管部门负责本行政区域内旅游工作的统筹协调、行业指导、旅游推广、公共服务和监督管理；其他部门按照各自职责，做好旅游业发展的相关工作，保障和促进旅游业发展。

第八条　旅游行业组织应当加强行业自律，推动旅游业诚信建设，发挥引导、服务、交流、协调、监督作用，依法维护行业合法权益和公平竞争秩序。"

经过两次修改，将原本不设款、仅包括一句话的一条调整为"一条（设两款）+两条"共三个条文，结构更加清晰。

（2）不应设而设。例如，原《×××森林防火条例（草案）》第二十条：

"因林木生长危及电线、电缆或者其他管线安全，导致森林

224

火灾隐患的，应当及时采取消除措施。需要砍伐林木的，应当依法报林业主管部门批准。

森林防火期内，在森林防火区禁止野外用火。因特殊情况确需生产用火或者工程用火的，按照《森林防火条例》规定的权限和程序批准。"

该条原分为两款。第一款规定林木生长危及电线、电缆或者其他管线安全的情况及其处理，而第二款规定野外用火的情况。两款之间并无相同的主题且内容没有关联性，这时就应该分为不同的条文：

"第二十条 因林木生长危及电线、电缆或者其他管线安全，导致森林火灾隐患的，应当及时采取消除措施。需要砍伐林木的，应当依法报林业主管部门批准。

……

第二十六条 森林防火期内，在森林防火区禁止野外用火。因特殊情况确需生产用火或者工程用火的，按照《森林防火条例》规定的权限和程序批准。"

修改后，根据条例的编排布局，将第二款变成一个独立的条文，列为第二十六条，使条例的整体结构更加清晰。

（3）应少设而多设。如果一个条文设置的款过多，不但阅读起来失去流畅感，而且有可能重复赘述、增加不必要的篇幅。例如，原《×××节约用水条例（草案）》第十条：

"市市政公用行政主管部门参与编制并组织实施城市节约用水规划，编制各类用水定额草案。

市市政公用行政主管部门审批、下达用水单位的年度用水计划和节水计划，考核用水计划和节水计划执行情况。

市市政公用行政主管部门负责我市城市规划区内地下水的开发、利用和保护工作。

市市政公用行政主管部门负责自建供水设施的管理工作。

市市政公用行政主管部门管理城市节约用水项目发展资金。

市市政公用行政主管部门监督、检查、指导城市节约用水工作。

市市政公用行政主管部门开展城市节约用水的宣传教育和调查研究工作。

市人民政府各有关部门应当按照各自职责分工，配合节约用水行政主管部门做好城市节约用水管理工作。

市节约用水管理办公室是节约用水管理部门，负责节约用水日常管理工作。"

该条原分为九款，但前七款都是表述"市市政公用行政主管部门"的主要职责，完全可以归为一款，款内再以项的方式分别表述。这样就修改为：

"市市政公用行政主管部门的主要职责是：

（一）参与编制并组织实施城市节约用水规划，编制各类用水定额草案；

（二）审批、下达用水单位的年度用水计划和节水计划，考核用水计划和节水计划执行情况；

（三）负责我市城市规划区内地下水的开发、利用和保护工作；

（四）负责自建供水设施的管理工作；

（五）管理城市节约用水项目发展资金；

（六）监督、检查、指导城市节约用水工作；

（七）开展城市节约用水的宣传教育和调查研究工作；

市人民政府各有关部门应当按照各自职责分工，配合节约用水行政主管部门做好城市节约用水管理工作。

市节约用水管理办公室是节约用水管理部门，负责节约用水日常管理工作。"

修改后的条文，根据市市政公用行政主管部门、市人民政府各有关部门、市节约用水管理办公室的不同职责，设置三款，表述清晰，阅读流畅。

（4）应多设而少设。条文应按照一定的顺序表述，不能因担心设款过多而打破既定顺序。例如，原《×××城市绿地保护条例（草案修改稿）》第十九条：

"城市绿线范围内已建成的绿地分为永久保护绿地、重点保护绿地和一般保护绿地，具有重要历史文化遗存遗迹的公园、纪念性公园、湿地公园、风景名胜区、稀有地质地貌绿地以及其他对生态环境和居民休憩有突出影响的绿地为永久保护绿地。

森林公园、防护绿地以及其他对生态环境和居民休憩有重要影响的绿地为重点保护绿地。

永久保护绿地和重点保护绿地以外的绿地为一般保护绿地。"

该条按照总-分的顺序，对城市绿地进行了划分。但第一款既规定了划分种类，又规定了永久保护绿地的范围，表述顺序混乱。应修改为：

"城市绿线范围内已建成的绿地分为永久保护绿地、重点保护绿地和一般保护绿地。

具有重要历史文化遗存遗迹的公园、纪念性公园、湿地公园、风景名胜区、稀有地质地貌绿地以及其他对生态环境和居民休憩有突出影响的绿地为永久保护绿地。

森林公园、防护绿地以及其他对生态环境和居民休憩有重要影响的绿地为重点保护绿地。

永久保护绿地和重点保护绿地以外的绿地为一般保护绿地。"

修改后，增加了一款，其中第一款属于概括规定，后三款属于具体规定。

（二）节

根据《现代汉语词典》的解释，"节"的含义之一为"量词，

227

用于分段的事物或文章，例如：第三章第八～。"[1]在法律法规中，节是在条之上、章之下并且隶属于章的一个单位。

为什么要章下设节？设节可以使整部法的结构更加清晰，层次更加分明，一目了然。例如，《国家安全法》目录（节选）：

"……

第三章　维护国家安全的职责

第四章　国家安全制度

　　第一节　一般规定

　　第二节　情报信息

　　第三节　风险预防、评估和预警

　　第四节　审查监管

　　第五节　危机管控

第五章　国家安全保障

……"

可见：（1）节隶属于章，不设章的法律法规中没有节的概念；（2）设章的法律法规，章内不一定设有节；（3）即使在章内设节的法律法规中，也并非每一章都设节。国家安全法共七章，只有第四章设了五节，其他各章均不设节。

根据中国人大网《中国法律法规信息库》的统计，现行有效的 7 大类 255 部法律中，章下设节的法律有：

---

1 中国社会科学院语言研究所词典编辑室编：《现代汉语词典》，商务印书馆 2012 年版，第 660 页。

表五 章下设节的现行有效法律统计表

	宪法相关法（42部）	民法商法（33部）	行政法（81部）	经济法（65部）	社会法（23部）	刑法（1部）	诉讼与非诉讼程序法（10部）
1	国家安全法	保险法	大气污染防治法	网络安全法	特种设备安全法	刑法	行政诉讼法
2	立法法	拍卖法	固体废物污染环境防治法	节约能源法	劳动合同法		民事诉讼法
3	国家赔偿法	证券法	食品安全法	税收征收管理法			刑事诉讼法
4	澳门特别行政区基本法	公司法	治安管理处罚法	民用航空法			仲裁法
5	香港特别行政区基本法	著作权法	监狱法	建筑法			农村土地承包经营纠纷调解仲裁法
6		农村土地承包法	出境入境管理法	产品质量法			劳动争议调解仲裁法
7		民法通则	行政强制法	企业国有资产法			引渡法

续表五	宪法相关法（42部）	民法商法（33部）	行政法（81部）	经济法（65部）	社会法（23部）	刑法（1部）	诉讼与非诉讼程序法（10部）
8		物权法	道路交通安全法				海事诉讼特别程序法
9		合伙企业法	海岛保护法				
10		企业破产法	城市房地产管理法				
11		票据法	行政处罚法				
12		信托法	水污染防治法				
13		合同法	行政许可法				
14		担保法					
15		海商法					
数量	5	15	13	7	2	1	8
占本类别法律比例	11.9%	45.5%	16.0%	10.8%	8.7%	100%	80.0%
总比例	20.0%						

通过统计，可见民法商法、行政法两大类法律章下设节的较多。另外，诉讼与非诉讼程序法仅包含10部法律，但章下设节的却达到8部之多，这也体现了程序法的内容层次较多的特点。当

然，章下是否设节，也不排除法案起草人主观喜好的因素。有的起草人认为设节更能体现法的严谨性、逻辑性，而有的起草人却认为设节使每几条就有一次"隔断"，反而有损整部法的流畅性。

192 部吉林省本级现行有效地方性法规中，190 部没有设置节，只有 2 部设置了节，分别是《吉林省城乡规划条例》和《吉林省实施〈中华人民共和国道路交通安全法〉办法》。

《吉林省城乡规划条例》目录

第一章　总则

第二章　城乡规划的制定

　　第一节　一般规定

　　第二节　城镇体系规划

　　第三节　城市、镇总体规划

　　第四节　详细规划

　　第五节　乡规划、村庄规划

第三章　城乡规划的实施

　　第一节　一般规定

　　第二节　规划选址

　　第三节　建设用地规划许可

　　第四节　建设工程规划许可

　　第五节　乡村建设规划许可

　　第六节　临时建设的规划管理

第四章　城乡规划的修改

第五章　监督检查

第六章　法律责任

第七章　附则

《吉林省实施〈中华人民共和国道路交通安全法〉办法》目录

第一章　总则

第二章　道路交通安全职责

第三章　车辆和驾驶人

第四章　道路通行条件

第五章　道路通行规定

　　第一节　机动车通行规定

　　第二节　非机动车通行规定

　　第三节　行人和乘车人通行规定

第六章　交通事故预防与处理

第七章　法律责任

第八章　附则

由此可见，即使是仅有的两部章下设节的地方性法规，也并非每一章都设了节（只有个别的章设节）。这是否说明，地方性法规，基本上可以不考虑设置节的问题呢？答案是肯定的。这是由于，一方面地方性法规的复杂程度，相比法律而言要低，绝大多数情况下没有设置节的必要；另一方面，对于条数不多的地方性法规，如果在章、条之间再设置节这一结构，会令执法、司法、守法者感到通篇标题很多，有实质意义的内容却不多，使形式掩盖了内容。

（三）项

含"项"的法条，通常是对本条或本款内容的列举式说明。《立法法》第六十一条第二款中规定，"项的序号用中文数字加括号依次表述"，从而以法定的方式，将项的基本表现形式确定为"……；（一）……；（二）……"。我国现行255部法律中，共有1793处设置了项。吉林省现行192部地方性法规中，共有902处设置了项。项分为两种：一是直接隶属于条；二是隶属于条中的某一款。

1.有的项直接隶属于条。例如，《海事诉讼特别程序法》第二十一条：

"下列海事请求，可以申请扣押船舶：

（一）船舶营运造成的财产灭失或者损坏；

（二）与船舶营运直接有关的人身伤亡；

（三）海难救助；

（四）船舶对环境、海岸或者有关利益方造成的损害或者损害威胁；为预防、减少或者消除此种损害而采取的措施；为此种损害而支付的赔偿；为恢复环境而实际采取或者准备采取的合理措施的费用；第三方因此种损害而蒙受或者可能蒙受的损失；以及与本项所指的性质类似的损害、费用或者损失；

（五）与起浮、清除、回收或者摧毁沉船、残骸、搁浅船、被弃船或者使其无害有关的费用，包括与起浮、清除、回收或者摧毁仍在或者曾在该船上的物件或者使其无害的费用，以及与维护放弃的船舶和维持其船员有关的费用；

（六）船舶的使用或者租用的协议；

（七）货物运输或者旅客运输的协议；

（八）船载货物（包括行李）或者与其有关的灭失或者损坏；

（九）共同海损；

（十）拖航；

（十一）引航；

（十二）为船舶营运、管理、维护、维修提供物资或者服务；

（十三）船舶的建造、改建、修理、改装或者装备；

（十四）港口、运河、码头、港湾以及其他水道规费和费用；

（十五）船员的工资和其他款项，包括应当为船员支付的遣返费和社会保险费；

（十六）为船舶或者船舶所有人支付的费用；

（十七）船舶所有人或者光船承租人应当支付或者他人为其支付的船舶保险费（包括互保会费）；

（十八）船舶所有人或者光船承租人应当支付的或者他人为

其支付的与船舶有关的佣金、经纪费或者代理费；

（十九）有关船舶所有权或者占有的纠纷；

（二十）船舶共有人之间有关船舶的使用或者收益的纠纷；

（二十一）船舶抵押权或者同样性质的权利；

（二十二）因船舶买卖合同产生的纠纷。"

这是我国现行法律中，项数最多的一条，多达 22 项。也有的法条只有 2 项。例如，《国家赔偿法》第十八条：

"行使侦查、检察、审判职权的机关以及看守所、监狱管理机关及其工作人员在行使职权时有下列侵犯财产权情形之一的，受害人有取得赔偿的权利：

（一）违法对财产采取查封、扣押、冻结、追缴等措施的；

（二）依照审判监督程序再审改判无罪，原判罚金、没收财产已经执行的。"

2. 有的项隶属于条中某一款。例如，《国家安全法》第七十七条：

"公民和组织应当履行下列维护国家安全的义务：

（一）遵守宪法、法律法规关于国家安全的有关规定；

（二）及时报告危害国家安全活动的线索；

（三）如实提供所知悉的涉及危害国家安全活动的证据；

（四）为国家安全工作提供便利条件或者其他协助；

（五）向国家安全机关、公安机关和有关军事机关提供必要的支持和协助；

（六）保守所知悉的国家秘密；

（七）法律、行政法规规定的其他义务。

任何个人和组织不得有危害国家安全的行为，不得向危害国家安全的个人或者组织提供任何资助或者协助。"

该条第一款分为七项，第二款没有设置项。

在设置项时，需要注意以下问题。

1.关于"有第（）项情形的……"表述。法中经常见到这种形式。例如，《吉林省贸易计量监督条例》第二十九条规定：

"违反本条例第十条第（一）项、第（二）项、第（三）项规定的，没收计量器具和违法所得，可并处二千元以下罚款，给消费者造成损失的，责令赔偿损失。"

该条虽然也有中文数字加括号的表述，但并不是设置项的一个条文。

2.项既可以直接隶属于条，也可以隶属于款。各项之前一般都有"下列"二字的文字表述。除最后一项外，项的结尾都用分号，最后一项用句号，表示该条或该款列举内容结束。

三、不常见的法的划分：卷、编、目

（一）卷、编

少数国外法律在编之上，还设置了卷。例如，《法国民法典》就设置了3卷。我国现行法律不设置卷，设置编的也只有《物权法》《刑法》《刑事诉讼法》《民事诉讼法》等少数法律。

（二）目

目是次于项、且隶属于项的一个单位，是我国目前立法中使用的最低层次的单位，一般只在项比较复杂时才使用，出现的频率很低。目一般以前面冠以阿拉伯数字，并在阿拉伯数字后加点的形式表现。例如，《行政复议法》第二十八条第一款第三项，就设置了五目：

"行政复议机关负责法制工作的机构应当对被申请人作出的具体行政行为进行审查，提出意见，经行政复议机关的负责人同意或者集体讨论通过后，按照下列规定作出行政复议决定：

（一）具体行政行为认定事实清楚，证据确凿，适用依据正确，程序合法，内容适当的，决定维持；

（二）被申请人不履行法定职责的，决定其在一定期限内履行；

（三）具体行政行为有下列情形之一的，决定撤销、变更或者确认该具体行政行为违法；决定撤销或者确认该具体行政行为违法的，可以责令被申请人在一定期限内重新作出具体行政行为：

1. 主要事实不清、证据不足的；

2. 适用依据错误的；

3. 违反法定程序的；

4. 超越或者滥用职权的；

5. 具体行政行为明显不当的。

（四）被申请人不按照本法第二十三条的规定提出书面答复、提交当初作出具体行政行为的证据、依据和其他有关材料的，视为该具体行政行为没有证据、依据，决定撤销该具体行政行为。

行政复议机关责令被申请人重新作出具体行政行为的，被申请人不得以同一的事实和理由作出与原具体行政行为相同或者基本相同的具体行政行为。"

第三节　法的总则、分则和附则

一、总则

（一）总则的含义

法的总则，是指列在法开头的，具有概括性、总结性、统率性的条文。在大部分没有序言的法中，总则都设在法的开始部分；在极少数有序言的法中，总则一般设在序言之后。

如果法设置了章，那么一般第一章即为总则部分，大都直接称为"总则"，也有少数法是其他名称，如《民法总则》第一章称为"基本规定"，实际上也是该法的总则。有的法没有设置章，一般而言，该法第一条或者前几条具有概括性、总结性、统率性的部分，就是总则。

（二）总则的内容

总则主要包括以下内容。

1. 立法目的。一般采用"为了……"的句式，例如，《国防交通法》第一条规定："为了加强国防交通建设，促进交通领域军民融合发展，保障国防活动顺利进行，制定本法。"

2. 立法根据。一般采用"根据……"的句式，例如，《吉林省非物质文化遗产保护条例》第一条规定："……根据《中华人民共和国非物质文化遗产法》等法律法规，结合本省实际，制定本条例"。

立法目的和立法根据经常放在同一条叙述，先说立法目的，再说立法根据。

3. 适用范围。例如，《产品质量法》第二条第一款规定："在中华人民共和国境内从事产品生产、销售活动，必须遵守本法。"

4. 基本制度。例如，《食品安全法》第三条规定："食品安全工作实行预防为主、风险管理、全程控制、社会共治，建立科学、严格的监督管理制度。"

5. 基本原则。例如，《未成年人保护法》第五条规定："保护未成年人的工作，应当遵循下列原则：（一）尊重未成年人的人格尊严；（二）适应未成年人身心发展的规律和特点；（三）教育与保护相结合。"

6. 部门职责。例如，《吉林省道路运输条例》第三条规定："县级以上人民政府交通行政主管部门组织领导本行政区域内的道路运输管理工作。县级以上道路运输管理机构具体实施道路运输管理工作。县级以上人民政府有关部门按照各自职责，依法做好与道路运输管理有关的工作。"

7. 其他规定。主要包括以下几类：一是关于权利和义务的规定，例如，《人民防空法》第八条规定："一切组织和个人都有得到人民防空保护的权利，都必须依法履行人民防空的义务。"二是关于鼓励、支持和表彰、奖励的规定，例如，《水污染防治法》第七条规定："国家鼓励、支持水污染防治的科学技术研究和先进适用技术的推广应用，加强水环境保护的宣传教育。"《国防动员法》第七条规定："国家对在国防动员工作中作出突出贡献的公民和组织，给予表彰和奖励。"三是禁止性规定。一般采用"不得"或"禁止"的句式，例如，《吉林省实施〈中华人民共和国消费者权益保护法〉办法》第五条规定："经营者不得以任何方式强迫、欺骗消费者购买商品或者接受服务。不得在销售商品或者提供服务时给消费者附加限制条件。"四是其他规定。例如，《教师法》为了突出教师节的重要性，在第六条规定："每年九月十日为教师节。"

以上内容，是根据长期的立法实践得出的一般结论，但并不是每一个法案都必须具备所有这些内容。法的总则部分究竟包括哪些内容，必须根据该法的具体情况进行分析确定，没有完全统一的模式。

在总则内容的排列上，前述第1～6项内容，一般按照从前往后的顺序排列，第7项内容由于各法情况不同，或列在第1～6项内容之后，或穿插在第1～6项内容中间。

二、分则

（一）分则的含义

分则与总则相对应，是根据总则制定的各项具体性条文。分则在规范性法律文件的结构中居于重要地位。没有分则，总则不能得以具体化。而且，分则不仅是对总则条文的具体化，还是对总则条文的综合化，是法的实质性内容。

（二）分则的内容

不同的规范性法律文件，其分则的内容也具有不同的特点。从共性看，分则的内容主要包括以下几个方面：第一，从分则与总则的关系的角度看，分则的内容主要是对立法目的和根据、原则、基本制度及其他总则内容的具体化。第二，从分则是对社会关系进行实质性调整的角度看，分则的内容主要是对各有关主体、客体、行为、事件、结果等加以具体的规定。第三，从分则作为具体的条件、行为模式和后果模式的主要载体看，分则是以系统地、具体地规定权利或职权、义务或职责，并规定行使这些权利或职权、履行这些义务或职责的保障措施，以及行使或侵犯权利或职权、履行或不履行义务或职权所引起的结果为内容的。

三、附则

（一）附则的含义

附则，是附在法后面的规则，是法的整体中作为总则和分则辅助性内容而存在的一个组成部分。附则主要对实施日期、有关专门术语以及与过去相关法律的关系等内容作出规定，一般不对实质性内容作出规定。

（二）附则的内容

附则主要由以下内容构成。

1.关于名词、术语的定义。对法律法规中的专业名词、术语和需要定性、定量的名词、术语进行必要的解释，可以使有关规定更加准确，便于人们理解和贯彻执行。这种解释，一般出现在附则中，当然，也可以放在总则或在需要解释的内容出现时随即加以说明，还可以由实施细则去解释。

2.法律法规的适用范围。适用范围一般放在总则中，但也有少数放在附则中，经常放在附则中的是一些有关"参照适用""比照适用"的规定。例如，《吉林省农村审计条例》附则部分的第三十四条规定："农村审计人员的职称评聘、外勤补贴等待遇，比照国家审计人员的有关规定执行。"

3.关于解释权的规定，即在附则中明确规定有权解释该法律法规的机关。

4. 关于授权制定实施细则或具体办法的规定，即在附则中明确有权制定实施细则或具体办法的机关。

5. 关于制定变通或者补充规定的授权规定。

6. 关于与有关国际公约、条约关系的规定以及与其他法律法规的关系的规定。

7. 关于实施时间的规定。

第十四章　立法语言

第一节　立法语言的表达方法

　　"语言是所有人类发明中最伟大的一个发明。大多数人仅把语言看作人类交流的首要途径，但语言的功能远不止于此，它的首要功能是思想的载体。"[1] "学习法律的第一要务是学习法律的语言，以及与之相符的、使得该语言知识能够在法律实践中得到应用的语言技能。"[2]立法语言是指制定和修改规范性法律文件的专门的语言文字，它按照一定的规则表述立法意图、设定行为规范、形成规范性文件，是一定的意志或利益得以表现为法律的载体。"法和语言间的不可分割的紧密联系取决于表达传播法的语言的制定和适用产生的影响，法的优劣直接取决于表达并传播法的语言的优劣。"[3]

　　立法语言所表述的法律规范，是全社会的最高行为准则，有着毋庸置疑的效力。立法语言语句平实、句式规整、表达稳密，充分体现出法律规范的权威性、庄严性，同时也充分显示出法律规范内部严密的逻辑关系。本章拟就立法语言独有的表达特质一一阐述。

1 吴大英、任允正：《比较立法学》，法律出版社 1985 年版，第 207 页。

2 〔美〕约翰·吉本斯著，程朝阳、毛凤凡、秦明译：《法律语言学导论》，法律出版社 2007 年版，第 1 页。

3 〔德〕伯恩·魏德士著，丁小春、吴越译：《法理学》，法律出版社 2005 年版，第 71 页。

一、法律规范的分类

法律规范按其自身的性质可以分为义务性规范、禁止性规范和授权性规范。三种规范体现了法律范畴全部的权利义务关系。

（一）义务性规范

义务性规范，是指规定人们必须依法作出一定行为的法律规范。如果不履行法定义务，就应承担一定的法律责任。我国宪法和法律中均有体现义务性规范的相应条款。

例一：中华人民共和国公民有维护国家统一和全国各民族团结的义务。（宪法第五十六条）

例二：澳门居民和在澳门的其他人有遵守澳门特别行政区实行的法律的义务。（《澳门特别行政区基本法》第四十四条）

例三：环境影响评价必须客观、公开、公正，综合考虑规划或者建设项目实施后对各种环境因素及其所构成的生态系统可能造成的影响，为决策提供科学依据。（《环境影响评价法》第四条）

例四：农业综合开发项目的扩初设计必须按照国家有关规定报有关行政主管部门批准。工程建设单位应当按照批准的设计组织实施。（《吉林省农业综合开发条例》第十二条）

从以上列举可以看出，法律范畴中的"义务"是要求负有义务的主体必须作出一定的行为。它呈现出以下特点。

1. 冠于所履行的法定义务之前的词语，或为动词"有"，或为副词"必须"。前者以"有……的义务"相搭配，引出义务性规范的内容；后者以"必须+义务性规范的内容"相组合。无论是"有"，还是"必须"，都显示出履行法定义务是绝对的、必然的，没有任何其他选择，都体现了义务性规范法定的强制意义，显示出立法语言的权威性。

2. 或运用具有严正告知意义的陈述句，或运用具有命令意义的祈使句，使义务性规范的权威性鲜明突出。

（二）禁止性规范

禁止性规范，是指规定禁止人们作出某种行为的法律规范。如果作出法律规范所禁止的行为，且具备违法行为要件，则构成违法行为，应承担相应的法律责任。

例一：中华人民共和国公民在行使自由和权利的时候，不得损害国家的、社会的、集体的利益和其他公民的合法的自由和权利。（《宪法》第五十一条）

例二：禁止国有文物收藏单位将馆藏文物赠予、出租或者出售给其他单位、个人。（《文物保护法》第四十四条）

例三：中华人民共和国的领陆、内水、领海、领空神圣不可侵犯。国家加强边防、海防和空防建设，采取有效的防卫和管理措施，保卫领陆、内水、领海、领空的安全，维护国家海洋权益。（《国防法》第二十六条）

例四：严禁利用超声技术和其他技术手段进行非医学需要的胎儿性别鉴定；严禁非医学需要的选择性别的人工终止妊娠。（《人口与计划生育法》第三十五条）

例五：信息化工程项目的施工和监理单位，应当采用招标的方式确定。同一信息化工程项目的施工和监理，不能由相互有隶属关系或者其他利害关系的单位承担。（《吉林省信息化促进条例》第十三条）

禁止性规范的表述，同样要选用与其法律内涵相适应的语言材料和语言手段。具体归纳如下。

1. 在违法行为的表述之前，冠以"不得""禁止""不可""严禁""不能"等词，明确表示坚决制止的意义。"禁止""严禁"是具有禁令意义的动词，"不得""不可""不能"是对能愿动词表义的否定，二者皆以强制的、否定的语义、语气，显示出禁止性规范的权威性。

需要注意的是，《刑法》中关于构成犯罪种种行为的条款，虽未冠以"严禁"等词语，但由于表述的是法定的犯罪行为，所以"禁止"的意义已经蕴含在其中。

2.运用具有禁令意义的祈使句，表述对违法行为的禁止。这种语言形式与所表述的法律内涵贴切，语气斩钉截铁，显示出立法语言的权威性。

（三）授权性规范

授权性规范，是指规定人们依法有权作出某种行为的法律规范。可分为两类：一类是赋予公民的某种权利，另一类是赋予国家机关、公职人员的某种职权。前者是否行使可由公民自行决定；后者则要必须执行。

例一：香港居民有依法享受社会福利的权利。劳工的福利待遇和退休保障受法律保护。（《香港特别行政区基本法》第三十六条）

例二：国务院保险监督管理机构有权要求保险公司股东、实际控制人在指定的期限内提供有关信息和资料。（《保险法》第一百五十条）

例三：单独表决的条款经常务委员会会议表决后，主任会议根据单独表决的情况，可以决定将法规草案表决稿交付表决，也可以决定暂不付表决，交法制委员会和有关的专门委员会进一步审议。（《吉林省地方立法条例》第三十九条第三款）

授权性规范对语言材料及语言手段的选用，可作如下归纳。

1.将"有"冠于法定的权利之前，将"可以"冠于依法有权作出的行为之前，显示对授权的肯定。"有"表示权利的切实存在，并以法律形式予以保证；"可以"表示对权利的行使，在合法的范围内根据具体情况而定，即留有一定的自主掌握空间。

2.运用"有"作谓语或以"可以"作状语的陈述句，明确地告知：公民所享有的权利和国家机关公职人员应当行使的权力。此类句式，以平稳、严肃的语势显示出法律的公允与权威。

综上所述，义务性规范、禁止性规范、授权性规范的特定法律内容，决定了与其相适应的语言形式。具体体现在无论是对词语的选用，还是对句式的选用，都有极为严格的要求。也就是说，用以表述这三种法律规范的立法语言，通过严格筛选，确定了最恰当的词语、句式来体现法律规范的层次性。

二、立法语言的逻辑性

立法语言所表述的法律规范，从法理逻辑角度分析，是由"假定""处理""制裁"三个要素构成的。它们相互依存，相互制约，表现出法律规范严谨的逻辑关系。

（一）法律规范的逻辑要素

1."假定"

"假定"是指适用该行为规范的情况和条件。每一个法律规范都是在一定条件出现的情况下才能适用，而适用法律规范的这种条件就称为假定。例如，《民事诉讼法》第七十二条第一款规定：

"凡是知道案件情况的单位和个人，都有义务出庭作证。有关单位的负责人应当支持证人作证。"

在这个法律规范中，"凡是知道案件情况的单位和个人"就是假定部分。在许多情况下，假定部分虽然没有明确写出，但可以从条文中推论出来。例如，《婚姻法》第二十四条规定：

"夫妻有相互继承遗产的权利。父母和子女有相互继承遗产的权利。"

该条没有明确写出假定部分，但可以推论出：夫妻一方先亡而有遗产，或父母与子女一方先亡而有遗产，这就是假定。

从某种意义上讲，宪法和法律的绝大多数条款，都是法定的行为规范。而任一行为规范的成立，又必须以其适用的情况和条件为前提，即以"假定"为前提。

2. "处理"

"处理"，是指行为规范本身。它指明该项法律规范的具体内容，即允许做什么，应当做什么，禁止做什么。

例如，《国家安全法》第八十二条规定：

"公民和组织对国家安全工作有向国家机关提出批评建议的权利，对国家机关及其工作人员在国家安全工作中的违法失职行为有提出申诉、控告和检举的权利。"

这是规定允许做什么。

又如，《信托法》第六条规定：

"设立信托，必须有合法的信托目的。"

这是规定应当做什么。

再如，《集会游行示威法》第五条规定：

"集会、游行、示威应当和平地进行，不得携带武器、管制刀具和爆炸物，不得使用暴力或者煽动使用暴力。"

这是规定禁止做什么。

"处理"是法律规范的核心。它囊括了规范性法律文件所调整的社会关系中存在的权利义务，包容了法律规范允许与要求的合法行为；还包容了法律规范禁止的违法行为。换言之，法律规范如果没有"处理"，也就无法成为"规范"了。

3. "制裁"

"制裁"，是指违反该项法律规范时所导致的法律后果。法律后果，即"制裁"的具体内容。"制裁"一般可分为刑事制裁、民事制裁和行政制裁。

"制裁"在《刑法》分则中体现最为突出，几乎每条都显示着"制裁"：或以主刑(管制、拘役、有期徒刑、无期徒刑、死刑)的形式体现，或以附加刑(罚金、剥夺政治权利、没收财产)的形式体现。

(二)逻辑要素的语言显示

法律规范的要素——"假定""处理""制裁",以自身的内容,显示出它们之间严谨的事理、法理逻辑:或以"假定""处理"两要素规范全社会的法律关系;或以"假定""制裁"两要素规范行为主体违法行为的法律后果。在法的条款中,除对概念定义的条款外,其他基本为整个社会中所有特定主体的行为准则。因此,在语言材料的选择和语言手段的运用上,必须要与其法定内涵相适应。对此,可作如下归纳。

1.法律规范的概括性与周全性。主要体现在以下几点。

(1)概括性词语的选用。法律规范之所以能够规范全社会的行为,是因为其逻辑三要素具备了概括性的特质。"假定""处理""制裁"法定内容的形成基础,是对全社会具有现实意义的各种法律关系的高度概括,是对全社会合法行为、非法行为的包举无遗;是对整个社会生活方方面面的覆盖。立法语言要显示逻辑三要素的概括性,必须要选用表类属的、概括性强的词语。这些词语的词汇意义内涵丰富、外延大,完全符合逻辑三要素法定内容对语言材料选择的最高标准。这一语言现象,在任一法律条款中都可以得到充分、准确的印证。

例如,《刑法》第四百四十二条规定的擅自出卖、转让军队房地产罪:

"违反规定,擅自出卖、转让军队房地产,情节严重的,对直接责任人员,处三年以下有期徒刑或者拘役;情节特别严重的,处三年以上十年以下有期徒刑。"

该条表述犯罪主体与犯罪客体的词语,都具有极强的概括性。"直接责任人员",即包括一切因实施"擅自出卖、转让"这一犯罪行为而侵害本条款规定的犯罪客体的人,这一词语对犯罪主体的表述包举无遗。

选用概括性的词语,还要注意词语的社会现实性。例如,1999

247

年3月，第九届全国人大第二次会议通过的宪法修正案，将宪法第二十八条中的"反革命的活动"修改为"危害国家安全的犯罪活动"。这是因为，随着我国从革命时期进入集中力量进行社会主义现代化建设的历史新时期，从国家体制和保卫国家整体利益考虑，在新的形势下，用危害国家安全罪的罪名取代过去的反革命罪，能够更确切地反映在新时期打击危害国家安全的犯罪活动的斗争性质和客观要求。

（2）相应语言手段的运用。立法语言经常采用附加限定或者补充义项的方式，来增强词语的周全性。附加限定，是指在表示人或事物的词语之前，冠以"任何""一切""其他"等指代性词语，来增强词语表义的周全性。例如，"任何组织和个人""一切国家机关和武装力量、各政党和各社会团体及各企业事业组织""其他有关部门"等。补充义项，是指用连词"或者"引出的义项，与原义项构成较为复杂的并列词组，增强表义的周全性。例如，"国家或者地方""任免机关或者监察机关"等。

2.法律规范的缜密性与严谨性。法律规范的缜密性与严谨性，集中体现在用以表述逻辑三要素的立法语言。其以相应的语言材料和语言手段显示出缜密、严谨的法理逻辑。对此，可作如下归纳。

（1）"的"字词组的选用。法律规范中，"假定"部分很多是采用"的"字词组这一语言材料表述的。"的"字词组以相当大的语言容量，将"假定"要素的法定内容包举无遗；又以极为严格的语序排列，恰当地显示出"假定"要素法定内容之间严谨的逻辑层次及对应关系。

例一：违反国家规定，故意干扰无线电业务正常进行的，或者对正常运行的无线电台（站）产生有害干扰，经有关主管部门指出后，拒不采取有效措施消除的，处五日以上十日以下拘留；情节严重的，处十日以上十五日以下拘留。（《治安管理处罚法》

第二十八条)

例二：境外的机构、组织、个人从事攻击、侵入、干扰、破坏等危害中华人民共和国的关键信息基础设施的活动，造成严重后果的，依法追究法律责任；国务院公安部门和有关部门并可以决定对该机构、组织、个人采取冻结财产或者其他必要的制裁措施。(《网络安全法》第七十五条)

从以上举例可以看出，"的"字词组以相当大的语言容量，包举了适用本法律规范的情况和条件，又以严格的语序排列。

(2)词语的法理逻辑显示。词语的法理逻辑显示，是指运用相应的词语，明确表述法理范畴的构成要件，如立法宗旨、犯罪主体、犯罪客体、罪名、权利、义务、权利与义务纠纷、刑事责任、民事责任等。这些构成要件，都要求运用恰当的词语在特定的条款中得以明确的体现。否则，法律条款就丧失了规范全社会法律关系的意义。

(3)稳密的语言形式。法的具体条款，从表义角度大体可分为：第一，对权利义务的表述；第二，对刑事责任的表述；第三，对民事责任的表述；第四，对行政责任的表述；第五，对诉讼程序的表述。这些法定的内容决定了与其相适应的语言形式。法律规范的语体要求采用消极修辞的手法来表述逻辑三要素，因此采用的语言形式必须具备"切机切境的稳和不盈不缩的密"[1]的特点。稳，即语言形式要与成文的宗旨和自身的内容相贴切；密，即用于表述内容的语言形式要不烦赘不疏缺。立法语言要显示缜密、严谨的法理逻辑，所采用的语言形式可作如下归纳。

一是判断的语言形式。判断的语言形式一般用于对概念的解释与认定。任何一部法都有若干条款是对自身某些特定概念的定义，这些概念从逻辑上讲，是执行某一具体部门法的前提。对这

1 陈望道：《修辞学发凡》，上海教育出版社 2006 年版，第 67 页。

些法定内容的表述，必须采用判断的语言形式。

例一：本法所称恐怖主义，是指通过暴力、破坏、恐吓等手段，制造社会恐慌、危害公共安全、侵犯人身财产，或者胁迫国家机关、国际组织，以实现其政治、意识形态等目的的主张和行为。（《反恐怖主义法》第三条第一款）

例二：可以用于证明案件事实的材料，都是证据。（《刑事诉讼法》第五十条第一款）

例三：本条例所称通信设施，是指向公众提供通信服务的通信传输光（电）缆、基站、微波站、交换机、接入设备、室内分布系统等通信线路、设备，以及与之配套的通信管道（孔）、杆路、机房、铁塔、配电设备等设备设施。（《吉林省通信设施建设与保护条例》第二条第二款）

例一是对"恐怖主义"这个概念定义，列为《反恐怖主义法》的总则部分，从而决定了我国反恐怖主义法律规范制定、实施的大前提。例二是对"证据"这个概念定义，从而决定了《刑事诉讼法》中有关证据的"处理""制裁"的前提。例三是对"通信设施"这个概念定义，决定了有关通信设施的地方性法规在吉林省范围内制定、实施的前提。由此可见，所有为特定法律概念定义的条款，均以肯定的判断，提出了某一特定法律规范实施的前提，是法律规范总体逻辑显示的重要组成部分。

二是"但书"的语言形式。"但书"的语言形式用于提出例外情况或附加条件，从而使"假定""处理"部分法定内容的逻辑性更加缜密、严谨。"但书"是立法以外使用较少的一种语言形式。"但"字后面的文字，谓之"但书"。"但书"通常指规范性法律文件中用以规定例外情况或附加一定条件的文字。运用"但书"的语言形式，使条文的事理、法理逻辑更加严谨，达到几近"滴水不漏"的理想效果。

例一：农民集体所有的土地的使用权不得出让、转让或者出租用于非农业建设；但是，符合土地利用总体规划并依法取得建设用地的企业，因破产、兼并等情形致使土地使用权依法发生转移的除外。(《土地管理法》第六十三条)

例二：有数量限制的行政许可，两个或者两个以上申请人的申请均符合法定条件、标准的，行政机关应当根据受理行政许可申请的先后顺序作出准予行政许可的决定。但是，法律、行政法规另有规定的，依照其规定。(《行政许可法》第五十七条)

例三：精神病人在不能辨认或者不能控制自己行为的时候造成危害结果，经法定程序鉴定确认的，不负刑事责任，但是应当责令他的家属或者监护人严加看管和医疗；在必要的时候，由政府强制医疗。(《刑法》第十八条)

例四：对于犯罪情节轻微不需要判处刑罚的，可以免予刑事处罚，但是可以根据案件的不同情况，予以训诫或者责令具结悔过、赔礼道歉、赔偿损失，或者由主管部门予以行政处罚或者行政处分。(《刑法》第三十七条)

以"但书"的语言形式，提出例外情况，多出现于对"假定"要素的说明，使其表述的情况和条件逻辑更加严密；以"但书"的语言形式，提出附加条件，多出现于对"处理""制裁"两要素的说明，使其表述的行为规范本身及法律后果更加严谨、周密。

三是多层次的语言形式。多层次的语言形式是为显示法律规范中复杂的法理逻辑关系而选用的语言手段。

法律规范中，"假定""处理"所显示的法定内容，往往包含着复杂的逻辑关系。例如，实体法中，刑罚、刑罚的具体运用、侵权的民事责任等，包含着诸多因素；程序法中，某一特定诉讼程序，包含着多个具体的环节、步骤。对于这些多层次的法律关系及法律行为，必须采用与其内容相适应的多层次的语言形式表述，才能准确、缜密地显示出"假定""处理""制裁"之间的法理逻辑。经常采用的多层次语言形式大体为：并列式综合、承接式综合、对举式综合。

例一：人民法院、人民检察院或者公安机关对于报案、控告、举报和自首的材料，应当按照管辖范围，迅速进行审查，认为有犯罪事实需要追究刑事责任的时候，应当立案；认为没有犯罪事实，或者犯罪事实显著轻微，不需要追究刑事责任的时候，不予立案，并且将不立案的原因通知控告人。控告人如果不服，可以申请复议。（《刑事诉讼法》第一百一十三条）

例二：公安机关对人民检察院不批准逮捕的决定，认为有错误的时候，可以要求复议，但是必须将被拘留的人立即释放。如果意见不被接受，可以向上一级人民检察院提请复核。上级人民检察院应当立即复核，作出是否变更的决定，通知下级人民检察院和公安机关执行。（《刑事诉讼法》第九十二条）

例三：因紧急避险造成损害的，由引起险情发生的人承担民事责任。

危险由自然原因引起的，紧急避险人不承担民事责任，可以给予适当补偿。

紧急避险采取措施不当或者超过必要的限度，造成不应有的损害的，紧急避险人应当承担适当的民事责任。（《民法总则》第一百八十二条）

例一是关于"立案"的说明，包含"假定""处理"两要素，表述出在本规范的法定范畴中，"处理"因"假定"不同而变化的逻辑关系。例二是关于"不批准逮捕"的说明，同样包含"假定""处理"两要素，以承接式的层次综合，表述出这一特定诉讼程序中不同行为主体的义务性规范。环节、步骤精细，逻辑层次复杂，语言形式得体，表义严谨周密。例三是关于"紧急避险"的说明。此例以对举并列式的综合，将因"紧急避险"引起损害的情况、条件，作了严密的表述，层次清晰地揭示出"假定"与"处理"之间的逻辑关系。

以上三种稳密的语言形式，各自贴切地显示出具有不同内涵的法律规范，将"假定""处理""制裁"三要素间的逻辑关系，表述得不烦赘、不疏缺，清晰地显示出缜密而严谨的法理逻辑。

三、立法语言的庄严性

立法语言的庄严性，源于法律规范特定的法律内涵及不容置疑的法律效力。立法语言的庄严性，从词语、句式的选用及语音节奏的处理等方面，都得以充分体现。

（一）词语语义凝练

立法语言的庄严性，要求语言材料，即词语必须准确、精要且具有法学特色。否则，法律规范的庄严性也就无从谈起了。法律专业术语、法律专业常用词语及一般词语，以凝练的语义、鲜明的法学色彩，显示着立法语言的庄严性。法律专业术语凝缩了丰富而复杂的法学内涵，法律专业常用词语概括了法律范畴的具体事物、行为，一般词语因出现在法律条款中而显示出法学内涵。凝练的语义、法学的色彩，在任何一法律条款中都可以得到准确的印证。例如：

"以营利为目的，聚众赌博或者以赌博为业的，处三年以下有期徒刑、拘役或者管制，并处罚金。"

这是《刑法》第三百零三条规定的赌博罪和开设赌场罪。其中，法律专业术语：有期徒刑、拘役、管制、罚金，表述了犯罪主体应承担的法律后果；法律专业常用词语：聚众，表述了实施犯罪的手段；一般词语：营利、赌博，表述了犯罪目的和具体犯罪方式。三类词语的并用，共同显示出法的庄严性。立法语言所表述的每一条、每一款，从词语的角度，都可以作上述的分析。也就是说，进入法的条款的每一词语，都从不同侧面以其凝练的语义，显示着立法语言的庄严性。

（二）句式整齐划一

立法语言的庄严性，还体现在句式的整齐划一上。法律法规以条款的语言形式显示法律规范的特定内涵。不仅如此，且条中有款，款中有项，项中有目，构成独特的语言形式。具体每一条款的语言形式，可作如下分类。

1. 处置的语言形式

处置的语言形式，是指"……的，处……"的语言形式。这种语言形式，在《刑法》分则的条款中占80%以上。例如，《刑法》第三百九十七条规定：

"国家机关工作人员滥用职权或者玩忽职守，致使公共财产、国家和人民利益遭受重大损失的，处三年以下有期徒刑或者拘役；情节特别严重的，处三年以上七年以下有期徒刑。本法另有规定的，依照规定。"

运用同一类语言形式，表达犯罪主体实施的犯罪行为以及应承担的法律后果，特别是"处"这一词语，更增强了刑罚处罚的威严，对犯罪主体起到震慑作用，显示出禁止性规范的庄严性。

2. "对于"的语言形式

"对于"的语言形式，是指用"对于"引出犯罪主体或犯罪客体的语言形式。在宪法和全部现行法律中，这种语言形式使用了267次。例如：

"飞行中，对于任何破坏民用航空器、扰乱民用航空器内秩序、危害民用航空器所载人员或者财产安全以及其他危及飞行安全的行为，在保证安全的前提下，机长有权采取必要的适当措施。飞行中，遇到特殊情况时，为保证民用航空器及其所载人员的安全，机长有权对民用航空器作出处置。"

这是《民用航空法》第四十六条的规定，将破坏、扰乱和危害行为置于句首，使立法宗旨明确，显示出立法语言的庄严性。

3. 分列项目的语言形式

分列项目的语言形式，从语法的角度看，是对同位词组所表述的内容进行分列项目的叙述。在我国全部现行法律中，这种语言形式使用了 1793 次，其中《海事诉讼特别程序法》第二十一条创下了分列项目的数量之最，达 22 项。这种语言形式，用于表述法律规范逻辑三要素，使法定内涵明晰、肯定、庄严。

例一：为保障选民和代表自由行使选举权和被选举权，对有下列行为之一，破坏选举，违反治安管理规定的，依法给予治安管理处罚；构成犯罪的，依法追究刑事责任：

（一）以金钱或者其他财物贿赂选民或者代表，妨害选民和代表自由行使选举权和被选举权的；

（二）以暴力、威胁、欺骗或者其他非法手段妨害选民和代表自由行使选举权和被选举权的；

（三）伪造选举文件、虚报选举票数或者有其他违法行为的；

（四）对于控告、检举选举中违法行为的人，或者对于提出要求罢免代表的人进行压制、报复的。（《全国人民代表大会和地方各级人民代表大会选举法》第五十七条第一款）

这是"假定"要素的分列项目。

例二：被宣告缓刑的犯罪分子，应当遵守下列规定：

（一）遵守法律、行政法规，服从监督；

（二）按照考察机关的规定报告自己的活动情况；

（三）遵守考察机关关于会客的规定；

（四）离开所居住的市、县或者迁居，应当报经考察机关批准。（《刑法》第七十五条）

这是"处理"要素的分列项目。

例三：走私本法第一百五十一条、第一百五十二条、第三百四十七条规定以外的货物、物品的，根据情节轻重，分别依照下列规定处罚：

（一）走私货物、物品偷逃应缴税额较大或者一年内曾因走私被给予二次行政处罚后又走私的，处三年以下有期徒刑或者拘役，并处偷逃应缴税额一倍以上五倍以下罚金。

（二）走私货物、物品偷逃应缴税额巨大或者有其他严重情节的，处三年以上十年以下有期徒刑，并处偷逃应缴税额一倍以上五倍以下罚金。

（三）走私货物、物品偷逃应缴税额特别巨大或者有其他特别严重情节的，处十年以上有期徒刑或者无期徒刑，并处偷逃应缴税额一倍以上五倍以下罚金或者没收财产。（《刑法》第一百五十三条第一款）

这是"制裁"要素的分列项目。

（三）语调威严有力

立法语言的语音节奏威严有力，这取决于所采用的词语及语言形式。对此可作如下归纳：第一，采用单音词、文言词、四字格，增加语音的顿挫感，使语音节奏凝重有力。第二，采用处置的语言形式，即"……的，处……"，使语音节奏威严有力。第三，采用分列项目的语言形式，使语音节奏清晰有力。

综上所述，立法语言以其权威性、逻辑性以及庄严性的语言特点，充分展示出立法语言的美学观。

第二节　立法语言的用词

一、立法语言用词的规律

立法语言的用词规律是指立法语言对词类的选择和使用的规律。立法语言经常使用以下几类词。

（一）名词

法律法规所规范的对象包容了社会生活的各个方面，因此立法语言中必然要大量选用指称社会生活中各种各样事物的名词，如各部门法、各部门法所调整的对象、诉讼程序、管辖地域、有关的时间以及各种各样的法律关系等，这些都要用名词来表述。所以，名词在法律语言中使用率非常高，地位也非常重要。

例一：中华人民共和国保护华侨的正当的权利和利益，保护归侨和侨眷的合法的权利和利益。（《宪法》第五十条）

例二：编制水土保持规划，应当征求专家和公众的意见。（《水土保持法》第十三条第四款）

例三：机关、团体、部队、学校、厂矿企业、农村集体经济组织和个人在自有林内采集的林木种子，可以自行处理。（《吉林省林木种子经营管理条例》第十九条第三款）

立法语言中经常使用的名词主要有指称特定人物身份的和指称具体事物的名词、时间名词、方位名词和表示某些抽象事物的名词。例如：

①指称特定人物身份的名词：当事人、原告人、被告人、辩护人、委托代理人、法定代理人、继承人、被继承人、上诉人、被上诉人、审判员、审判长、公诉人、岳父母、养子女、丈夫、妻子、受害人、证人、行为人、罪犯、公证人、专利权人、债权人、债务人等。

②指称具体事物的名词：证据、遗产、标的物、工具、车辆、船只、飞机、矿山、草原、森林、山岭、滩涂、枪支、弹药、合同、房屋、储蓄、生活用品、文物等。

③表示时间的名词：年、月、日等。

④表示抽象事物的名词：诉讼时效、法定期限、性质、情节、动机、目的、过错、故意、手段、意思、合法权益、债权、债务、责任能力、态度、权利、义务等。

（二）动词

立法语言不可避免地要使用大量的、表示各种各样动作行为的动词。

例一：国家保护和改善生活环境和生态环境，防治污染和其他公害。(《宪法》第二十六条)

例二：为了预防和惩治毒品违法犯罪行为，保护公民身心健康，维护社会秩序，制定本法。(《禁毒法》第一条)

例三：购销记录应当注明保健用品的名称、规格、批号、有效期、生产企业、购销单位、购销数量、购销日期等内容。(《吉林省保健用品管理条例》第二十六条第二款)

立法既然要向全社会提出行为规范，就必然要把人们的各种行为归类为合法、违法和犯罪，就要规定公民的权利和义务，而且要对合法行为予以认可和保护，对违法和犯罪行为予以否定和打击，因此，在立法语言中，除了要使用大量表示具体动作行为的动词外，还常常使用能愿动词。

例一：中华人民共和国政府可以根据本法制定有关规定。(《专属经济区和大陆架法》第十五条)

例二：转让水能资源开发利用权，应当到原批准机关申报并办理变更手续。(《吉林省水能资源开发利用条例》第十六条)

在立法条文中，还经常需要对一些法律概念进行解释、判断或范围的限定，所以判断动词"是"在立法语言中也很重要。

例一：保险行业协会是保险业的自律性组织，是社会团体法人。(《保险法》第一百八十条第二款)

例二：可以用于证明案件事实的材料，都是证据。(《刑事诉讼法》第五十条第一款)

例三：本条例中下列用语的含义：

（一）林下参，是指播种或者移栽在山林中自然生长的人参，产品包括野山参和移山参；

（二）野山参，是指播种在山林中自然生长的人参；

（三）移山参，是指移栽在山林中具有部分野山参特征的人参；

（四）鲜人参，是指采收后未经加工的新鲜人参；

（五）红参，是指以鲜人参为原料，经过刷洗后，蒸制、干燥的人参产品；

（六）生晒参，是指以鲜人参为原料，经过刷洗后，晒干或者烘干而成的人参产品；

（七）大力参，是指以鲜人参为原料，经过刷洗后，除须、烫制、凉水漂凉、干制的人参产品；

（八）保鲜参，是指以鲜人参为原料，经过刷洗后，用符合食品安全标准的制剂保存的人参产品。（《吉林省人参产业条例》第六十二条）

（三）形容词

立法语言对形容词的要求非常严格，极少使用具有描绘色彩的形容词，如"波澜壮阔""气势磅礴""所向披靡""汪洋恣肆"等，而多使用限定性的形容词。

一般而言，立法语言中的形容词大多表示性质和程度。

例一：为保证公正、及时地仲裁经济纠纷，保护当事人的合法权益，保障社会主义市场经济健康发展，制定本法。（《仲裁法》第一条）

例二：任何单位和个人不得向国外提供我省尚未公开发表的文物拓片、照片、图纸、古墓壁画摹本及文字资料。（《吉林省文物保护条例》第二十六条）

在立法语言中，有些形容词和某些另外的形容词及表程度的副词组合，形成一种程度上的序列，这种特殊的程度序列具有相对固定的法定内涵。如"显著轻微—较轻""恶劣—特别恶劣""较为严重—严重—特别严重"等。法赋予这种程度序列一定的规约性，这一规约性对正确实施法律具有非常重要的指导意义。

和名词、动词相比较，立法语言中形容词的使用较少，但其地位却是不容忽视的，几乎每一个形容词的使用都有着特殊意义和作用，因此不是可有可无的，也不是可以用其他意义相近的词所能替代的，在使用时必须加以慎重选择。

（四）数词、量词

数词和量词也是立法语言中使用频率很高的词类，这是因为立法工作不可避免地要和数字打交道，离不开对数量词的使用。立法语言中的数词和量词主要用来表示法定期限、法定年龄、法定人数等。

例一：海事请求保全扣押船舶的期限为三十日。

海事请求人在三十日内提起诉讼或者申请仲裁以及在诉讼或者仲裁过程中申请扣押船舶的，扣押船舶不受前款规定期限的限制。（《海事诉讼特别程序法》第二十八条）

例二：省人民代表大会常务委员会法制工作机构在征求相关部门意见、研究论证后，一个月内向制定机关反馈意见。（《吉林省地方立法条例》第四十四条第二款）

例三：具有高等学校医学专科学历或者中等专业学校医学专业学历，在执业医师指导下，在医疗、预防、保健机构中试用期满一年的，可以参加执业助理医师资格考试。（《执业医师法》第十条）

例四：建立八十周岁以上低收入老年人高龄津贴制度，具体办法由县级以上人民政府制定。鼓励有条件的地方逐步扩大发放范围，提高标准。（《吉林省老年人权益保障条例》第二十七条）

例五：乡、民族乡、镇的人民代表大会设主席，并可以设副主席一人至二人。主席、副主席由本级人民代表大会从代表中选出，任期同本级人民代表大会每届任期相同。（《地方各级人民代表大会和地方各级人民政府组织法》第十四条第一款）

立法中这些数量词的使用使条文变得具体、可行，为执法和司法人员提出了工作的法定准则、要求和依据。在执法和司法工作中，如果违背了这些数量上的规定，就违背了法，这就是立法中数量词所体现的法定性，这一法定性是立法语言中的数量词与其他文体语言中的数量词截然不同的特点。

（五）代词

立法语言使用的代词数量不多，其中多是不定指代词，表示一定的范围，而不表示特定的对象。这也是由立法条文本身所具有的外延大内涵小的特点所决定的。

例一：任何单位、个人不得损坏、挪用或者擅自拆除、停用消防设施、器材，不得埋压、圈占、遮挡消火栓或者占用防火间距，不得占用、堵塞、封闭疏散通道、安全出口、消防车通道。人员密集场所的门窗不得设置影响逃生和灭火救援的障碍物。（《消防法》第二十八条）

例二：机关聘任公务员，应当按照平等自愿、协商一致的原则，签订书面的聘任合同，确定机关与所聘公务员双方的权利、义务。聘任合同经双方协商一致可以变更或者解除。（《公务员法》第一百零二条）

例三：代表可以以书面形式要求撤回本人提出的建议、批评和意见。（《吉林省人民代表大会代表建议、批评和意见办理条例》第六条第二款）

上述三个例子中，"任何"所指代的范围是不定的，具有任意性，对人、事、物的限定范围是无限大的，这正是立法条文的周全性所需要的。"双方"所指范围从"机关与所聘公务员"的范围看是一定的，非此即彼，但并未明确指代是机关一方还是公务员一方，因此，也是不定的。"本人"的指定范围已经缩小到单个的人、物、事，似乎是定指的，但用在立法条文中，因为并非特指某个具体的人、物、事，所以其对象也是不定的。在一定的范围内使用不定的代词，是立法语言表义严谨的手段之一。

（六）副词

副词可以从时间、范围、程度、频率、肯定与否定等不同角度对动词进行修饰和限制。立法语言中所选用的副词数量较少，而且使用也很严格。立法语言选用的副词多是表程度、范围、频率、状态的，基本没有表语气的副词。法所规范的是人们的各种法律行为，准确表述行为的状态、范围、程度和频率对于认定法律行为的性质具有非常重要的意义。因此，在立法语言中，适当使用具有表状态、范围、程度和频率意义的副词，能够使条文更加准确精密。

例一：危害国家安全犯罪、恐怖活动犯罪、黑社会性质的组织犯罪的犯罪分子，在刑罚执行完毕或者赦免以后，在任何时候再犯上述任一类罪的，都以累犯论处。（《刑法》第六十六条）

例二：违反本条例第十五条规定，影响高速公路正常使用的，由高速公路管理机构责令停止违法行为；对情节较轻的可以处五十元以上五百元以下的罚款；对情节严重的可以处五百元以上二千元以下的罚款；对情节特别严重的，可以处二千元以上五千元以下的罚款；造成他人人身、财产损害的，依法承担民事责任。（《吉林省高速公路路政管理条例》第四十一条）

例三：有下列行为之一，应当给予治安管理处罚的，由公安机关依照治安管理处罚法的有关规定予以处罚；构成犯罪的，依法追究刑事责任：

（一）阻碍电力建设或者电力设施抢修，致使电力建设或者电力设施抢修不能正常进行的；

（二）扰乱电力生产企业、变电所、电力调度机构和供电企业的秩序，致使生产、工作和营业不能正常进行的；

（三）殴打、公然侮辱履行职务的查电人员或者抄表收费人员的；

（四）拒绝、阻碍电力监督检查人员依法执行职务的。（《电力法》第七十条）

例一中的"再"表示重复出现的行为事实，使"再犯"国家安全犯罪、恐怖活动犯罪、黑社会性质的组织犯罪成为特别累犯的一个构成要件，副词"都"则表示无一例外的最大范围，这就使人非常明确：对于"……的犯罪分子"，只要具备"再犯"的要件，就是累犯。例二中的"情节特列严重"因为使用了"特别"这一程度词，就可以和"情节严重"相区别，成为从重处罚的重要条件。例三中的"公然"则表示行为人肆无忌惮的态度。由此可见，"再""特别""公然"几个副词的使用，使这些条文所规范的行为在程度、范围和状态上进一步具体化。

（七）介词

立法语言中的介词为数不多，经常使用的多是表对象、原因和方式的介词，如"对""向""把""将""因""以""由""在""通过"等。

例一：培育的畜禽新品种、配套系和新发现的畜禽遗传资源在推广前，应当通过国家畜禽遗传资源委员会审定或者鉴定，并由国务院畜牧兽医行政主管部门公告。畜禽新品种、配套系的审定办法和畜禽遗传资源的鉴定办法，由国务院畜牧兽医行政主管部门制定。审定或者鉴定所需的试验、检测等费用由申请者承担，收费办法由国务院财政、价格部门会同国务院畜牧兽医行政主管部门制定。（《畜牧法》第十九条第一款）

例二：县级人民政府应当将扶贫开发项目名称、资金来源、数量、项目实施单位以及查询方式等向社会公开。（《吉林省农村扶贫开发条例》第四十四条）

（八）连词

立法语言必须合乎事理、法理逻辑的特点，决定了它对连词的选用是非常严格的，因此常用的连词也较少，主要有"或者""和""而""但""连同"等，偶尔也使用一些关联词。例如：

本章规定的对民用航空器的权利，包括对民用航空器构架、发动机、螺旋桨、无线电设备和其他一切为了在民用航空器上使

用的，无论安装于其上或者暂时拆离的物品的权利。(《民用航空法》第十条)

（九）助词

立法语言对助词的使用一般以结构助词为主,时态助词较少,语气助词除了表示强调或肯定语气的"的"之外,其他语气助词很少使用,这是因为立法语言主要是借助自身内容的严肃性来显示其权威性,无须借助于语气助词。

二、立法语言用词的特点

（一）准确性

词语本身无所谓准确与不准确。只有在一定的语言环境中才能判定词语的准确性如何,所以,准确地选用词语是指在某一特定的语言环境中,为了表达某一特定的内容,对词语进行最恰当的选择。

对于用词准确,不同的文体有不同的要求,文学语言中的"准确",是以能否生动、形象、鲜明、突出地表达思想感情为标准;而立法语言中的"准确",则要求每个概念都要精确严密,符合内容的科学性和思维的逻辑性,如实、贴切。所谓如实,是指选用词语要反映客观事物的本来面目,不夸大,也不缩小。所谓贴切,是指词义准确,搭配合理,能最得当地表达本意。

（二）简明性

简明性是立法语言的高境界,恰当而精练地选用词语,能直接影响到语言的简明性。"立法语言累赘而不简当,势必失之于冗弱,文冗而法晦。"[1]简明用词,一般体现在以下几点。

1.恰当选用"四字格"词语

"四字格"是指由四个音节组成的语言结构,是汉语中广泛

---

1 刘兰英、孙全州主编:《语法与修辞》,台湾新学识文教出版中心1991年版,第351页。

使用的一种语言结构形式，包括成语和四字词组。"四字格"的突出特点是简明扼要、言简意赅，具有较强的概括力，此外，"四字格"还具有结构紧凑、音节整齐、色彩庄重的优点。

2. 恰当选用文言词语

现代汉语是从古代汉语的基础上转承和演变而来的，因此必然还保留着一定数量的文言词语。这些文言词语与现代语词已经非常接近，如果使用得当，并不感到生涩，而且还具有凝练、典雅的修辞效果。文言词语与现代语词的主要区别之一，就是文言词以单音为主，现代语词以复音为主，然而其表意功能并没有什么不同，所以立法语言中恰当地选用一些文言词语，比单纯使用现代语词更能起到色彩庄重的效果。立法语言中常用的文言词有："该""本""予""此""均""皆""送其"等。

3. 恰当使用简缩词

使用简缩词也是令语言简练的手段之一。但立法语言使用简缩词必须慎重，不然有损于立法语言庄重严肃的语体风格。因此，使用时要注意以下几点。

（1）避免滥用。使用简缩词固然可以增强语言的简明性，但立法语言是极为严肃的，不能为了使用简化词而破坏了严肃性。例如，将"中国共产党"简化成"党"，将"中央军事委员会"简化成"中央军委"或"军委"，在一定的文体和语境下并无不妥，但在法律法规中就不宜这样简化，否则会使严肃性大打折扣。

（2）规范使用。简缩词必须是在语言实践中约定俗成的，其含义已经被大家所认可。

（3）不能对专用名词简称。立法语言中的专用名词，如执法部门的名称、司法部门的名称、地区的名称、人的名称一般都要用全称。这一方面是为了保持立法语言的严肃性，另一方面也是为了避免出现差错。例如，"人大"，就不知是指"全国人民代表大会"，还是指地方的某个省、市人民代表大会，抑或是指"中国人民大学"。

（4）恰当使用"的"字词组。"的"字词组以"的"字为标志，一般是由名词性的偏正词组省略中心词而形成的一种较为固定的语言结构，因此它本身就是文字简化的结果。"的"字词组具有名词性质，表示人或事物的类属范畴，有较强的概括性，并且带有一定的通俗色彩。一般而言，法律条文的表述以不省略句子成分为原则，完全句是法律文本句型的常态。[1]然而，当通过上下文能够明确补读出省略的句子成分时，省略便兼具凝练而明确的奇效。"的"字词组的使用便是如此，既可以增强语言的简明性，又可以增强表义的严谨性，所以在立法语言中使用非常广泛。

（三）严谨性

所谓严谨，是指表义准确、严密。当然，立法语言表义的严谨性也不单纯是用词问题所能解决的，还要借助于一些语法手段、修辞方法和适当的表达方式等多种语言技巧的综合运用才能实现。但是，用词的得当与否也直接影响着立法语言的严谨性，所以从用词的角度来增强严谨性也是非常重要的。

严谨用词，要注意保持词义在特定环境中的单一性。在立法语言的词语体系中，除了法律专业术语以外，在一般词语中存在不少一词多义的现象。为了保持立法语言的准确性和严密性，在使用这一类词的时候，要注意使其在特定的语言环境中保持单一的含义。另外，相近或相关的词语连用，也可以增强语义的严谨性。

（四）庄严性

庄严性是立法语言最重要的语体特征。法律规范是国家制定和认可的，由国家强制力保证其实施。它具有普遍的约束力和最高的权威性。立法语言作为法律规范的语言表达形式，当然要具

---

1 曹叠云：《立法技术》，中国民主法制出版社 1993 年版，第 86 页。

有浓重的庄严色彩。

立法语言的庄重格调，是由词汇、语法、修辞等多方面的因素共同形成的，而不是个别的语言手段所能奏效的。但是，词语的选择和运用却是诸多因素中的重要因素之一。立法语言的庄严色彩要在准确、简明、严谨的基础上才能形成。

第十五章　立法完善

第一节　立法完善概述

一、立法完善的概念

　　立法完善，是指法案变为法之后，为使所有的规范性法律文件进一步臻于科学化，更宜于体现立法的目的，能够适应不断变化的新情况的需要，所进行的立法活动和立法辅助性工作。[1]立法完善是立法概念中的应有之义，是立法活动非常重要的组成部分。立法是由特定的主体，依照法定的职权和程序，运用一定的立法技术制定、认可、解释、修改、补充和废止规范性法律文件的活动。其直接目的是要产生和变更这种特定的社会规范。立法概念本身已经在相当程度上涉及立法完善问题，它包含着法的修改、补充、解释、废止这类内容，而这类内容正是对已经制定出来的法加以完善的活动。

　　立法完善作为现代立法活动的重要组成部分，也可以从观察立法活动发展过程中得以了解。现代各国立法活动的实践，一般都将整个立法活动过程分为三个阶段：第一阶段为立法的准备阶段；第二阶段是指由法案提出到法的公布这一系列正式立法活动所形成的立法程序阶段；第三阶段就是立法的完善阶段，也就是指法案变成法之后，所进行的立法辅助性活动。

　　立法完善同立法活动的前两个阶段相比，一方面，其主体同立法的准备阶段是一致的，既可以是立法权的享有者，也可以是

---

[1] 周旺生：《立法学》，北京大学出版社 1994 年版，第 146 页。

立法权享有者委托的机构、组织和人员，还可以是不享有立法权也没有被有权委托但自己希望或建议进行某些立法活动的机构、组织和人员。另一方面，其主体同由法案到法这个阶段是不一致的，由法案到法的阶段的主体必须是能够行使立法权的主体，而立法完善阶段的立法活动主体，并非都能参与由法案到法的阶段的立法活动，即正式或纯粹的立法活动。立法的准备阶段，立法活动的直接结果是形成法的草案，该结果有两种可能：一种是被有权的立法主体作为其提出法案的依据；另一种是被有权的立法主体所否定，不进入由法案到法的阶段。而立法完善阶段，则是发生于由法案到法的阶段之后，它直接活动的对象就是已经被确定为法的规范性法律文件。

这里应注意立法完善与法的完善的区别，法的完善较立法完善的范围要广泛，它包括立法活动、司法活动、执法活动、法律监督活动等各方面的完善。而立法完善的对象则仅仅是已形成的规范性法律文件。

立法完善作为整个立法活动的一个重要环节，它针对的是法与法调整对象之间的协调性问题，从这一点上看，是一个着重于解决技术性问题的立法环节。但是，立法完善的技术性特征不是孤立的，而是存在着理论背景的。换言之，技术性和理论性是立法完善内在结构中固有的成分，两者之间相互依存、相互作用的关系也意味着立法完善自身是一个系统的活动。

立法完善作为一个有系统的活动直接从其内容上表现出来，它包括立法解释，法的修改、补充和废止，法的清理，法的汇编，法的编纂等一系列相关联的活动。通过这些活动，使整个立法活动获得内在的协调性。另一方面，立法完善又服从于整个立法活动的外在目的，即法与社会生活相适应。研究立法完善，应当根据这两点来进行。立足于前者的立法完善，在整个立法活动中，是制度运作的要求，也以制度化的形式而存在。立足于后者的立法完善，在整个立法活动中，其作用是间接性的、准备性的，更具有理论的性质，而且它产生的结果与前者不同，它不以制度化的形式而存在。

二、立法完善的特点

通过上述对立法完善概念的论述，可以看出，立法完善具有以下几个特点。

第一，立法完善就其时间而言，它是在法案变为法之后而进行的一种辅助性立法活动。因此，立法完善是立法活动中的最后一道工序，它与立法活动之前的活动并不是连续性的，法案变为法之后，可能很短时间就进行立法完善，也可能很长时间再进行立法完善。

第二，就立法完善的主体而言，它既可以是立法机关的活动，也可以是非立法机关的活动，因而可以将立法完善分为有法律效力的立法完善和无法律效力的立法完善两种形式。

第三，立法完善的目的，是为了使规范性法律文件更具科学化，更能够体现立法的目的，能够适应不断变化的新情况，以消除不当立法行为，实现法律体系内在的统一性和协调性。

第四，就立法完善的行为而言，它是通过立法解释，法的修改、补充和废止，法的清理，法的汇编，法的编纂等方式来进行。

三、立法完善的意义

立法完善对于法律法规及其他规范性法律文件的系统化、完备化和科学化是必不可少的，是立法活动中的一个重要阶段。立法完善的意义主要表现在以下几个方面。

第一，通过立法完善可以及时地发现规范性法律文件的漏洞和缺陷。立法是一国立法者在总结历史经验教训的基础上，对未来社会发展状况的一种预先规定，通过这种预先的规定，为人们的行为起到指导性的作用。这种预先的规定，不可避免地带有一定的主观性和预见性。这种主观性和预见性的正确与否，必须要经过实践的检验。只有经过实践的检验，才能使立法活动本身更具有科学性和规范性。由于立法者对客观事物认识的局限，也可能会导致立法的失误，甚至会造成不当立法行为的发生。因此，通过立法完善工作，可以及时地发现规范性法律文件的漏洞和缺陷，通过采取必要而有效的补救措施，使其更符合客观实际的需要。

第二，通过立法完善可以使法适应于客观实际生活的变化。法是社会关系的调整工具，通过法能够规范人们的行为，使社会秩序得到有效调整。但法也不可避免地具有其自身的不足。因为法经国家权力机关制定或颁布之后，就具有一段时期内的稳定性和延续性。而社会现实生活是在不断变化的，这些变化就必然会带来法的滞后性，使它无法及时、有效地完成对社会关系的调整。因此，如何有效地解决法的滞后性对社会生活带来的不利后果，是立法者必须面对的一个重要问题。

第三，立法完善对执法、司法和守法也具有重要的意义。法具有规范性和概括性的特点，它的规定往往都具有原则性，要将这种原则性的规定运用于具体社会生活，就必须通过立法解释等立法完善手段，使其适应于社会具体行为和事件。

第二节　立法解释

一、立法解释概论

（一）立法解释的含义

关于立法解释一词，学术界的认识也不尽相同。从解释主体的角度来认识，有的学者认为，立法解释是指国家立法机关为完善和发展立法而对法所作出的解释。在中国，只有全国人大常委会的解释才属于立法解释。也有的学者认为，立法解释是指制定法的机关为使法准确适用而对其条款的立法含义所作出的说明。还有的学者认为，无论是立法机关，还是行政机关、司法机关，只要其解释具有立法意义，都属于立法解释的范畴。从解释学角度来理解，有的学者认为，立法解释是指对法本身需要进一步明确界限时，对条文含义所作的说明。超出法条文范畴进行的"立法"式解释和有关法的具体运用的解释，均不属于立法解释；也有的学者认为，立法解释不限于对法条含义所作的说明，还应包括对法的补充性或修正性的解释。从不同的角度，可以赋予立法解释不同的含义。从解释主体角度和解释学角度对立法解释的认识理解，都有其合理性。但将立法解释仅局限于国家立法机关的解释，或者将行政机关、司法机关的解释都归于立法解释的范畴，将立法解释限于对法条的具体说明，或者将立法解释与补充立法和法的修改不加区分，立法解释的含义就显得过于狭窄或者过于宽泛。

对立法解释予以界说，应当考虑解释主体、权限、规范等要素。立法解释的含义必须是严谨的，应当涉及立法解释主体资格问题、各级各类立法解释主体的权限问题、立法解释的程序和技术规范问题等。据此，可以将立法解释定义为：有权主体在法定权限内遵循法定的解释规范对法的含义及意义所作的说明。有权主体主要是指享有立法权的国家机关，即立法者，也包括立法者授权的国家机关；法定解释权限应与立法者的授权相适应，谁立法谁解释或者谁立法谁授权其他国家机关解释；法定解释规范涉及面较广，包括立法解释的法定步骤和法定方式等。

根据对立法解释的理解和认识，我国的立法解释就是指享有立法权的国家机关或其授权的国家机关在法定解释权限或授权范围内，根据法定程序规范和科学解释方式对法的含义及意义所作的说明。在我国，法律法规和规章的制定机关及其授权的机关都有权对相应的法作出解释。对法的解释应当基于法的文本框架，尊重立法原意，不能突破文本框架补充法，更不能违背立法原意修改法。

（二）立法解释的特征

1. 立法解释具有法定性。立法解释是有权的主体运用其立法解释权限对自己所立之法的解释，立法解释权限由法明确规定，立法解释主体必须在法定解释权限范围内进行解释，立法解释必须遵循法定解释程序，符合法定解释形式。立法解释是所解释的法的有机组成部分，与所解释的法具有同等的效力，这表明了立法解释属于法定解释的范畴，它具有法定性。

2. 立法解释具有立法性。在法定解释中，立法解释不同于行政解释和司法解释。从立法上看，立法解释与行政解释和司法解释的区别在于"进一步明确界限"和"具体应用法律、法规"之间的区别。以立法学的观点看，立法解释主体的解释权限与立法权限相适应，可以视为立法权限的延伸。立法解释是完善法的有效途径，对执法和司法有着非常重要的意义。这表明立法解释源于立法的范畴，具有立法性。

3. 立法解释具有广泛性。立法解释是有权主体对法的含义及意义的说明。立法解释主体首先是指立法者。一般而言，立法者都有权对自己所立之法进行解释。在我国，立法者包括全国人大及其常委会，国务院及其各部、各委员会，享有地方性法规制定权的地方人大及其常委会和它们的同级政府，民族自治地方的人大，特别行政区立法机构等。立法解释的广泛性是针对立法主体而言的。

4. 立法解释具有有限性。立法解释并不是立法者的随意性的解释，它必须以法条为基础，不能违背立法原意。它可以完善法条含义，但不能突破既定的法的框架；它可以发展法条意义，但不能偏离立法精神。

273

（三）立法解释的意义

对于立法解释的意义，学术界有不同的概括。有的学者将立法解释视为实施法的前提和发展法的方式，认为立法解释有利于对抽象、概括、有限的法的规定统一理解，有利于弥补立法漏洞，改正法律规范不明确及相互矛盾等缺陷，并协调法与社会发展之间的关系。也有的学者认为，立法解释既是完善法、补充法的重要手段，又是介于立法和法律实施之间促进法律实施的一种技术，还是判断行为合法与否的标准，认为立法解释的作用在于完善法、补充法、修改法和判断违法行为。从实践的角度，概括地讲，立法解释的意义主要在于：它是完善立法的重要手段，是发展立法的主要途径，是沟通执法、司法与立法的重要方式。主要体现在以下几个方面。

1. 立法解释是完善立法的重要手段。由于立法者的认识水平、立法技术等方面的限制，立法不可能是完美无缺的。因此，立法解释、法的补充、法的修改才成为必要。立法在为社会确定行为的一般规则时，经常会出现概念化和原则性的规定，操作起来比较困难，甚至会出现规范界限模糊不清、用语准确性差、内容多歧义、相互矛盾的情况。这直接影响到立法质量。因此，必须通过各种手段来弥补立法缺陷。立法解释是弥补立法缺陷、完善立法的重要手段。通过立法解释，将原则性和概念性的规定特定化和具体化，进一步明确法律行为的界限，对立法用语准确释义，消除内容的相互矛盾和冲突，从而使法具有操作性，使立法尽可能趋于完善。

2. 立法解释是发展立法的重要途径。法是在一定的社会客观条件下制定的，由于社会生活是不断发展和变化的，立法因而具有一定的局限性。如果法能够与社会发展同步变化，立法的局限性就会随之削弱。但法不能朝令夕改，应当保持相对的稳定性，这就使立法的局限性更加明显。既要维护法的稳定性，又要使法适应社会变化发展的需要，就需要通过解释、补充和修改等手段协调法的稳定性和适应社会发展之间的关系。立法解释是发展立法的重要途径。通过立法解释，可以消除法条的不周全性，使疏漏的法条含义得以填补；可以根据社会发展的需要，按照法条所涵盖的内容，使立法用语更具包容性；可以消除立法的滞后性，在不改变立法原意的前提下，赋予那些已不适应现实情况的法条以新的内容，适应社会生活发展变化的需要。

3. 立法解释是沟通立法与执法、司法的重要方式。法治需要完善的立法、高效的执法和公正的司法。在一定程度上，执法的高效性和司法的公正性首先取决于立法的质量。立法是法治的首要环节，而立法并不是完美无缺的，有些法的规定过于原则和笼统，在执法和司法中缺乏操作性；有些法的规定界限不清，容易产生歧义，导致执法和司法的混乱；有些法的内容早已过时，不适应社会发展的需要。立法解释的意义就在于弥补立法缺陷，克服立法的有限性，增强立法的适应性，提供更加具体、明确的执法依据和司法标准，使执法者和司法者更好地理解法的含义，把握立法意图，提高执法、司法的效率和准确性。

二、立法解释体制

（一）立法解释体制的历史发展

从世界各国的情况来看，法的解释体制不尽相同。法的解释体制与法的解释权限相关。法的解释权限配置差异，形成了不同的法的解释体制。

在我国古代，对法律的解释始于秦代，兴于汉代。当时"律学"已相当发达，所作的解释基本上都属于学理解释。晋代以后，学理解释逐渐为官方解释所取代。在西方，最初古罗马君主并不允许公开解释法律，奥古斯都皇帝时，为了树立法律权威，规定经他批准可以解释法律，到后来对法律的学理解释不仅普遍，而且还曾一度具有法律效力，其中典型代表是古罗马五大法学家对法律的解释，直接为古罗马帝国执法、司法所适用。[1]

近现代，法的解释成为一项非常重要的国家权力。法的解释的主要问题是由谁进行解释，解释到何种程度。这涉及法的解释权限的分配问题，也就涉及法的解释体制问题。在西方国家，法的解释权曾被视为立法权的重要组成部分，法的解释被看作是立法的延伸部分，因而法的解释是立法机关的权责，法官无权对法进行解释。奥地利、法国等国议会还通过决议禁止法院解释法律。后来，法的解释体制发生了很大的变化。议会对法进行修改是常见的，但议会对自己制定的法进行解释却十分少见，甚至在许多国家，法的解释权限不属于议会，而是由司法机关掌握。例如，在美国和日本，宪法的解释权由最高法院行使。美国联邦最高法院自通过著名的"马伯里诉麦迪逊案"获得宪法解释权后，法的解释权就一直为联邦最高法院所拥有。在法国和德国，宪法解释权由宪法委员会或宪法法院所控制。需要说明的是，在美国等西方国家，很少使用立法解释这样的概念，法的解释实际上就是指最高法院、宪法委员会或宪法法院对立法的解释，即对法的司法解释，特别是对宪法的解释。

（二）我国现行的立法解释体制

我国法的解释权限，其划分和配置经历了一个发展过程。1949年的《中央人民政府组织法》规定，中央人民政府委员会"有权"制定并解释国家法律，颁布法令，并监督其执行。1954年宪法规定，全国人民代表大会制定法律，全国人大常委会解释法律，以根本法的形式确立了我国立法及立法解释体制。1955年，全国人大常委会通过了《关于解释法律问题的决议》。该决议规定："凡关于法律、法令条文本身需要进一步明确界限或作补充规定的，

---

1 古罗马五大法学家，指罗马帝国时代的五位法学家：乌尔比安、帕比尼安、保罗、盖尤斯、莫迪斯蒂努斯。

由全国人民代表大会常务委员会分别进行解释或用法令加以规定。凡关于审判过程中如何具体应用法律、法令的问题，由最高人民法院审判委员会进行解释。"至此，中国已基本上形成了相对完整的法的解释体制，主要包括全国人大常委会的立法解释和最高人民法院审判委员会的司法解释两大类。

1981 年，全国人大常委会又通过了《关于加强法律解释工作的决议》，进一步规定和完善了法律解释的权限划分，规定："一、凡关于法律、法令条文本身需要进一步明确界限或作补充规定的，由全国人民代表大会常务委员会进行解释或用法令加以规定。二、凡属于法院审判工作中具体应用法律、法令的问题，由最高人民法院进行解释。凡属于检察院检察工作中具体应用法律、法令的问题，由最高人民检察院进行解释。最高人民法院和最高人民检察院的解释如果有原则性的分歧，报请全国人民代表大会常务委员会解释或决定。三、不属于审判和检察工作中的其他法律、法令如何具体应用的问题，由国务院及主管部门进行解释。四、凡属于地方性法规条文本身需要进一步明确界限或作补充规定的，由制定法规的省、自治区、直辖市人民代表大会常务委员会进行解释或作出规定。凡属于地方性法规如何具体应用的问题，由省、自治区、直辖市人民政府主管部门进行解释。"该决议完善和发展了我国法的解释体制，法的解释体制既包括对中央立法的解释，又包括对地方立法的解释，既包括已有的立法、司法解释，还包括行政解释。

1982 年宪法规定，全国人大常委会不仅有权解释法律，而且有权解释宪法。全国人大常委会的立法解释权进一步扩充，并得到宪法的确认。2000 年通过的《立法法》规定，法律解释权属于全国人大常委会，对它的立法解释权进行了再次确认。2015 年，新修改的《立法法》重申了这一规定。

据此，我国已基本形成自己的法律解释体制。我国法律解释体制的基本特征是以全国人大常委会为主导，各级各类国家机关分工配合。全国人大常委会负责解释宪法、法律，"凡属法律的规定需要进一步明确具体含义"或者"法律制定后出现新的情况需要明确适用法律依据的"，由全国人大常委会负责解释。全国人大常委会还有权对其他国家机关的解释实施监督。这些规定明确了全国人大常委会在法律解释体系中的主导地位。

根据上述规定，全国人大常委会和省级人大常委会的立法解释权限非常明确，全国人大常委会有权解释宪法和法律，省级人大常委会有权解释自己制定的地方性法规。根据对《立法法》和立法解释的理解和认识，国务院应当有权解释行政法规；设区的市人大常委会应当有权对自己制定的地方性法规进行解释，并报请本省、自治区人大常委会批准；国务院主管部门和省级人民政府及设区的市人民政府应当有权解释自己制定的部门规章和地方政府规章；民族自治地方立法主体应当有权对自己制定的自治条例和单行条例进行解释，并报请全国人大常委会或本省、自治区人大常委会批准。根据立法解释原则，立法解释主体也可以授权其他国家机关对自己制定的法进行解释。即凡有立法权的国家机关都享有相应的立法解释权。根据对立法解释权限的划分，可以看出，我国现行的立法解释体制是与现行立法体制相适应的多级并存、多类结合的立法解释体制。

（三）我国立法解释体制的不足

我国现行的立法解释体制也存在着一定的不足，具体表现在以下几个方面。

1. 从全国人大常委会所作的立法解释规定来看，宪法和《立法法》对全国人大常委会所规定的立法解释权限过于笼统，不利于全国人大常委会立法解释权限的正确行使。这主要表现在两个方面。一是根据宪法和《立法法》的规定，全国人大常委会立法解释权限为：凡关于法律、法规需进一步明确界限或补充规定的，由全国人大常委会作出解释或决定。而对于什么是"法律、法规需进一步明确界限"，并不明确，很容易产生误解，不利于立法解释权限的行使。二是根据《宪法》第六十七条的规定，全国人大常委会除解释法律外，还可解释宪法，显然全国人大常委会的法律解释权已经扩大。但这带来一个重要的问题，即全国人大常委会是否有权制定宪法，是否属于制宪机关，拥有制宪权。如果它属于制宪机关，拥有制宪权，毫无疑问它应当享有宪法解释权；如果它没有制宪权，那么它行使宪法解释权的适当与否，就是值得商榷的。事实上，全国人大常委会并不拥有制宪权，所以从维护宪法权威的角度来考虑，赋予全国人大常委会宪法解释权需要作进一步研究。

2. 一般而言，享有立法权的主体都享有立法解释权，这在一定程度上使立法解释主体的范围过于宽泛。这种宽泛的规定不利于立法解释的严肃性和准确性，破坏了立法解释的科学性。

3. 司法机关错误使用本应属于立法机关的立法解释权，导致司法解释越权、立法解释权空置的现象。目前，司法解释的数量和范围远远超过立法解释。这一现象的出现，与司法解释针对法的具体应用问题，而立法解释主要针对法律的规定需要进一步明确其具体含义和法制定后出现的新情况，需要明确适用法律依据的问题有关。但同时也应看到，有些司法解释文件的内容已明显超出了"具体应用"的范围。

全国人大常委会也注意到这一问题，并对此作了要求和部署。十八大以来，最高人民法院按照全国人大常委会的要求和部署，启动了新中国成立以来第一次司法解释全面集中清理工作。对最高人民法院自1949年建院至2011年底单独或联合有关部门制定的3351件司法解释和指导性文件都进行了清理，决定废止司法解释和司法解释性文件715件，决定560件司法解释、1532件司法指导性文件继续有效。通过这次清理，集中解决了司法解释与法律不一致、司法解释之间不协调、司法解释内容不准确、司法解释与社会主义核心价值观不一致等突出问题。2018 年 9 月，最高人民法院又发布了《关于在司法解释中全面贯彻社会主义核心价值观的工作规划（2018—2023)》，首次就司法解释工作出台五年工作规划，对司法解释工作作出专门部署。这些工作有效解决了司法解释越权等问题。

三、立法解释的原则和程序

（一）立法解释的原则

对于立法解释的原则，学术界研究较少。根据对立法解释的一般认识和理解，立法解释一般应遵循以下原则。

1. 越权无效原则。立法解释主体在对法的含义及意义作出说明时，必须遵循越权无效的原则。立法解释主体首先是指立法者，但如果必要，立法者也可以授权其他主体作出解释。立法解释主体必须在法定解释权限或授权范围内进行解释，立法者不能超出法定解释权限，授权解释不能突破授权范围。超越法定解释权限或突破授权范围的立法解释均属无效解释。

越权无效原则还要求消除无权解释现象。无权主体不能进行立法解释。对行政法规而言，国务院有立法解释权，但对法律，国务院可以对其进行行政解释，即作出"具体运用"方面的解释，但未经授权不能作出"进一步明确界限"的立法解释。最高人民法院和最高人民检察院未经授权只能就审判和检察工作中的"具体应用法律问题"作出司法解释，不能对"进一步明确界限"与"具体应用"不加区分，而以司法解释来取代立法解释。

2. 以现有立法为遵循的原则。立法解释是立法的延续，是对立法的完善和发展。作为立法的延续部分，立法解释在完善和发展立法时必须基于立法，具体有两项基本要求，一是要求立足于原法文本，二是要恪守立法精神。

立法解释要立足于原法文本，可以对已有法条的含义作出具体、明确的说明，只要不改变立法原意，不违背立法精神，立法解释甚至可以赋予既有法条以新的含义，但不能突破法文本的框架而增添新的法条，即后补充立法而非立法解释。立法解释可以扩充法条含义或者深化、发展法条意义，但不能偏离立法精神，不能通过立法解释改变立法者原有的立法意图。离开立法精神对法条的含义及意义作出新的说明，属于修改法律而非立法解释。立法解释必须尊重立法，不能通过立法解释来补充或修改立法，把立法解释、补充立法和修改立法混同，将对法制统一和法的权威性产生不利的影响。

3. 公开及时的原则。立法解释应当遵循公开和及时的原则，因为公开的立法解释才具有法的效力，及时的立法解释才能获得实际的法的效力。

立法解释的公开原则要求立法解释必须向社会公布。立法解释是立法的延伸，立法解释的内容是所解释的法的有机组成部分，与所解释的法具有同等的效力。它不仅是执法和司法的直接依据和具体标准，而且是整个社会的一般行为规则。立法解释应当向社会公布，应当在公布法的同等范围内公布立法解释，否则立法解释就不具有法的效力。全国人大常委会对法律的解释应当在《全国人大常委会公报》和全国人大常委会的官方网站中国人大网上刊登，国务院对行政法规的解释，应当在《国务院公报》和中央人民政府的门户网站中国政府网上刊登，地方性立法解释也应在本行政区域范围内有较大影响力的媒体上公布，使社会对立法解释有明确的了解和掌握。

立法解释的及时性原则要求立法解释应当主动适应社会发展的需要，积极回应执法和司法的要求，适时进行立法解释。立法解释的目的在于弥补立法的缺陷和不足，克服立法的滞后性，沟通立法与执法、司法的关系，如果不能及时发挥立法解释的这些作用，就难以使立法适应社会发展的需要。

（二）立法解释的程序

立法解释案一经通过和颁布，就具有了和它所解释的法的同等效力。因此，立法解释应当同立法过程一样经过严格的法定程序。"如果理解恰当，那么说程序处于法律的中心位置就绝非夸张。"[1]追求程序的正当性、合法性是现代民主政治国家的重要特征和标志。从这一角度来理解，立法解释程序是保证立法解释活动和通过立法解释活动所产生的立法解释文件合法化的条件之一。但是，我国尚缺乏立法解释程序的具体规则。产生这种现象的主要原因是对立法解释重视程度不够。往往只注意如何确定立法解释对象的内容和含义，而不注重通过何种程序赋予解释文件以法的效力，因而立法解释程序具有相当大的随意性。虽然目前各立法解释主体在实践中也采取了一些相关步骤，但由于不成熟和不固定，因此除了全国人大常委会的立法解释程序外，其他大都没有通过法的规范形式予以规定。

缺乏对立法解释程序的规定，对于立法解释活动具有很大的影响。第一，它不利于维护立法解释活动的合法性。长期以来，各地、各部门要求全国人大常委会进行立法解释，主要向全国人大常委会法工委提出，由它作出答复。但是由于法工委只是全国人大常委会的一个工作机构，因此它所作出的答复，最多只能算作立法解释草案，如果不经过必要的法定程序，就不能成为正式的立法解释文件，从严格意义上讲，它不具有法律效力，仅具有参考性的价值。第二，它还影响规范性立法解释文件的质量。由于没有法定的立法解释程序，规范性立法解释文件的出台就增加了许多随意性，减少了必要的监督完善程序，这就可能影响到规范性立法解释文件的质量，并给这些文件的适用带来困难。第三，

---

1 〔美〕诺内特、赛尔兹尼克著，张志铭译：《转变中的法律与社会》，中国政法大学出版社1994年版，第73页。

它可能造成立法解释权的滥用。立法解释权同其他国家权力一样，也是一种需要制约的权力。法定的立法解释程序就是一种有效的制约方法，它本身就可以在一定程度上保证立法解释权的合法使用，避免立法解释权的滥用而给国家、社会和公民造成不利影响。

完善我国立法解释程序制度，首先要确定立法解释程序应包括的主要内容。立法解释是一个活动的过程，它主要包括立法解释准备阶段、从提出立法解释法案到公布规范性立法解释文件的阶段、立法解释的完善阶段。每一个阶段都需要进行许多工作，但是并非每个阶段的各项工作都是立法解释程序的组成部分，只有立法解释主体在整个立法解释活动中必须经过的、法定的步骤才属于立法解释程序的内容。因此，立法解释程序应当主要包括以下几个步骤。

1. 提出立法解释议案。即由有关立法解释提案权的主体，依照法定的权限和程序向接受立法解释提案的机关，提出进行立法解释的议案。享有立法解释提案权的主体，可以是制定规范性立法解释文件的机关本身，也可以是法的具体应用机关。提案者可以在提出立法解释要求的同时提交立法解释草案，也可以只提出立法解释要求。

2. 审议立法解释议案。即由有立法解释议案审议权的主体，对该议案进行审议，决定是否列入议事日程，是否需要修改。由于立法解释的级别、种类以及提出立法解释议案的主体不同，因而行使立法解释审议权的主体也不尽相同。

3. 表决和通过立法解释议案。即由有立法解释议案表决权的主体，对该议案表示最终的、具有决定意义的态度。表决的结果直接关系到该议案能否成为规范性立法解释文件，因此它是立法解释程序中最重要的一个环节。

4. 公布规范性立法解释文件。即由有规范性立法解释文件公布权的主体，在特定的时间内，采用特定的方式将规范性立法解释文件公布。因此，公布规范性立法解释文件是立法解释程序的最后一个步骤。

要完善我国立法解释程序制度，还应当通过立法的方式对立法解释程序的有关内容作出明确具体的规定。《立法法》第四十六条至第五十条对全国人大常委会的立法解释程序作了规定，但过于原则，且并未对其他立法解释主体的立法解释程序作出规定，也没有说明可以参照有关"法律解释"的程序执行。因此，建议在适当时机对《立法法》进行修改，完善有关立法解释程序的规定。

四、立法解释的技术规范

立法解释的规范性取决于立法解释要遵循一定的解释原则、程序规范和技术规范。从技术规范的角度来讲，立法解释应当运用科学的方法，并遵循一定的解释规则。

关于法的解释方法，学术界的看法不尽相同，从不同的角度介绍的法的解释方法有 20 多种。有的学者将法的解释分为字面解释、限制解释和扩充解释；有的学者将法的解释方法分为文义解释、逻辑解释、历史解释和目的解释；也有的学者将各种法的解释归于实证分析法、社会分析法和价值分析法三类。总体而言，公认的比较重要的立法解释方法有下列几种。

1. 语义解释方法。语义解释是最基本的、首选的立法解释方法，也是其他立法解释方法的基础。语义解释在对多义、歧义和模糊法条进行明确上，发挥着基础性的作用。语义解释应当遵从语义规律和语法规则，用语力求明确、具体、通俗、规范，避免晦涩和再生歧义。

2. 系统解释方法。系统解释着力于将所解释的法条置于整个法文本中并与其他相关法条相联系，在这个基础上得出法条的含义。系统解释方法应当遵从系统理论和形式逻辑规律，立法解释的结论也应当建立在系统分析和逻辑推理的基础上。

3.目的解释方法。目的解释侧重于防止随意的立法解释，确保立法解释同立法基本一致。目的解释要求基于立法原意解释法条含义。立法目的及立法原意是立法者制定法时的价值判断和其所要实现的目的。目的解释能够使解释结论更加符合立法者的意图。

4.社会学解释方法。社会学解释方法通过社会学预测分析，根据社会正义原则以及社会发展变化产生的应当遵循的价值阐释法条的含义。社会学解释方法应当遵从社会学原理。立法解释的结论应当确定和平衡相冲突的社会利益，追求公正的社会效果。

5.历史解释方法。历史解释方法要求解释法时运用立法时的各种相关资料，在明确立法背景、立法过程的基础上确认立法意图并阐释法条含义。能够说明立法背景和立法过程的相关资料，包括法的草案、法案征求意见稿及审议的情况、关于草案的说明、以往颁布的相关立法文件资料、相关的政策及习惯等。

6.扩充解释方法。扩充解释是指对法作出较之原有含义要宽的说明的解释方法。例如，宪法规定公民在法律面前一律平等。对这一规定中的"法律"进行解释，就要作出较之法条要宽的说明，即宪法、法律、法规、规章等不同形式的规范性法律文件。扩充解释在于扩展法的适用范围。在社会生活变化发展而需要变动法时，对法作出扩充解释，可以省去比立法解释复杂得多的补充立法和修改立法，节省立法资源。

7.限制解释方法。限制解释是指对法条作出较之原有的含义要窄的说明的解释方法。例如，《婚姻法》所规定的"父母对子女有抚养教育的权利和义务"。对这项规定中的"子女"进行解释，就要作出较之法条含义要窄的说明，即未成年或丧失劳动能力的子女。限制解释在于限制法的适用范围，它的作用与扩充解释方法基本相同。

对具体法条作出说明，可以单独运用某一种解释方法，但在多数情况下，立法解释是综合运用多种解释方法的结果。例如，对概念化的规定，运用语义解释就能够作出明确的说明，但在立法存在漏洞时就需要运用语义解释和扩充解释。为保证解释与立法协调一致，在填补立法漏洞而对法作出扩充解释时，就需要运用目的解释方法。为了完善和发展立法，以适应社会发展变化的需要而赋予法新的含义或意义时，可能需要语义解释、系统解释、目的解释、社会学解释、扩充解释等多种解释方法的综合运用。

运用立法解释的方法，应当遵循一定的规则。（1）一般来说，立法解释首先应使用语义解释方法。立法最需要解释的情况多是法的条文过于概念化、原则化或存在歧义等。运用语义解释方法，可以使法条规定由原则到具体，由笼统到明确，通过准确释义使法的含义特定化。（2）如果对法条的语义解释不足以达到解释目的，就应当运用系统解释、目的解释等解释方法，将法条置于整个法文本中，系统地分析法条含义，遵循逻辑规律对法的规范意义作出正确的推理；或者根据立法目的、立法精神及立法者的价值判断和选择，界定法条的具体含义和意义。（3）如果运用语义解释、系统解释、目的解释仍然不能对法条作出具体、明确的说明，可以在立法解释中运用社会学原理，通过社会学分析，对法条作出符合社会正义原则、平衡社会利益、注重社会效果的解释。或者在立法解释中强调历史的价值，参考有关的立法资料、背景、过程，对法条作出说明。（4）当社会发展变化需要对法条作出窄于或宽于原有含义的解释时，就需要运用扩充解释或限制解释的方法。当然对法进行限制或扩充解释时，也不能忽视语义解释的基础作用、目的解释的驾驭作用和社会学解释方法的辅助作用。

第三节　法的修改、补充和废止

一、法的修改和补充

社会变迁少数以剧烈的、突然的方式进行，而绝大多数是以缓慢的、渐变的方式进行。立法作为一项社会活动，也要符合社会变迁的规律，法不能频繁废立。因此，在原有法的基础上进行修改、补充，使立法完善处于开放性的过程之中，这就是法的修改、补充对于立法完善的意义。

立法完善不仅是一部或几部法律法规得以完善，而是对法的稳定性和变动性之间的平衡关系的把握。实现这种把握的一个重要途径就是对法进行修改和补充。对一部或几部法律法规的修改、补充，使之与整个国家的法的体系保持一致和协调，使法适应社会生活的新情况。

与法的制定相同，法的修改和补充必须由拥有相应立法权的有权机关进行。法的修改和补充历史悠久。在我国，商朝时就有对"汤刑"作出修改的记载。西周穆王当政时期，也命令由吕侯修订被后世称为《吕刑》的法律。[1]在古希腊，克里斯特尼当选执政官时期，也对梭伦时期的法律进行了几项重要修改。[2]不过，这些还不能称为立法完善意义上的法的修改和补充。立法完善意义上的法的修改和补充，是近代民主政治的产物，是指一定的有权机关按照法定的职权和程序，对现行法的某些部分加以变更、删除、补充，其目的是为了使法呈现新面貌，适应新需要。

法的修改和补充的一个明显特征是它修改的对象是现行法。法被制定颁布后，都应具有相对的稳定性，这是法发展的内在要

---

1 蒲坚、赵昆坡：《中国法制史简明教程》，北京大学出版社 1987 年版，第 11 页。
2 由嵘：《外国法制史》，北京大学出版社 1989 年版，第 4 页。

求。"如果没有充足的理由，就不要更改法律。"[1]因此，必须尽力保持法的稳定性。"如果轻易对这种或那种法制常常作这样或那样的废改，民众守法的习性必然消减，而法律的威信也就随之削弱了。"[2]在现代法治国家，法的稳定性是至关重要的，但同时法的稳定性也是相对的。法的稳定性反映了一国法的发展阶段和立法水平，也反映了该国的政治、经济、文化和社会文明的进程。所以法的修改和补充是必要的，法不能一成不变。法的稳定性和变动性是统一的，法要不断地修改和补充，才能适应和满足社会不断发展的客观需要。

引起法的修改和补充的原因很多，一般说来，主要包括以下几种原因。

1. 社会原因。当社会关系变迁到一定程度时，通常要求对法作相应的修改和补充。例如，我国 2018 年通过的宪法修正案，就是根据社会关系的变化，相应对原宪法作出了修改。

2. 经济原因。经济作为社会生产方式中最活跃的因素，始终不以人们的意志为转移而运作着，并不断向法律程序提出标准，要求通过立、改、废等方式来保持法与经济的协调发展。例如，《个人所得税法》对免征额的修改。由于经济的增长，为了让改革发展成果更多、更公平惠及全体人民，近年来个人所得税免征额进行了多次提高。最近的一次是 2018 年 8 月，第十三届全国人大常委会第五次会议决定第七次修正《个人所得税法》，将个税免征额由 3500 元提高到 5000 元。

3. 政治原因。如果一个国家缺乏民主与法治的传统，公民的法律意识普遍较低，在这样的社会情况下，政治原因导致的法的

1　〔法〕孟德斯鸠著，张雁深译：《论法的精神》，商务印书馆 1961 年版，第 298 页。

2　〔古希腊〕亚里士多德著，吴寿彭译：《政治学》，商务印书馆 1983 年版，第 81 页。

修改和补充就较为常见。当然，在政治原因导致的法的修改和补充中，往往也包含着一些社会和经济的因素。

4.其他原因。法的修改和补充，还受其他原因的影响，这些原因主要包括：（1）因政策的变更而引起法的修改和补充。例如，2015年对《人口与计划生育法》的修改和补充，就充分考虑到我国现行的人口政策。（2）由于相关法律的变动而导致其他法律的修改和补充。（3）法的实施机构的变更而导致法的修改和补充。（4）法的修改或补充也可能来自其他国家或国际法规范的要求。例如，由于世界经济日益全球化、一体化，各国间的法律之间相互融合、借鉴和吸收，从而使本国法修改和补充。（5）法的无形修改。法的无形修改是指法的形式和内容在立法上没有任何变化，但法却在实践和生活中被改变。这种变化主要是语义变化的结果，由于这种语义的变化而引起人们对法的理解发生了变化，而引起法的修改和补充。

法的修改和补充的形式，在不同的国家和时期是不尽相同的，主要有以下几种：（1）以新的同名法代替原来的法，这种形式一般用来对原法做全局性的变动。（2）颁布修改法的决议，这种决议实际上往往也包括补充法的内容，它对法的修改和补充是局部的、少量的。（3）公布修改法的规定。这种规定一般也包括修改、补充法的内容，其对法的修改和补充也是局部的。（4）通过补充法的规定。（5）通过专门的决定，规定对某些事项的处理不按原法执行，而按该决定执行。这种决定的名称不是修改、补充法的决定，但由于它的公布，使原法的某些规定与该决定在调整同一事项时，要依照决定处理，因而实质上它的公布就是对原法的修改和补充。（6）通过单行法对法进行补充或扩大解释。（7）通过有关条例对法进行补充。

对法进行修改和补充，既要及时，又要慎重，使法在稳定性和变动性之间保持适当的平衡，做到既能保证法的体系协调一致，又能维护法的权威性。

二、法的废止

法的废止，是指有权的国家机关在其职权范围内，依照法定程序使现行有效的法失去效力的活动。与法的制定、修改和补充相同，法的废止也具有立法的性质，也是一种立法活动。不同的是，法的废止是为了删去、消除现行法，使之失去法的效力，而法的修改和补充从目的上看是为了保留和完善法。虽然有时也采取消除的方式删去某些原则、内容、条款[1]，但这只是作为立法技术的一种使用，法的基本框架、原则和名称都是保留的。

当法的修改、补充和解释已不能实现法的作用时，法的废止是立法完善的正确途径。因为：第一，法的废止作为法的"立、改、废、释"环节中的一项，从系统论的观点来看，它是良性循环的开放性立法系统的重要组成部分，它把失去存在价值的现行法从法的体系中删除，保证了法的体系不断新陈代谢、更新发展。第二，法的废止能够保持法的严肃性，如果一部法已丧失了存在的价值，甚至阻碍社会的发展，若不及时废止，其消极作用将超过积极作用，对社会、国家和公民所造成的危害越来越大。第三，法的废止避免了法的体系的混乱和矛盾，有利于人们了解、掌握和利用法。

法的废止，从性质来看，一般分为自然废止、明示废止和默示废止。自然废止，是指生效期届满而产生的法的废止。明示废止是指有权的国家机关，依照法定的权限和程序，宣告现行法失去效力的行为。默示废止是指原法虽未经宣告废止，但已被新法的颁布所取代，尽管在形式上该法仍然有效，但在司法实践中已不再被运用，所以属于事实上被废止了。

从我国立法实践来看，法的废止主要有以下几种情况：

---

1 从某种意义上说，这也是一种法的废止。

（1）新法代替旧法，即随着新法的颁布，与新法同名称的或内容相同的旧法即行废止。这是我国法的废止的最主要方式。它又包括两种情况：一种是在新法中明确规定废止旧法；二是新法中虽然没有明确规定废止旧法，但根据新法优于旧法的原则，如果新法与旧法同名，那么新法颁布实施，旧法即告废止。（2）通过专门的决定来废止旧法。例如，2013 年 12 月，第十二届全国人大常委会第六次会议通过的《关于废止有关劳动教养法律规定的决定》，就属于这种情况。（3）由于法规定的事项已经执行完毕，法没有继续存在的必要而废止。（4）由于有关法的废止或修改，使法失去了依据且无单独实施的必要而被废止。（5）法本身规定了终止生效的日期，如果期限届满而又无延期规定时，自行终止效力而引起该法的废止。（6）因法定国家机关的撤销而废止。

第四节　规范性法律文件的系统化

一、规范性法律文件系统化的意义

规范性法律文件系统化，是指对一国全部现行规范性法律文件进行整理，使之形成系统的活动。规范性法律文件系统化的目的是：第一，便于法的实施。制定法的目的是使法得到执行和遵守。要使制定的法便于实施，整个国家的法应该是条理清晰、分类合理、安排得当、查找方便的一个系统。我国法律的制定主体多样，法的地位和效力层级差异较大，名称也比较多，所以对制定的法予以清理和系统化的工作很有必要。第二，维护和促进国家法制的统一。新中国成立以来，特别是 20 世纪 70 年代末以来，制定的法数量较多、内容较广泛，其中哪些有效，哪些失效，哪些已经废除，哪些又要修改和补充，不易理清和掌握，至于法之间的冲突和重复等问题，更是难以避免的。所以必须对整个国家的法通盘考虑，予以系统化，才能维护和促进国家法制的统一。第三，有利于国家的立法活动。规范性法律文件系统化，既是立法活动的必要准备，也是立法活动的一个重要环节，同时也是立法完善的一种形式。通过这项工作，可以发现立法中存在的问题和缺陷，消除规范性法律文件之间的冲突和重复。

二、规范性法律文件系统化的形式

规范性法律文件系统化的方法主要有法的清理、法的汇编和法的编纂三类。

（一）法的清理

法的清理是指有立法权的国家机关对一定时期和范围的规范性法律文件予以审查、整理、重新确认其效力的活动。法的清理的实施主体一般是制定和发布该法的国家机关，清理的对象是一定时期和范围内已经生效但尚未明令废除的法文件，对于法的内容则不进行任何的变动，不作修改或补充。清理的结果，包括命令废止、责成修改、默示或明示其延长法律效力等。

（二）法的汇编

法的汇编，是指国家机关或者其他组织将有关规范性法律文件按照一定的标准汇编成册，是规范性法律文化系统化的一种形式。法的汇编具有系统化的特点，但是不改变法的内容，不属于立法活动。除国家立法机关进行法的汇编以外，其他国家机关、社会团体和组织以及教学研究机构，也可以按照自己的目的和要求进行法的汇编。

（三）法的编纂

法的编纂，指国家立法机关将属于某一法律部门的所有现行规范性法律文件进行加工整理，创制新的规范，修改不合适的规范，废除过时的规范，从而编制成内容和谐一致、体例完整合理的系统化的新的规范性法律文件。如果法的编纂的结果是法典，就叫法典编纂。目前，我国刚刚通过的《中华人民共和国民法典》就属于编纂的法典。

法的编纂的特征是：第一，它是国家立法机关的专门活动，它要对现行规范性法律文件进行集中清理、审查和加工，消除其中的冲突和重复，补充一些新的内容，是一项制定新法的活动，其他机关不能从事法的编纂活动。第二，它要求编纂人员具备相当丰富的专业理论知识和高水平的立法技术。第三，法的编纂活动必须在国家权力机关的领导和组织下，按照计划和步骤统一进行。

法的清理、法的汇编和法的编纂作为规范性法律文件系统化的三种形式，它们虽然各有特点和作用，但之间又有着紧密的联系。法的清理是法的汇编和法的编纂的前提和基础；法的清理和法的汇编又是法的编纂的重要条件和阶段；而法的编纂又为以后的法的清理和法的汇编提供新的对象和条件。

参考文献

一、教材

1. 吴大英、任允正：《比较立法学》，北京：法律出版社 1985 年版。

2. 蒲坚、赵昆坡：《中国法制史简明教程》，北京：北京大学出版社 1987 年版。

3. 由嵘：《外国法制史》，北京：北京大学出版社 1989 年版。

4. 孙琬钟主编：《立法学教程》，北京：中国法制出版社 1990 年版。

5. 张善恭主编：《立法学原理》，上海：上海社会科学院出版社 1991 年版。

6. 张根大、方德明、祁九如：《立法学总论》，北京：法律出版社 1991 年版。

7. 黎建飞：《立法学》，重庆：重庆出版社 1992 年版。

8. 孙潮：《立法技术学》，杭州：浙江人民出版社 1993 年版。

9. 曹叠云：《立法技术》，北京：中国民主法制出版社 1993 年版。

10. 周旺生：《立法学》，北京：北京大学出版社 1994 年版。

11. 沈宗灵主编：《法理学》，北京：北京大学出版社 1994 年版。

12. 孙国华主编：《法理学教程》，北京：中国人民大学出版社 1994 年版。

13. 于宪主编：《立法学》，大连：东北财经大学出版社 1994 年版。

14. 何勤华：《西方法学史》，北京：中国政法大学出版社 1996 年版。

15. 吴光辉、孙启福主编：《立法学》，重庆：重庆大学出版社1997年版。

16. 许崇德主编：《宪法》，北京：中国人民大学出版社 1999年版。

17. 董和平、韩大元、李树忠主编：《宪法学》，北京：法律出版社2000年版。

18. 孙敢、侯淑雯主编：《立法学教程》，北京：中国政法大学出版社2000年版。

19. 刘和海、李玉福：《立法学》，北京：中国检察出版社2001年版。

20. 黄文艺、杨亚非主编：《立法学》，长春：吉林大学出版社2002年版。

21. 顾肃：《西方政治法律思想史》，北京：中国人民大学出版社2003年版。

22. 池海平、巢容华：《立法学研究》，武汉：武汉出版社2003年版。

23. 周旺生：《立法学》，北京：法律出版社2004年版。

24. 雍琦：《法律逻辑学》，北京：法律出版社2004年版。

25. 张文显主编：《法理学》，北京：高等教育出版社2004年版。

26. 周旺生：《立法学》（第二版），北京：法律出版社 2009年版。

27. 侯淑雯主编：《新编立法学》，北京：中国社会科学出版社2010年版。

28. 徐向华主编：《立法学教程》，上海：上海交通大学出版社2011年版。

29. 朱力宇、叶传星主编：《立法学》，北京：中国人民大学出版社2015年版。

二、专著

1. 蓝全普编：《三十年来我国法规沿革概况》，北京：群众出版社 1980 年版。

2. 孙承谷：《立法权与立法程序》，北京：人民出版社 1983 年版。

3. 李德顺：《价值论》，北京：中国人民大学出版社 1987 年版。

4. 司徒吉士：《会议程序准则》，香港：香港经济法律出版社 1987 年版。

5. 王堡丽：《议学法理与民权运用之研究》，台北：黎明文化事业公司 1987 年版。

6. 蓝全普：《立法工作初论》，北京：法律出版社 1988 年版。

7. 郭道晖：《中国立法制度》，北京：人民出版社 1988 年版。

8. 谷安梁主编：《立法工作概论》，北京：蓝天出版社 1990 年版。

9. 李林：《立法机关比较研究》，北京：人民日报出版社 1991 年版。

10. 李培传主编：《中国社会主义立法的理论与实践》，北京：中国法制出版社 1991 年版。

11. 严存生：《法律的价值》，西安：陕西人民出版社 1991 年版。

12. 刘兰英、孙全州主编：《语法与修辞》，台北：新学识文教出版中心 1991 年版。

13. 郝思恭主编：《地方立法实践与探索》，太原：山西高校联合出版社 1992 年版。

14. 唐孝葵、欧阳振、黄湘平主编：《地方立法比较研究》，北京：中国民主法制出版社 1992 年版。

15. 彭冲：《民主法制论集》，北京：中国民主法制出版社 1993 年版。

16. 石泰峰主编：《资本主义市场经济立法》，北京：中共中央党校出版社 1994 年版。

17. 张文显：《二十世纪西方法哲学思潮研究》，北京：法律出版社 1996 年版。

18. 苏力：《法治及其本土资源》，北京：中国政法大学出版社 1996 年版。

19. 孙启明、张谦元主编：《中国市场经济与地方立法》，北京：中国民主法制出版社 1996 年版。

20. 许俊伦：《地方立法论》，北京：中国民主法制出版社 1997 年版。

21. 吕世伦：《当代西方理论法学研究》，北京：中国人民大学出版社 1997 年版。

22. 张乃根：《西方法哲学史纲》，北京：中国政法大学出版社 1997 年版。

23. 谢晖：《法律信仰的理念与基础》，济南：山东人民出版社 1997 年版。

24. 李步云主编：《宪法比较研究》，北京：法律出版社 1998 年版。

25. 李步云、汪永清主编：《中国立法的基本理论和制度》，北京：中国法制出版社 1998 年版。

26. 史敏、沈春耀、胡可明主编：《立法项目实例评析》，北京：中国法制出版社 1998 年版。

27. 吴大英、吕锡伟主编：《法规草案的设计与研究》，北京：中国法制出版社 1998 年版。

28. 陈弘毅：《法治、启蒙与现代法的精神》，北京：中国政法大学出版社 1998 年版。

29. 郭道晖主编：《当代中国立法》，北京：中国民主法制出版社 1998 年版。

30. 吴宗金、敖俊德主编：《中国民族立法理论与实践》，北京：

中国民主法制出版社 1998 年版。

31. 李步云主编：《立法法研究》，长沙：湖南人民出版社 1998 年版。

32. 孙继文主编：《民族立法与实施》，赤峰：内蒙古科学技术出版社 1998 年版。

33. 周旺生、张建华主编：《立法技术手册》，北京：中国法制出版社 1999 年版。

34. 马怀德主编：《中国立法体制、程序与监督》，北京：中国法制出版社 1999 年版。

35. 公丕祥：《法制现代化的理论逻辑》，北京：中国政法大学出版社 1999 年版。

36. 蔡定剑：《历史与变革—新中国法制建设的历程》，北京：中国政法大学出版社 1999 年版。

37. 张中秋：《中西法律文化比较研究》，南京：南京大学出版社 1999 年版。

38. 徐向华：《立法关系论》，杭州：浙江人民出版社 1999 年版。

39. 周礼成、李绍明主编：《民族立法的理论与实践》，成都：四川民族出版社 1999 年版。

40. 乔晓阳主编：《立法法讲话》，北京：中国民主法制出版社 2000 年版。

41. 曹康泰主编：《中华人民共和国立法法释义》，北京：中国法制出版社 2000 年版。

42. 吕世伦：《法理的积淀与变迁》，北京：法律出版社 2001 年版。

43. 林来梵：《从宪法规范到规范宪法》，北京：法律出版社 2001 年版。

44. 张文显：《法哲学范畴研究》，北京：中国政法大学出版社 2001 年版。

45. 刘作翔：《法律文化理论》，北京：商务印书馆 2001 年版。

46. 孙国华：《社会主义法治论》，北京：法律出版社 2002 年版。

47. 朱景文：《当代西方后现代法学》，北京：法律出版社 2002 年版。

48. 汤唯、毕可志等：《地方立法的民主化与科学化构想》，北京：北京大学出版社 2002 年版。

49. 张恒山：《法理要论》，北京：北京大学出版社 2002 年版。

50. 吴玉章：《法治的层次》，北京：清华大学出版社 2002 年版。

51. 葛洪义：《法学理论专题研究》，北京：中国政法大学出版社 2002 年版。

52. 梁治平：《法治在中国：制度、话语与实践》，北京：中国政法大学出版社 2002 年版。

53. 程同祖：《中国法律与中国社会》，北京：中华书局 2003 年版。

54. 强世功：《法制与治理——国家转型中的法律》，北京：中国政法大学出版社 2003 年版。

55. 蔡定剑：《宪法精解》，北京：法律出版社 2004 年版。

56. 孙哲：《全国人大制度研究》，北京：法律出版社 2004 年版。

57. 苏力：《道路通向城市——转型中国的法治》，北京：法律出版社 2004 年版。

58. 田成有：《地方立法的理论与实践》，北京：中国法制出版社 2004 年版。

59. 王云奇：《地方立法技术手册》，北京：中国民主法制出版社 2004 年版。

60. 朱力宇：《依法治国论》，北京：中国人民大学出版社 2004 年版。

61. 曹海晶：《中外立法制度比较》，北京：商务印书馆 2004 年版。

62. 徐向华主编：《新时期中国立法反思》，上海：学林出版社 2004 年版。

63. 杨雪冬、陈家刚主编：《立法听证与地方治理改革》，北京：中央编译出版社 2004 年版。

64. 蔡定剑：《国外公众参与立法》，北京：法律出版社 2005 年版。

65. 李林：《立法理论与制度》，北京：中国法制出版社 2005 年版。

66. 胡水君：《法律的政治分析》，北京：北京大学出版社 2005 年版。

67. 熊文钊：《大国地方—中国中央与地方关系宪政研究》，北京：北京大学出版社 2005 年版。

68. 李林：《法治与宪政的变迁》，北京：中国社会科学出版社 2005 年版。

69. 汪全胜：《制度设计与立法公正》，济南：山东人民出版社 2005 年版。

70. 马新福、朱振、汤善鹏：《立法论——一种法社会学视角》，长春：吉林人民出版社 2005 年版。

71. 陈炯：《立法语言学导论》，贵阳：贵州人民出版社 2005 年版。

72. 朱景文：《跨越国境的思考——法理学讲演录》，北京：北京大学出版社 2006 年版。

73. 孙立平：《博弈—断裂社会的利益冲突与和谐》，北京：社会科学文献出版社 2006 年版。

74. 陈望道：《修辞学发凡》，上海：上海教育出版社 2006 年版。

75. 孙育玮等：《完善地方立法立项与起草机制研究》，北京：法律出版社 2007 年版。

76. 王腊生主编：《地方立法技术的理论与实践》，北京：中国民主法制出版社 2007 年版。

77. 封丽霞：《中央与地方立法关系法治化研究》，北京：北京大学出版社 2008 年版。

78. 杨斐：《法律修改研究—原则·模式·技术》，北京：法律出版社 2008 年版。

79. 顾昂然：《新中国改革开放三十年的立法见证》，北京：法律出版社 2008 年版。

80. 陈俊：《政党与立法问题研究—借鉴与超越》，北京：人民出版社 2008 年版。

81. 吴浩主编：《国外行政立法的公众参与制度》，北京：中国法制出版社 2008 年版。

82. 阮荣祥主编：《地方立法的理论与实践》，北京：社会科学文献出版社 2008 年版。

83. 张绍明主编：《国家权力机关立法听证理论与实务》，武汉：湖北人民出版社 2008 年版。

84. 王春业：《区域行政立法模式研究—以区域经济一体化为背景》，北京：法律出版社 2009 年版。

85. 俞荣根主编：《地方立法后评估研究》，北京：中国民主法制出版社 2009 年版。

86. 易有禄：《正当立法程序研究—以立法权正当行使的程序控制为视角》，北京：中国社会科学出版社 2009 年版。

87. 王爱声：《立法过程：制度选择的进路》，北京：中国人民大学出版社 2009 年版。

88. 李林：《立法过程中的公共参与》，北京：中国社会科学出版社 2009 年版。

89. 易有禄：《各国议会立法程序比较》，北京：知识产权出版社 2009 年版。

90. 杨烁：《立法过程中的利益衡量研究》，北京：法律出版社

2010 年版。

91. 粟丹：《立法平等问题研究》，北京：知识产权出版社 2010 年版。

92. 宋月红、方伟：《城市立法与公民参与》，北京：中国社会出版社 2010 年版。

93. 任尔昕等：《地方立法质量跟踪评估制度研究》，北京：北京大学出版社 2011 年版。

94. 徐向华主编：《我国立法制度实践观察》，北京：法律出版社 2011 年版。

95. 周赟：《立法用规范词研究》，北京：法律出版社 2011 年版。

96. 覃福晓、金小鹏、童庆平：《立法过程中的利益表达与整合机制研究》，北京：中国民主法制出版社 2011 年版。

97. 刘少军等：《立法成本效益分析制度研究》，北京：中国政法大学出版社 2011 年版。

98. 徐琳：《移植与成长——中国立法听证制度的政治学分析》，北京：中国社会科学出版社 2011 年版。

99. 朱力宇主编：《地方立法的民主化与科学化问题研究——以北京市为主要例证》，北京：中国人民大学出版社 2011 年版。

100. 周实主编：《地方立法权限与立法程序研究》，沈阳：东北大学出版社 2011 年版。

101. 张恒山主编：《依法执政——中国共产党执政方式研究》，北京：法律出版社 2012 年版。

102. 袁曙宏主编：《公众参与行政立法——中国的实践与创新》，北京：中国法制出版社 2012 年版。

103. 陈军主编：《地方政府立法权研究》，北京：中国法制出版社 2012 年版。

104. 李店标：《立法公开研究》，长春：吉林大学出版社 2012 年版。

105. 苏小妹：《两岸四地立法语言中的情态动词研究》，天津：南开大学出版社 2012 年版。

106. 陈俊：《区域一体化进程中的地方立法协调机制研究》，北京：法律出版社 2013 年版。

107. 李培传：《论立法》，北京：中国法制出版社 2013 年版。

108. 袁曙宏主编：《立法后评估工作指南》，北京：中国法制出版社 2013 年版。

109. 陈运生：《地方人大常委会的规范审查制度研究》，北京：中国政法大学出版社 2013 年版。

110. 姜廷惠：《立法语言的模糊性研究—兼及对〈中华人民共和国刑法〉语言表述的解读》，北京：中国政法大学出版社 2013 年版。

111. 刘作翔、冉井富：《立法后评估的理论与实践》，北京：社会科学文献出版社 2013 年版。

112. 黄震云、张燕：《立法语言学研究》，长春：长春出版社 2013 年版。

113. 潘伟杰：《当代中国立法制度研究》，上海：上海人民出版社 2013 年版。

114. 李明璞：《地方立法的过程与方法》，武汉：湖北人民出版社 2013 年版。

115. 王压非：《我国配套立法问题研究》，北京：法律出版社 2014 年版。

116. 陈光：《区域立法协调机制的理论构建》，北京：人民出版社 2014 年版。

117. 傅平：《地方立法 30 年》，北京：中国法制出版社 2014 年版。

118. 雷振斌：《当代中国立法变迁机制研究》，济南：山东大学出版社 2014 年版。

119. 阎锐：《地方立法参与主体研究》，上海：上海人民出版社 2014 年版。

120. 王釜岫：《地方立法权之研究—基于纵向分权所进行的解读》，杭州：浙江工商大学出版社 2014 年版。

121. 全国人大常委会法制工作委员会编：《中华人民共和国立法法释义》，北京：法律出版社 2015 年版。

122. 侯东德主编：《我国地方立法协商的理论与实践》，北京：法律出版社 2015 年版。

123. 肖巧平：《地方人大与其常委会立法权限划分研究》，北京：法律出版社 2015 年版。

124. 乔晓阳主编：《〈中华人民共和国立法法〉导读与释义》，北京：中国民主法制出版社 2015 年版。

125. 中国社会科学院法学研究所、四川省人大法制委员会、四川省人大常委会法制工作委员会课题组：《中国地方立法实践分析：以四川地方立法为背景》，北京：中国社会科学出版社 2015 年版。

126. 崔浩：《行政立法公众参与制度研究》，北京：光明日报出版社 2015 年版。

127. 傅振中：《立法参与的理念建构》，北京：法律出版社 2016 年版。

128. 宋远升：《立法者论》，北京：法律出版社 2016 年版。

129. 戈含锋：《法律责任的立法研究—基于中国立法文本的分析》，北京：经济日报出版社 2015 年版。

130. 李向东：《行政立法前评估制度研究》，北京：中国法制出版社 2016 年版。

131. 袁明圣：《我国地方立法权的整合问题研究》，北京：中国政法大学出版社 2016 年版。

132. 田侠：《党领导立法实证研究—以北京市人大及其常委会

为例》，北京：中国社会科学出版社 2016 年版。

133. 张鹏：《中国权利性条款立法规范化研究》，北京：中国社会科学出版社 2016 年版。

134. 刘小妹：《省级地方立法研究报告—地方立法双重功能的实现》，北京：中国社会科学出版社 2016 年版。

135. 刘松山：《中国立法问题研究》，北京：知识产权出版社 2016 年版。

136. 汪全胜：《立法成本效益评估研究》，北京：知识产权出版社 2016 年版。

137. 董晓波：《我国立法语言规范化研究》，北京：北京交通大学出版社 2016 年版。

138. 石佑启、朱最新主编：《软法治理、地方立法与行政法治研究》，广州：广东教育出版社 2016 年版。

139. 刘克希主编：《当代中国的立法发展》，北京：法律出版社 2017 年版。

140. 刘雁鹏：《较大的市立法研究》，北京：中国社会科学出版社 2017 年版。

141. 周叶中、秦前红主编：《宪法实施与地方立法》，武汉：湖北人民出版社 2017 年版。

142. 刘平：《立法原理、程序与技术》，上海：学林出版社 2017 年版。

143. 李克杰：《设区的市地方立法理论探讨与实证研究》，北京：中国政法大学出版社 2018 年版。

三、译著

1. 〔法〕孟德斯鸠著，张雁深译：《论法的精神》，北京：商务印书馆 1961 年版。

2. 〔英〕梅因著，沈景一译：《古代法》，北京：商务印书馆 1961 年版。

3.〔法〕卢梭著，何兆武译：《社会契约论》，北京：商务印书馆 1980 年版。

4.〔美〕汉密尔顿、杰伊、麦迪逊著，程蓬如等译：《联邦党人文集》，北京：商务印书馆 1980 年版。

5.〔美〕阿瑟·林克、威廉·卡顿著，刘绪贻等译：《1900年以来的美国史》，北京：中国社会科学出版社 1983 年版。

6.〔美〕约翰·密尔著，汪瑄译：《代议制政府》，北京：商务印书馆 1984 年版。

7.〔美〕罗斯科·庞德著，沈宗灵、董世忠译：《通过法律的社会控制》，北京：商务印书馆 1984 年版。

8.〔美〕查尔斯·A.比尔德：《美国政府与政治》（上册），北京：商务印书馆 1987 年版。

9.〔美〕马克斯·法伦德：《美国宪法的制订》，北京：中国人民大学出版社 1987 年版。

10.〔美〕阿·德·托克维尔著，董果良译：《论美国的民主》，北京：商务印书馆 1988 年版。

11.〔日〕岩井奉信著，李薇译：《立法过程》，北京：经济日报出版社 1990 年版。

12.〔德〕康德著，沈叔平译：《法的形而上学原理—权利的科学》，北京：商务印书馆 1991 年版。

13.〔美〕哈罗德·伯尔曼著，贺卫方等译：《法律与革命—西方法律传统的形成》，北京：中国大百科全书出版社 1993 年版。

14.〔美〕诺内特、赛尔兹尼克著，张志铭译：《转变中的法律与社会》，北京：中国政法大学出版社 1994 年版。

15.〔古希腊〕亚里士多德著，吴寿彭译：《政治学》，北京：商务印书馆 1996 年版。

16.〔英〕洛克著，叶启芳等译：《政府论》，北京：商务印书馆 1996 年版。

17.〔奥〕凯尔森著，沈宗灵译：《法与国家的一般理论》，北京：中国大百科全书出版社 1996 年版。

18.〔英〕哈特著，张文显、郑成良等译：《法律的概念》，北京：中国大百科全书出版社 1996 年版。

19.〔美〕罗纳德·德沃金著，李常青译：《法律帝国》，北京：中国大百科全书出版社 1996 年版。

20.〔德〕古斯塔夫·拉德布鲁赫著，米健、朱林译：《法学导论》，北京：中国大百科全书出版社 1997 年版。

21.〔美〕安·赛德曼、罗伯特·鲍勃·赛德曼、那林·阿比斯卡著，刘国福译：《立法学理论与实践》，北京：中国经济出版社 2008 年版。

22.〔德〕马克斯·韦伯著，张乃根译：《论经济和社会中的法律》，北京：中国大百科全书出版社 1998 年版。

23.〔美〕罗纳德·德沃金著，信春鹰、吴玉章译：《认真对待权利》，北京：中国大百科全书出版社 1998 年版。

24.〔德〕奥特弗利德·赫费著，庞学铨、李张林译：《政治的正义性—法的国家的批判哲学之基础》，上海：上海译文出版社 1998 年版。

25.〔美〕博登海默著，邓正来译：《法理学—法律哲学与法律方法》，北京：中国政法大学出版社 1999 年版。

26.〔英〕约翰·邓肯著，林猛等译：《民主的历程》，长春：吉林人民出版社 1999 年版。

27.〔英〕边沁著，时殷弘译：《道德与立法原则导论》，北京：商务印书馆 2000 年版。

28.〔美〕罗斯科·庞德著，唐前宏等译：《普通法的精神》，北京：法律出版社 2001 年版。

29.〔德〕弗里德里希·卡尔·冯·萨维尼著，许章润译：《论立法与法学的当代使命》，北京：中国法制出版社 2001 年版。

30.〔英〕阿克顿著，侯健、范亚峰译：《自由与权力》，北京：商务印书馆 2001 年版。

31.〔古希腊〕柏拉图著，张智仁、何勤华译：《法律篇》，上海：上海人民出版社 2001 年版。

32.〔英〕戴维·米勒著，应奇译：《社会正义原则》，南京：江苏人民出版社 2001 年版。

33.〔德〕阿图尔·考夫曼、温弗里德·哈斯默尔著，郑永流译：《当代哲学和法学理论导论》，北京：法律出版社 2002 年版。

34.〔英〕约翰·奥斯丁著，刘星译：《法理学的范围》，北京：中国法制出版社 2002 年版。

35.〔美〕斯科特·戈登著，应奇等译：《控制国家——西方宪政的历史》，南京：江苏人民出版社 2002 年版。

36.〔英〕戴维·M.沃克著，李双元等译：《牛津法律大辞典》，北京：法律出版社 2003 年版。

37.〔美〕哈罗德·伯尔曼著，梁治平译：《法律与宗教》，北京：中国政法大学出版社 2003 年版。

38.〔英〕韦恩·莫里森著，李桂林、李清伟等译：《法理学—从古希腊到后现代》，武汉：武汉大学出版社 2003 年版。

39.〔德〕施密特著，刘宗坤等译：《政治的概念》，上海：上海人民出版社 2003 年版。

40.〔英〕彼德·斯坦、约翰·香德著，王献平译：《西方社会的法律价值》，北京：中国法制出版社 2004 年版。

41.〔日〕川岛武宜著，申政武等译：《现代化与法》，北京：中国政法大学出版社 2004 年版。

42.〔英〕吉米·边沁著，李贵方等译：《立法理论》，北京：中国人民公安大学出版社 2004 年版。

43.〔德〕伯恩·魏德士著，丁小春、吴越译：《法理学》，北京：法律出版社 2005 年版。

44.〔美〕约翰·吉本斯著,程朝阳、毛凤凡、秦明译:《法律语言学导论》,北京:法律出版社 2007 年版。

四、公报、法律法规汇编

1.《中华人民共和国全国人民代表大会常务委员会公报》(1957—)。

2.《中华人民共和国国务院公报》(1955—)。

3.《中华人民共和国法规汇编》(1954—1963,1979—1990),北京:法律出版社。

4.《中华人民共和国新法规汇编》(1988—),北京:新华出版社/中国法制出版社。

5.吉林省人民代表大会常务委员会法制工作委员会编:《吉林省地方性法规汇编》(2013 年版)。

五、决定、报告、讲话、说明

1.中国共产党第十八届中央委员会第四次全体会议:《中共中央关于全面推进依法治国若干重大问题的决定》(2014 年 10 月 23 日)。

2.中国共产党第十八届中央委员会第三次全体会议:《中共中央关于全面深化改革若干重大问题的决定》(2013 年 11 月 12 日)。

3.习近平:《决胜全面建成小康社会 夺取新时代中国特色社会主义伟大胜利—在中国共产党第十九次全国代表大会上的报告》(2017 年 10 月 18 日)。

4.习近平:《在中央全面依法治国委员会第一次会议上的讲话》(2018 年 8 月 24 日)。

5.习近平:《在党外人士座谈会上的讲话》(2017 年 12 月 15 日)。

6.习近平:《在中共中央政治局第三十七次集体学习时的讲话》(2016 年 12 月 9 日)。

7.习近平:《在省部级主要领导干部学习贯彻十八届四中全会精神全面推进依法治国专题研讨班开班式上的讲话》(2015 年 2

月2日）。

8. 习近平：《在庆祝全国人民代表大会成立 60 周年大会上的讲话》（2014 年 9 月 5 日）。

9. 习近平：《在中央全面深化改革领导小组第二次会议上的讲话》（2014 年 2 月 28 日）。

10. 习近平：《在十八届中央政治局第四次集体学习时的讲话》（2013 年 2 月 23 日）。

11. 习近平：《在首都各界纪念现行宪法公布施行三十周年大会上的讲话》（2012 年 12 月 4 日）。

12. 栗战书：《在第五个国家宪法日座谈会上的讲话》（2018 年 12 月 4 日）。

13. 栗战书：《在深入学习贯彻习近平总书记关于坚持和完善人民代表大会制度的重要思想交流会上的讲话》（2018 年 9 月 26 日）。

14. 栗战书：《在第二十四次全国地方立法工作座谈会上的讲话》（2018 年 9 月 15 日）。

15. 栗战书：《在第十三届全国人大常委会组成人员履职学习专题讲座上的讲话》（2018 年 4 月 24 日）。

16. 栗战书：《在深入学习宣传和贯彻实施宪法座谈会上的讲话》（2018 年 3 月 27 日）。

17. 栗战书：《在第十三届全国人民代表大会第一次会议上的讲话》（2018 年 3 月 20 日）。

18. 张德江：《全国人民代表大会常务委员会工作报告》（2018 年 3 月 11 日）。

19. 张德江：《在第二十三次全国地方立法工作座谈会上的讲话》（2017 年 9 月 6 日）。

20. 王晨：《关于〈中华人民共和国宪法修正案（草案）〉的说明》（2018 年 3 月 5 日）。

21. 李建国:《在第二十二次全国地方立法研讨会上的讲话》（2016 年 9 月 8 日）。

22. 李飞:《加强立法决策量化论证 不断提高立法质量—在第二十四次全国地方立法工作座谈会上的发言》（2018 年 9 月 17 日）。

23. 沈春耀:《在第二十四次全国地方立法工作座谈会上的小结讲话》（2018 年 9 月 17 日）。

六、连续出版物、网站、数据库

1. 全国人大常委会办公厅主办:《中国人大》，北京。

2. 中山大学、广东省立法研究所主办:《地方立法研究》，广州。

3. 中国人大网:http://www.npc.gov.cn。

4. 中国政府网:http://www.gov.cn。

5. 吉林省人民代表大会常务委员会:http://www.jlrd.gov.cn。

6. 立法网:http://www.lifawang.cn。

7. 中国法律法规信息库:http://law.npc.gov.cn:8081/FLFG。

8. 法律法规数据库:http://search.chinalaw.gov.cn/search2.html。

9. 北大法宝:http://www.pkulaw.cn。

10. 中国知网:http://www.cnki.net。

11. 中国哲学书电子化计划:https://ctext.org/zhs。

七、其他资料

1. 中共中央编译局编:《马克思恩格斯选集》（第二卷），北京:人民出版社 1972 年版。

2. 邓小平:《邓小平文选》（第二卷），北京:人民出版社 1994 年版。

3. 习近平:《习近平谈治国理政》（第一卷），北京:外文出版社 2014 年版。

4. 习近平:《习近平谈治国理政》（第二卷），北京:外文出版社 2017 年版。

5.中共中央宣传部编:《习近平新时代中国特色社会主义思想三十讲》,北京:学习出版社 2018 年版。

6.中国大百科全书总编辑委员会:《中国大百科全书·法学》,北京:中国大百科全书出版社 1984 年版。

7.《北京大学法学百科全书》编委会编:《北京大学法学百科全书—法理学·立法学·法律社会学》,北京:北京大学出版社 2010 年版。

8.中国社会科学院语言研究所词典编辑室编:《现代汉语词典》,北京:商务印书馆 2012 年版。

9.中华人民共和国国家质量监督检验检疫总局、中国国家标准化管理委员会:《中华人民共和国国家标准（GB/T 19000—2008/ISO 9000：2005）：质量管理体系基础和术语》。

后　记

　　这本书从酝酿到写作经历了一个漫长的过程。十年前，我产生了写这本书的念头，但我对立法萌生兴趣，则是在更久远的年代。

　　中学历史课本中的有关中国立法史的内容，给我留下了深刻的印象，直到现在我还能熟练背诵其中的部分文字。也正是从那时起，播下了兴趣的种子。

　　多年以后，我考上北大，攻读法学专业。法学一门，博大精深，涵盖很多分支学科。经过比较，我发现自己还是对立法这个"小众"学科兴趣最浓厚、阅读最广泛、感受最深刻。随着对立法的持续研习，逐渐形成了写一本书的想法。

　　回想那些青春岁月，感慨良多。在北大这样一座国内顶尖的学术圣地，我刻苦钻研，度过了充实的几年。临行之际，我被评为"北京大学优秀毕业生"，并同时代表北大又被评为"北京市普通高等学校优秀毕业生"。燕园的法学之旅，成为我人生中永久的美好回忆。

　　工作之后，我开始为写作本书做准备。经过对多年搜集、积累的资料进行反复研读，我头脑中有关立法的框架逐渐搭建起来，并能够发现散乱在各种零碎资料之间的有机联系。万事开头难，可只要开了头，也就不难了。从2015年4月中旬动笔，到2016年6月，我已完成初稿的三分之二。

　　从2016年下半年开始，我的写作速度慢了下来，一是因为那时我调到了吉林人大，开始参与立法实践，在工作中对立法的认识进一步加深，需要把这些认识融入书中；二是因为我需要更广泛地搜集、阅读各种资料。

　　到2018年5月，全书已经基本完成。我又用半年多的时间对书稿进行了三次调整补充。这时，我的工作岗位有了变动，任务和压力随之骤增。时不我待，只争朝夕，在出差途中，在天南海北，在会议间歇，在清晨深夜，我都抓住一切琐碎时间，加紧完善书稿。很多部分写出来之后，都要阅读六七遍，经过反复比较、修改才算满意。到 2018 年年底，全书终于杀青。

我写这本书在思想上一直以实事求是为遵循。我认为，重要的是首先应将实务工作者最需要掌握哪些立法知识弄明白，讲清楚。为此我对各种资料进行点滴归拢，爬梳鉴别，再对之反复研究体会，使之融会贯通。这方面的努力用去我最多的时间和精力。

伏案几载，每天乐此不疲于书稿的写作、修改和完善，心中自然对中国立法的方方面面产生种种体会。这些体会与感受，绝大部分已化为书中的叙述，但是还有几点需要予以说明。

一、吾生也晚，未能躬逢改革开放之初、中国法制史上"一日七法"[1]的伟大年代。细读历史，站在近现代史全局观 40 年来中国立法之突飞猛进，心中自对这种成就的取得抱持一种深切的认同和感动。将其看作走中国特色社会主义道路的产物，具有重大价值和意义，在历史上是浓墨重彩的一笔。

二、在数千年的历史长河中，立法都是把持国家权力的统治者，将其意志转化成被统治阶级都必须遵守的行为规范，立法的目的都是为了更有利于统治者的统治，更有利于统治者牢牢掌控统治权。只有中国共产党取得革命领导权之后，随着政权的建立，立法活动的逐渐开展，人民才拥有了立维护自己权利和自由之法

---

1 1979 年 6 月 18 日至 7 月 1 日召开的五届全国人大二次会议通过了《中华人民共和国地方各级人民代表大会和地方各级人民政府组织法》《中华人民共和国全国人民代表大会和地方各级人民代表大会选举法》《中华人民共和国人民法院组织法》《中华人民共和国人民检察院组织法》《中华人民共和国刑法》《中华人民共和国刑事诉讼法》和《中华人民共和国中外合资经营企业法》等七部重要的法律，创新中国成立以来全国人大一次会议通过法律最多的纪录，同时也结束了新中国长期没有刑法的历史。

的机会，立法的内容才被革新和彻底改写。

三、本书涵盖面颇宽，涉及立法的各个方面、各个阶段。对于书中所论及的内容，我不存任何既定的好恶偏见，主观上力求客观公允。当然，任何研究都不可能完全排除作者的价值关怀，正如一位法学家所说，"若仅叙述某年某月某日通过了某法……那有什么意义"，说的也是研究者的价值关怀问题，只是这种价值关怀不应影响到著作的中立和客观。如果说本书有什么价值倾向的话，那就是我始终深以为然的宪法第二条第一款的规定："中华人民共和国的一切权力属于人民。"

写作本书的几年里，我得到了家人和朋友的大力支持，在即将付梓之际，谨向他们表示真挚的感谢。

感谢我的妻子。我们是同乡，又是研究生同班同学，毕业后又一起来到吉林打拼，相知甚深。妻子从小就是"学霸"，即使在高手如林的北大读书时，也始终名列前茅，走出校园之后也一直从事法律工作。我经常与她就立法尤其是立法语言问题（妻子本科学习中文专业）深入探讨，很受启发。此外，她在工作已很繁重的情况下，还承担了大部分家务。我们四周岁的女儿也很"给力"，在为全家带来很多欢乐的同时健康成长，从没有生病住过一次医院，没有打过一支疫苗以外的其他针剂。没有家庭的支持，我完全不敢想象自己在经常连喝口水都顾不上的工作强度下，还能坚持每天都抽出时间思考关于立法的各种问题。

感谢我们的父母。岳父岳母时刻惦念我们在外的生活。而我的父母，由于女儿的出生，母亲来到吉林照看孩子，父亲则留在山东老家照顾八十多岁的奶奶。父母为了家庭两地分居，让我经常感慨：现在的我正享受着"上有老下有小"带来的快乐，而他们却正承受着"上有老下有小"带来的重担！

我在基层挂职担任党委、政府领导班子成员时，所分管部门的同志们得知我写作本书的打算后，都给予了无私的支持。那一年，他们陪我多次组织座谈，征求立法建议，调研执法效果，忙得不亦乐乎。当听到群众将"确权"这样专业的词常挂嘴边时，我才真切体会到中国法治的扎实进步。这些经历也让我深刻认识到，立法最关键的是要管用，没有人会为法条的华而不实"点赞"。

写作过程中，我也始终得到我在吉林高院工作时指导过的几位实习生的关心和帮助。他们不仅帮我多次到吉林省图书馆和吉林大学图书馆借阅、归还了170多部参考书，还与我分享了讨论的乐趣，在此表示深深的感谢。

我现在的工作单位——吉林省人大常委会的领导和同志们表现出的严谨认真的工作作风，自我牺牲的奉献精神以及浓浓的人情味儿，让我获益匪浅，也为我带来前行的动力。

人民日报出版社的编辑万方正老师做了许多琐细的工作，期间所表现出的极强责任心对本书的出版助力很大。

全书定稿于2018年12月的一次出差途中，当时宝安国际机场的大厅里正播放着背景音乐《半壶纱》。我被它的旋律和歌词所吸引，特别是其中的一句："倘若我心中的山水，你眼中都看到，我便一步一莲花祈祷。"我想，对于本书的写作，也同样如此。倘若这十年的坚守和努力，能够抛砖引玉，让大家有所思、有所悟、有所得，那么，一切汗水和心血都是值得的。

李鹏飞

2020年6月于长春